471

Merve Verlag

Para-Plattformen
Die Raumpolitik des Rechtspopulismus

Markus Miessen & Zoë Ritts (Hrsg.)

Aus dem Englischen von Uli Nickel

Merve Verlag

Deutsche Erstübertragung

Originalausgabe: *Para-platforms*, Berlin 2018, © Herausgeberïnnen, Autorïnnen, Sternberg Press.

Abbildung Umschlaginnenseiten: Mit freundlicher Genehmigung von Raymond Pettibon

Umschlagfarbe: RGB 165/96/36, Brandlhuber+ Braun

Im August 2011 hatten die politischen Parteien Berlins mit ihren Kampagnen für die Wahl zum Abgeordnetenhaus begonnen. Obwohl die Parteien verschiedene ideologische Wurzeln haben, begannen die Unterschiede in der Stadtpolitik zu verschwimmen. Angesichts dieses Mangels an politischen Kontrasten startete das Architekturbüro Brandlhuber+ eine Kampagne mit dem Ziel, die Fakten herauszustellen. Die Vermischung der Farben der großen politischen Parteien – SPD (Rot), Bündnis 90/Die Grünen (Grün), CDU (Blau), Die Linke (Lila) und FDP (Gelb) – zu gleichen Teilen ergab einen Braunton: RGB 165/96/36. Die Frage bzw. die Forderung nach einem klaren und starken Farbkontrast wirft die Frage nach der Unterschiedlichkeit in der Politik auf. Der Braunton der politischen Gleichförmigkeit wurde auf einfarbige Poster gedruckt, die im öffentlichen Raum aufgehängt wurden und zum Teil die bestehenden Wahlplakate überdeckten. Daraus entwickelte sich eine öffentliche Debatte über die Mehrdeutigkeiten der politischen Farbpalette.

Redaktorat: Tom Lamberty

Printed in Germany

Druck- und Bindearbeiten: Dressler, Berlin

Umschlagentwurf: Jochen Stankowski, Dresden

ISBN 978-3-96273-026-0

www.merve.de

Inhalt

Einleitung

Markus Miessen & Zoë Ritts

Rechtspopulismus ist nichts Neues. Allerdings sind die aktuellen politischen Entwicklungen zunehmend von extremen Erscheinungsformen gekennzeichnet, die einer kritischen Analyse bedürfen. Dies trifft besonders zu auf die Vielzahl der räumlich erdachten, der virtuell ausgeführten, der entworfenen und der tatsächlich erschaffenen Ausprägungen – von denen jede auf unterschiedliche Weise die beispiellose Entwicklung rechter politischer Energien ermöglicht haben. In Europa haben Neo-Nationalsozialismus, Fundamentalismus und auf Hass gründende Ideologien, die fest im gewaltbereiten Patriarchat verankert sind, in vielen Fällen institutionelle Akzeptanz und politische Unterstützung erlangt. Populistische und autoritäre Strömungen bahnen sich einen Weg durch den Westen, gelangen nach Frankreich, Italien, und Ungarn sowie über den Atlantik.

Dieses Projekt untersucht neue Bewegungen unter dem Aspekt ihrer Raumpolitik und geht den Methoden der Inszenierung extremistischer Politik auf den Grund, die auch Eingriffe in privateste digitale Welten vornimmt. Dieses Projekt erforscht darüber hinaus die neuen Muster, Räume in Besitz zu nehmen, wie die nebulösen post-öffentlichen Online-Communities der extremen Rechten oder die schrittweise Inbesitznahme ganzer europäischer Dörfer durch Neonazi-Gruppen, hierzulande und anderswo.

Drei Fallstudien unlängst entstandener Räume des Rechtspopulismus, die im November 2017 im Rahmen eines von Markus Miessen organisierten Symposiums des Design Festivals Göteborg präsentiert wurden, bilden den Schwerpunkt, von dem ausgehend diese Aufsatzsammlung entstanden ist. Diese Untersuchungen wurden von Stephan Trüby, Hannes Grassegger und Christina Varvia von *Forensic Architecture* vorgetragen. Jeder der drei Referenten stellten Taktiken vor, mit denen Design – egal ob es als Forschungsinstrument oder als Adaption existierender Werkzeuge interpretiert wird – eine aktive Rolle spielen kann, wenn es darum geht, auf die Raumpolitik von rechtsgerichteten Gruppen zu reagieren. Stephan Trübys Vortrag ist aus seinem Projekt über Rechte Räume erwachsen, einem Langzeit-Forschungsprojekt über die Besiedlungs- und Inbesitznahme-Muster von Neonazi-Gruppen in Europa, das derzeit in Koordination mit Markus Miessen fortgeführt wird.

In den ersten Zeilen seines Aufsatzes in diesem Sammelband erinnert Mahmoud Keshavarz daran, dass Design »genau die Vorgehensweise [darstellt], die Umstände hervorbringt, unter denen eine bestimmte Politik entstehen kann«. Der Zusammenhang zwischen Design und Politik steht außer Frage. Vor dem Hintergrund dieser grundlegenden Aussage waren die Referenten aufgefordert, über reine Kritik hinaus Wege aufzuzeigen, wie Designer, Künstler, Denker und mit Raumpolitik befasste Experten politische Gewalt in unserer (designten) Umgebung verhindern bzw. beenden können. Mit Hilfe einer breit gefächerten Ansammlung von Meinungen will dieses Buch, das als Einführung in eine ganze Reihe von Methoden und Herangehensweisen gedacht ist, einen gezielten, präzisen Blick auf die designten Räume von Rechtspopulisten in Europa und anderen Ländern werfen, offline und online.

Zeitgleich mit dem Wiedererstarken extremistischer politischer Tendenzen ist aktuell eine Vielzahl an aktuellen Diskursen bemüht, sich intensiv mit den Unstimmigkeiten und der Unschärfe zu befassen, die der Begriff »Populismus« mit sich bringt. Populismus kann in einer Vielzahl politischer Spielarten präsentieren, daher ist es notwendig, auf den folgenden Seiten einen speziellen Fokus auf den Rechtspopulismus zu richten. In diesem Zusammenhang ist die aktuelle Forschung von Corey Robin von großem Nutzen: »Beim Konservatismus geht es um Macht, die belagert wird, und um Macht, die beschützt wird. Dies ist eine aktivistische Doktrin für eine aktivistische Zeit. Als Reaktion auf Bewegungen von unten nimmt er zu, und als Reaktion auf deren

Verschwinden nimmt er wieder ab.«[1] Der aufkeimende Rechtspopulismus in Europa ist, wie bereits festgestellt wurde, eine auf Drohgebärde und Kampfansagen gründende Reaktion, die ihren gemeinsamen Nenner in fremdenfeindlichen, anti-liberalen und anti-progressiven Ansichten hat. Diese Haltung lässt sich leicht mit anderen insbesondere konservativen Meinungen kombinieren und kann mitunter zu gewalttätigem Extremismus führen.

Wie zuletzt ausführlich bereits thematisiert, haben gegenwärtige tiefgreifende politische Veränderungen in Europa dazu geführt, dass sich sogar die stabilsten sozialdemokratischen Parlamente erfolgreichen populistischen Taktiken ausgesetzt sahen, die vom äußersten rechten Ende des politischen Spektrums implementiert wurden.

In Schweden verzeichnen die *Sverigedemokraterna* (Schwedendemokraten) einen enormen Zulauf – ganz zu schweigen von den beunruhigenden Entwicklungen in Österreich, Italien, Frankreich, den Niederlanden, Ungarn oder Polen, um nur einige zu nennen. In Deutschland hat die *Alternative für Deutschland* (AfD) einen *völkisch*-autoritären Populismus in den Diskurs eingebracht, der ein rassistisches Vokabular mobilisiert mit dem Ziel, politisch unentschlossene Wählerschichten zu erreichen. Diese Strategie ist in jenen Gegenden am erfolgreichsten, in denen strukturelle Defizite zutage treten, und zwar nicht nur in institutioneller und wirtschaftlicher Hinsicht, sondern auch im Hinblick auf die Schwächung der Zivilgesellschaft, infolgedessen die Rechte kollektiv Räume für sich beansprucht. Dies hat zu einer Vielzahl mit viel Sorgfalt und Kalkül entwickelter, parallel entstandener Plattformen geführt, die sowohl materiell als auch virtuell das Aufkommen und die Ausweitung nationalistischer und populistischer Auseinandersetzungen unterstützen sollen. Diese politischen Kämpfe gehen Hand in Hand mit dem Vorhaben, Räume zu akkumulieren und in Beschlag zu nehmen – egal ob symbolisch, virtuell oder aber in Form von okkupierten Territorien.

---

1 Robin, Corey, *Der reaktionäre Geist*, Berlin 2018, S. 26.

Die Vielfalt und Unterschiedlichkeit, die sinnvolle Definitionen von Populismus aufweisen, ist jedoch beträchtlich. Die Größe der Bewegung ist in diesem Fall ein geeignetes Maß, um diese verschiedenen Ausprägungen des Begriffs zu klassifizieren. Der Rechtspopulismus, der mit dem Maßstab des individuellen Subjekts operiert, ist zweifellos eine Folge der verheerenden psychologischen Auswirkungen der neoliberalen Gesellschaftspolitik und der strukturellen wirtschaftlichen Instabilität. Entrechtete Individuen, denen keine herkömmliche gesellschaftliche Unterstützung bekommen, wenden sich mittlerweile zunehmend Gemeinschaften zu, die zu hasserfüllten Ansichten und gewalttätigen Ausbrüchen neigen. Diese Gruppen positionieren sich eindeutig als Befürworter eines Staates, der sich immer mehr zurückzieht. Der Zusammenbruch bestehender Grenzen und Mauern hat dazu geführt, dass sich neue identitäre Nationalismen herausgebildet haben im Hinblick auf das, was eine Nation ausmacht – etwas, das ebenfalls mit der wirtschaftlichen Globalisierung zusammenhängt. In diesem Kontext haben diese Entwicklungen, die die stets dialektisch denkende Autorin Wendy Brown mit den von ihr geprägten Begriffen »Sich abschottende Staaten/ Niedergang der Souveränität«[2] charakterisiert, für einen Aufschwung an neuen populistischen Bewegungen gesorgt, deren Grundlage die Forderung nach strikter Zurückweisung von Flüchtlingen, Immigranten und einer Vielzahl an verwandten Sündenböcken ist. Obwohl der weltweite Urbanismus vielversprechende Perspektiven für eine kosmopolitische Bürgerschaft aufgezeigt hat, ist er gleichzeitig unter anderem auch für ein neues Ausmaß an Rechtspopulismus verantwortlich. Man muss dazu nur die Online-Welten betrachten, in denen »unzusammenhängende Megastrukturen«[3] digitaler Kommunikation und Existenz zu gesellschaftlicher Vereinzelung und Entwurzelung führen. Infolgedessen kommt es zum Aufkeimen lose verbundener,

---

2 Brown, Wendy, *Mauern: Die neue Abschottung und der Niedergang der Souveränität*, Berlin 2018.

3 Bratton, Benjamin H., *The New Normal*, Moskau 2017.

transnationaler Sozialer Netzwerke, deren gemeinsamer Nenner aus Misogynie, Rassismus und weiteren Mythen bildenden Ansichten besteht, die auf einem fadenscheinigen Supra-Nationalismus und anderen zweifelhaften Konzepten beruhen.

Viele Beiträge in diesem Buch erwägen mögliche Alternativen zum Rechtspopulismus. Dieses Projekt ist allerdings nicht der Versuch, die Raumpolitik des Rechtspopulismus umfassend zu dokumentieren (obwohl ein solches Vorhaben sowohl lobenswert als auch notwendig wäre), sondern zielt vielmehr darauf ab, ein ganzes Spektrum an Forschungsinstrumenten und -methoden aufzuzeigen. Für alle Beteiligten ist die Politik der Rechtspopulisten untrennbar verbunden mit den räumlichen Formationen, die diese Politik ermöglichen. Das Buch präsentiert Designer und Denker, die in räumlicher, materieller und künstlerischer Hinsicht auf die politische Entwicklung reagieren – mit vergleichbarem Nachdruck. Die slowenische Künstlerin Marjetica Potrč bemerkt dazu: »Wir sind nicht losgelöst vom Raum. Sogar in einer Zeit, in der wir einen digitalen Raum bewohnen und in Abstraktionen über den privaten und den öffentlichen Raum sprechen, sind wir noch abhängig vom physischen Raum. Soziologen haben bewiesen, dass jede Gruppe, die nach Anerkennung sucht, einen physischen Raum benötigt. Das Erzeugen eines Ortes ist das Erschaffen eines solchen Raumes. Genau dort wird gesellschaftliche Realität konstruiert – an einem Ort.«[4]

Dieser besondere Fokus auf die Raumpolitik ist der Ausgangspunkt, von dem aus die Autorïnnen dieses Readers ein Territorium erschaffen, das Grundlage neuer gesellschaftlicher Entwicklungen werden kann, im Rahmen derer wir der perfiden Politik des Rechtspopulismus etwas entgegensetzen können. Es ist von großer Bedeutung, die Art und Weise genau im Auge zu behalten, wie sich diese politischen Manöver in Form von neuen

---

4 Potrč, Marjetica, »Self-Organization in Communities Where the State has Withdrawn«, in: *The Neighbourhood as Global Arena / Reader*, The Israeli Center for Digital Art, Israel, Bd. 3, Infrastructures and Methodologies, 2015.

gesellschaftlichen Bezugssystemen (die die staatliche Infrastruktur ersetzen), räumlichen bzw. architektonische Konstrukte oder virtuellen Netzwerken manifestieren. Diese bereits geschaffenen Strukturen müssen – nebst der hasserfüllten Rhetorik ihrer Protagonisten – eingehend thematisiert werden.

Chantal Mouffe vertritt in ihrem neuen Buch *Für einen linken Populismus* den Standpunkt, dass es, um in den Kampf um die politische Vorherrschaft einzugreifen, notwendig ist, »dass man eine politische Grenze zieht und dass der linke Populismus, der als diskursive Strategie zur Errichtung einer politischen Grenze zwischen ›dem Volk‹ und ›der Oligarchie‹ verstanden werden soll, unter den gegenwärtigen Umständen eine Art von Politik konstituiert, die es braucht, um die Demokratie zu retten und zu stärken«.[5]

In einer Zeit, in der die aktuelle Situation in der allgemeinen Wahrnehmung zunehmend einem fragilen Konstrukt ähnelt, dem es an jeglicher emotionaler Zuwendung mangelt – an einem Punkt, an dem es kein Narrativ zu geben scheint, mit dem die Resignation und die allzu verallgemeinernde Kritik am Kapitalismus überwunden werden kann –, müssen neue Strategien entworfen werden, mit denen die Taktiken des Rechtspopulismus dekodiert und unschädlich gemacht werden können. Das Framework *Design Politics der HDK-Valand Academy of Art & Design* in Göteborg versucht, genau dieses Terrain zu besetzen: Es zielt darauf ab, die Komplexität der identifizierten politischen Situation zu verstehen und Designstrategien zu entwickeln, um den rechten Positionen entgegen zu treten.

---

5 Chantal Mouffe, *Für einen linken Populismus*, Berlin 2018.

Entwurf für eine Theorie der Designpolitik

Mahmoud Keshavarz

I.

Dieser Aufsatz ist ein Versuch, Design als einer Ansammlung von materiellen Artikulationen und Handlungsweisen zu betrachten, die die Materialität der Welt manipulieren. Eine solche Denkweise geht davon aus, dass Design weder ein externes noch ein instrumentelles Merkmal, sondern eine Vorgehensweise ist, die Umstände hervorbringt, unter denen eine bestimmte Politik entstehen kann.

Um das Binnenverhältnis zwischen Design und Politik besser verstehen zu können, muss zunächst geklärt werden, wie Design und Politik zu verstehen sind. In diesem Aufsatz soll Design sowohl als Substantiv (das entworfene Ding) als auch als Verb (der Akt des Entwerfens) betrachtet werden. Darüber hinaus wird hier untersucht werden, auf welche Weise beide Formen Handlungsweisen generieren, die über ein einzelnes ›Ding‹ hinaus gehen. Dieses Design und dieses Designen durchläuft das gesamte Spektrum von der Artikulation von Artefakten und artefaktischen Beziehungen bis hin zu Umgebungen, Situationen und Verfahrensweisen, von Interfaces bis zu Systemen von Tätigkeiten und Performances. In diesem Sinne soll Design hier als eine artikulatorische Handlung verstanden werden, die sowohl unterschiedliche materielle Artefakte gestaltet, von denen jedes seine eigenen technischen und artifiziellen Komponenten besitzt, als auch Beziehungen zwischen verschiedenen Artefakten, Orten und Räumen generiert, die innerhalb spezifischer gesellschaftlicher, umweltbedingter und wirtschaftlicher Gegebenheiten zum Tragen kommen.

Politik soll hier als etwas aufgefasst werden, das über ein kontrollierende Politikverständnis hinaus geht, über das, was die Ordnung und den Status Quo aufrecht hält. Eine Politik, die den

Stand der Dinge verankert, ist nicht notwendigerweise eine ausschließende Politik. Vielmehr schließt sie Möglichkeiten eines anderen Handelns mit ein (und unterdrückt sie gleichzeitig), und zwar indem sie nur bestimmte Namen und Identitäten und definierte Orte und Räume anerkennt, die verschiedenen Individuen, Gruppen, Teilen und Gemeinschaften zugewiesen werden. Politik ist hier im Grunde ein Akt der Distanzierung von solchen Zuweisungen und Formationen, da Raum und Zeit politischer Handlungen von denen konstituiert werden, von denen man meint, sie seien nicht qualifiziert, Politik auszuüben.[6] Dies funktioniert durch Ignorieren dieser Gruppen, während zusätzlich ein eigener Raum und eine eigene Zeit erschlossen und erschaffen wird. Die Unqualifizierten tauchen an ›falschen‹ Orten und zur ›falschen‹ Zeit auf. Auf diese Weise decken sie die Vorgehensweise einer Hegemonie auf, die versucht, solchen Gruppierungen allein dadurch eine bestimmte Bedeutung zuzuschreiben, dass sie ihnen einen Namen und eine Identität gibt. Handlungsweisen, die gegen diese Hegemonie aufbegehren, bewerten die Situation neu durch eine andersartige Artikulierung der Beziehungen zwischen den einzelnen Teilen, indem sie sich von der gegebenen Situation distanzieren. Dieses Verständnis von Politik wird, wie wir sehen werden, die Strategie, Design und Politik vereint als Designpolitik zu betrachten, miteinschließen.

Letztlich geht es in erster Linie darum, dass Design auf jeden Fall in Politik involviert sein muss, dass »Design als Politik«[7] und Politik als Design (und nicht nur »und«) zu betrachten sind und dass Design beginnen muss, dieses involviert Sein ernst zu nehmen.

Mein wichtigstes Ziel besteht darin, das Verständnis von Design und Politik als zwei getrennten Handlungsweisen, Diszipli-

---

6 Mein Verständnis von Politik ist inspiriert von Jacques Rancières Auffassung von Politik als einer Frage von Gleichheit und insbesondere als Akt der ›Umverteilung des Sinnvollen‹. Vgl. *Design-Politics: An inquiry into Passports, Camps and Border*, S. 81-84.

7 Tony Fry, *Design as Politics*, Oxford 2010.

nen und Wissensgebieten zu korrigieren und es als Artikulation zu definieren, die durch die Verknüpfung von Design und Politik zu Designpolitik produziert und bekundet wird.

II. Materielle Artikulationen

Folgt man der Prämisse, das designte Ding und den Akt des Designens als eine Reihe von Artikulationen zu verstehen, dann eröffnen sich neue Möglichkeiten im Hinblick auf Design und sein Verhältnis zur Politik. Artikulation bedeutet in diesem Kontext nicht, sich gut oder deutlich auszudrücken. Vielmehr ist hiermit die Untersuchung gemeint, wie heterogene Kräfte interagieren und sich verbinden, um Effekte hervorzubringen, die nicht notwendigerweise identisch sind mit den Elementen, die bei der Artikulation einer Kraft, eines Dings oder eines Ereignisses entstehen. »Eine Artikulation ist daher die Form der Verbindung, die unter bestimmten Bedingungen eine Einheit aus zwei unterschiedlichen Elementen bilden kann. Sie ist eine Verknüpfung, die nicht für alle Zeiten notwendig, determiniert, absolut und essentiell ist.«[8]

Während Artikulation häufig als Teil des Diskurses betrachtet wird,[9] ist sie in der Praxis immer schon materiell und historisch

8 Lawrence Grossberg und Stuart Hall, »Postmoderne und Artikulation«, in: Stuart Hall, *Cultural Studies. Ausgewählte Schriften 3*, Hamburg 2004, S. 76-93.

9 Dies wird vor allem deutlich im Werk von Ernesto Laclau und Chantal Mouffe bei ihrer Verwendung des Begriffs in ihrem Buch *Hegemonie und radikale Demokratie*. Für sie sind Diskurse die einzige Artikulation, die gesellschaftliche Beziehungen hervorbringt und organisiert. Daher können bestimmte gesellschaftliche Formen durch bestimmte diskursive Praktiken determiniert werden. Gemäß ihrer Theorie geschieht Artikulation durch diskursive Punkte, die »teilweise eine Bedeutung festlegen« und es möglich machen, dass sich bestimmte Formen des Gesellschaftlichen bilden. Ernesto Laclau und Chantal Mouffe, *Hegemonie und radikale Demokratie*, Wien 2019, S. 119-124.

in den Prozess gesellschaftlicher und politischer Formationen eingebettet gewesen. Dieses Involviertsein könnte man laut Stuart Hall auch als »tendenzielle Kombinationen« bezeichnen, die »nicht vorgeschrieben sind im rein deterministischen Sinne«, sondern trotz alledem »bevorzugte« Kombinationen sind, die sich im Verlauf der Zeit durch reale historische Entwicklungen gebildet und verfestigt haben.[10] Bei Artikulation handelt sich es sich demnach sowohl um das Festlegen von Verknüpfungen als auch um die Eigenschaft, Verbindungen herzustellen und Unterschiede zu erkennen, und um Möglichkeiten, neue Verbindungen herzustellen.

Artikulationen können als eine Reihe von Verfahrensweisen betrachtet werden, die Designer insofern ausführen, dass sie Materialien und die Umwelt manipulieren, um ihre Ziele zu erreichen. Allerdings müssen diese Vorgehensweisen nicht unbedingt beabsichtigt sein, und die Umwelt und die Geschichte, aus der/in der/durch die Materie geformt ist, können zurückschlagen und bestimmte Mächte unterstützen, die sie anderen vorziehen. Designer redesignen immer und immer wieder, sie reartikulieren die Form, die sie der Materie über einen gewissen Zeitraum gegeben haben. Allerdings vergessen sie häufig, dass die Form, die sie Materialien und der Umwelt aufzwingen, nur eine von vielen Gebilden ist, die durch das Aufzwingen entstanden sind. Andere Formen bleiben oftmals unbemerkt, werden ignoriert oder nicht ernst genommen, weil sie nicht als designt erachtet werden.

Sobald ein Stuhl designt ist, könnte man ihn als Artefakt bezeichnen, das seinen Benutzern und Käufern einen bestimmten Dienst leistet. Allerdings ist er stets mehr als nur das. Der designte Stuhl selbst hat schon längst eine gewisse Spur hinterlassen, denn er hat seine Umgebung durch die für ihn verwendeten Ressourcen, die benutzten Fertigkeiten, die in ihn investierte Arbeit usw. manipuliert. Aus diesem Grund kann der designte

---

10 Stuart Hall, »›Rasse‹, Artikulation und Gesellschaften mit struktureller Dominante«, in: ders., *Rassismus und kulturelle Identität. Ausgewählte Schriften 2*, Hamburg 2002, S. 313-356.

Stuhl nicht ausschließlich in Form einer Interaktion mit seiner intendierten Umgebung oder mit seinen Endverbrauchern existieren. Außerdem sind ein Stuhl und seine Form »nicht die Form des Skeletts und des Körpergewichts und sogar auch nicht die Form des wahrgenommenen Schmerzes, sondern die Form jenes wahrgenommenen Schmerzes, von dem man wünscht, er gehe vorbei. Der Stuhl ist daher die materialisierte Struktur einer Wahrnehmung. Er ist empfindsame Bewusstwerdung, die sich in einem freistehenden Design materialisiert.«[11]

Dies deutet darauf hin, dass die in den Stuhl eingebettete Politik durch seine Benutzung und Funktion nicht nur in dem Büro, dem Wohnzimmer oder der Küche ausgeübt wird. Vielmehr ist der Stuhl räumlich und zeitlich eingebettet und ausgerichtet nach der Politik, die vor, während und nach seinem Design herrscht. Das heißt, dass es fast unmöglich ist, Raum und Zeit von Design im Sinne einer Eingrenzung des Ortes und der Zeit seiner Verwendung zu betrachten. Die Fähigkeiten von Holz, die handwerklichen Fertigkeiten, die investierte Arbeit in einer Werkstatt als Produktionsort und die Eigenschaft des designten Stuhls, in die eine Richtung und nicht in eine andere orientiert zu sein, entwerfen daher Räume, die einige Körper einnehmen können und andere nicht. Design ist beileibe nicht nur das Ergebnis von Umständen, sondern kann auch Ausgangspunkt dieser Bedingungen sein. Manchmal ist eine Eigenschaft stärker als die andere, doch ihre wechselseitige Beziehung ist stets vorhanden.

Design ist daher eine Art und Weise, die Materialität der Welt zu artikulieren. Sie erschafft Umstände, die es ermöglichen, in der Welt zu leben, einen Zugang zu ihr zu bekommen oder sie zu bewältigen. Auf der Materialität von Artikulationen zu bestehen, bedeutet, das Artifizielle der Dinge zu akzeptieren. Damit ist gemeint, dass Dinge aus dem einfachen Grund, dass sie hergestellt wurden, dementsprechend auch wieder auseinandergebaut und neu zusammengesetzt werden können. Allerdings bedeutet

---

11 Elaine Scarry, *Der Körper im Schmerz*, Frankfurt am Main 1992, S. 296.

dies auch (was viel wichtiger ist), dass Veränderung der einzig mögliche Zustand für etwas Artifizielles ist. Die Materialität von Artikulationen bietet die Möglichkeit von Veränderung, Neuformation, Redesign, Neumontage, Rekonfiguration, Neuproduktion und Wiederherstellung auf die eine oder andere Art. Diese Möglichkeit der Produktion und Demontage haben zur Folge, dass der Akt der Artikulation im Rahmen von Designaktionen eine Frage von Entscheidung, Orientierung, Ausrichtung und Verhandlung ist. Samer Akkach macht auf eben diesen Punkt aufmerksam, indem er auf das arabische Wort für Design zurückgreift:

> [T]asmım (Design)... scheint jedoch [im] modernen Sprachgebrauch auf tasmım zu basieren in der Bedeutung von ›determinieren‹, ›zu einer Entscheidung kommen‹ und ›beschließen‹, etwas weiter zu bearbeiten. Daher ist ›Design‹ in linguistischer Hinsicht ein Akt der Determination, des Auslotens von Möglichkeiten und des Fällens einer Entscheidung. Es hat wenig zu tun mit dem Lösen von Problemen, dem vorherrschenden Paradigma, da der Designer (musammım) offenbar auf mehrere Auswahlmöglichkeiten und nicht etwa auf Probleme trifft und mehr mit der Beurteilung von Vorzügen und nicht etwa mit dem Lösen von Problemen beschäftigt ist. Er ähnelt mehr einem ›Entscheider‹.[12]

Der moderne Gebrauch des Begriffes tasmım in der arabisch sprechenden Welt bringt die Ausrichtung zum Ausdruck, die Designaktionen stets haben sollten. Dies ist ziemlich genau das Gegenteil der Designausbildung im Westen, bei der Design oftmals als eine Ansammlung von Fertigkeiten, Techniken und Eigenschaften aufgefasst wird, mit denen man ein Problem löst – ein scheinbar unschuldiger Begriff, der besagen soll, dass man Dinge ganz allgemein besser macht. Designte Dinge und Designen als materielle Artikulationen zu betrachten, bedeutet, dass Design als Entscheidung und Ausrichtung angesehen wer-

---

12 Samer Akkach, »Design and the Question of Eurocentricity«, *Design Philosophy Papers*, Bd. 1, Ausg. 6, (2003), S. 324.

den sollte, die sich in sämtlichen, von Menschen produzierten Dingen manifestieren. Design ist definiert durch seine Orientierung, seine Richtung und seine Eigenschaften, während es gleichzeitig Menschen, Dinge und die Welt definiert.[13] Das Designte und das Designen der Artikulation von materiellen Bedingungen lassen mehrere Formen des Seins entstehen, während sie die Artikulation anderer Möglichkeiten ausschließen. Diese Artikulationen bieten bestimmte Orientierungen und Lebensentwürfe, während sie andere einschränken.

Obwohl dieses Binnenverhältnis zwischen Design und Politik unumgänglich zu sein scheint, hat der Designdiskurs die Frage von Politik im Design nicht ernst genommen, und wenn er es ausnahmsweise doch einmal tat, dann auf eine allzu zweckrationale Weise. Ein Grund hierfür könnte die fehlende Reflexion über zwei unterschiedliche – und sich doch gleichzeitig überlappende – Anwendungen des Begriffs Design sein: der designte Gegenstand sowie Designaktionen bzw. das Designen. Letzteres kann sowohl als Akt und Aktivität des Designens als auch als Aktionen und Aktivitäten verstanden werden, die von dem designten Gegenstand herrühren. Die beiden Auffassungen gelten als austauschbar, ohne dass groß über die Unterschiede nachgedacht wird – über das, was sie jeweils tun, welche Eigenschaften sie besitzen und wie sie sich in der jeweiligen Umgebung verhalten. Den designten Gegenstand, die Designaktivitäten und -prozesse sowie die von dem designten Gegenstand herrührenden Aktivitäten und den Akt des Designens miteinander zu verwechseln, macht es schwierig, zwischen verschiedenen Vorstellungen von Politik und ihrem Verhältnis zu Design zu unterscheiden, die Artikulationen zu erkennen, die in einer bestimmten Situation bereits am Werk sind, und durch Designen eine mögliche Neuartikulation herauszubilden. Infolgedessen können Politik und Design lediglich zwei Arten von Beziehung knüpfen: Entweder ein De-

---

13 Dies wird häufig als ontologische Betrachtungsweise von Design bezeichnet. Vgl. Anne-Marie Willis, »Ontological Designing«, *Design Philosophy Papers*, Bd. 4, Ausg. 2, (2006), S. 69-92.

sign, das im Dienste von Parteipolitik und Staat steht, oder ein Design, das explizit politische Inhalte zum Ausdruck bringt.

Nach Meinung von Herbert Simon handelt es bei Design immer um »Vorgehensweisen, die darauf abzielen, existierende Situationen in Situationen zu verwandeln, die man bevorzugt«.[14] Ich möchte hinzufügen, dass dies zutrifft, egal welche Ideologie, Inhalte oder Orientierung es dafür braucht. Obwohl diese vorherrschende affirmative Definition von Design – dass Designer die Welt als etwas betrachten sollten, das verändert werden kann – durchaus zutrifft, sollte man sich jedoch immer fragen: Für welche bevorzugten Situationen sollte dieser Ruf nach Veränderung geschehen, und wer hat die Vollmacht, diese Forderungen zu stellen, die Umstände existierender Situationen festzulegen und sich bevorzugte Situationen durch Designen auszumalen? Diese ontologische Eigenschaft von Design – dass Dinge stets einem Wandel in die eine oder die andere Richtung unterworfen sind – wird durch die Haltung jener Personen determiniert, die berechtigt sind, die Materialität der Welt neu zu artikulieren und zu rekonfigurieren. Daraus ergibt sich eine Auffassung von Design als Frage der Wahl zwischen Unmöglichkeiten und Möglichkeiten; als einer Frage von Politik, die nicht als Ort transzendentaler und metaphysischer Diskurs e verstanden wird, sondern als sehr irdischer Ort materieller Verhandlungen und Kämpfe.

III. Eine Maschine aus der Strafkolonie

Ein Beispiel aus Franz Kafkas *In der Strafkolonie* könnte dazu beitragen, die Beziehungen zwischen Design und Politik besser zu verstehen. Der Text ist zwar mit Worten geschrieben, doch kann man die an einen Designer erinnernde Denkweise Kafkas dank seiner präzisen Beschreibung des mechanischen Arbeitsablaufes erahnen. Die Geschichte beginnt damit, dass ein Besucher

---

14 Herbert Alexander Simon, *Die Wissenschaften vom Künstlichen*, Berlin 1990.

einer Strafkolonie eingeladen wird, einer Hinrichtung beizuwohnen. Diese wird durch einen Apparat durchgeführt, der speziell dafür entworfen wurde, diejenigen zu martern, die die Regeln der Kolonie missachten. Das Opfer ist ein Soldat, der sich geweigert hatte, einen Befehl seines Vorgesetzten auszuführen. Der Offizier ist für die Maschine verantwortlich, und er ist auch derjenige, der dem Besucher erklärt und zeigt, dass die Maschine auf eine äußerst präzise Weise funktioniert. Seine Art der Schilderung ähnelt der, mit der Erfinder oder Designer ihre Werke ihren Auftraggebern und Kunden erläutern. Der Apparat besteht im Wesentlichen aus drei Teilen: dem Bett, dem Zeichner und der Egge. Das Bett befindet sich unten, der Zeichner oben und die Egge in der Mitte. Die Egge besteht aus einer Anordnung von Nadeln, die einen bestimmten Satz in den Rücken des Körpers des Verurteilten eingravieren. Allerdings kennt der Verurteilte den Satz nicht, muss ihn jedoch auf seinem Körper hautnah erfahren. Als der Besucher keine Anstalten macht, die Maschine zu würdigen, befreit der Offizier – der Erklärer und Exekutierende – den Soldaten und nimmt dessen Platz in der Maschine ein, die den Satz ›Sei gerecht‹ in seinen Körper einschreiben soll. Er stirbt jedoch unter fürchterlichen Schmerzen aufgrund einer Fehlfunktion der Maschine. Das Design dieses Apparats und die Art und Weise, wie es in der Geschichte beschrieben wird, sind außerordentlich ausgefeilt und werden von dem Offizier schon fast wie ein Fetisch behandelt, denn dieser glaubt, die Maschine lasse eine mystische Erfahrung auf dem Körper des Verurteilten geschehen. Zum Beispiel erklärt der Offizier, warum man sich für Glas als Material der Egge entschieden hat:

> »Um es nun jedem zu ermöglichen, die Ausführung des Urteils zu überprüfen, wurde die Egge aus Glas gemacht. Es hat einige technische Schwierigkeiten verursacht, die Nadeln darin zu befestigen, es ist aber nach vielen Versuchen gelungen. Wir haben eben keine Mühe gescheut. Und nun kann jeder durch das Glas sehen, wie sich die Inschrift im Körper vollzieht.«[15]

---

15 Franz Kafka, *In der Strafkolonie*, Frankfurt am Main 2006, S. 5.

An anderer Stelle erläutert der Offizier den Grund für die unterschiedlichen Arten von Nadeln, die für die Egge verwendet wurden:

> »Zweierlei Nadeln in vielfacher Anordnung. Jede lange hat eine kurze neben sich. Die lange schreibt nämlich, und die kurze spritzt Wasser aus, um das Blut abzuwaschen und die Schrift immer klar zu erhalten. Das Blutwasser wird dann hier in kleine Rinnen geleitet und fließt endlich in diese Hauptrinne, deren Abflussrohr in die Grube führt.« Der Offizier zeigte mit dem Finger genau den Weg, den das Blutwasser nehmen musste.[16]

Man sollte Kafkas Egge in diesem Fall als etwas verstehen, das über das Spektakel der Folterung hinausreicht. Kafkas Egge enthüllt die detaillierte Vorgehensweise des Gesetzes und ihre Auswirkungen auf menschliche Körper in Form eines äußerst raffiniert designten Artefakts. Dass sich Gesetz und Regeln auf eine derart präzise und pragmatische Weise materialisieren können, offenbart die fehlende Transzendenz von Gesetzen. Aus diesem Grund macht es die Kunstfertigkeit von Design und dessen Macht der Artikulation dem Gesetz möglich, sich selbst so darzustellen, als sei es bei einem solchen Apparat gar nicht anwesend, und sich auf diese Weise von der künstlichen Welt abzusondern. Katja Diefenbach hat dies so formuliert: »Das Gesetz setzt seine Gesetzeskraft aus sich heraus frei und überträgt sie auf Verwaltungsmaßnahmen, die nicht den Status von Gesetzen haben.[17]

In gewisser Weise kann man die Egge als das betrachten, was Michel Foucault[18] und Giorgio Agamben[19] als »Dispositiv«

---

16 Ebd.

17 Katja Diefenbach, »Den wirklichen Ausnahmezustand herbeiführen: Macht der Ausnahme bei Agamben, Macht des Vermögens bei Negri«, translate.eipcp.net/strands/02/.

18 Michel Foucault, *Mikrophysik der Macht,* Berlin 1976, S. 201-204.

19 Giorgio Agamben, *Was ist ein Dispositiv?*, Zürich, Berlin 2008.

bezeichnen, d. h. als Formation von Maßnahmen, Apparaten und Bedeutungen, die materiell konstruiert sind und materielle Auswirkungen haben.

Kafkas Egge und deren detailreiches und hochentwickeltes Design, das einen großen Teil der Geschichte in Form seiner Beschreibung ausmacht, hinterfragt, auf welche Weise man die Umwandlung von Regeln in Normen und deren Eindringen in Körper in einem sehr materiellen Sinne spürbar erkennen und verstehen kann. Den Hauptteil der Geschichte nimmt die schrittweise Enthüllung der Funktionsweise der Maschine ein sowie, welche Materialien verwendet wurden und wie die Maschine für Gerechtigkeit sorgen soll. Kein Bestandteil des Apparats kann jedoch das Verbrechen oder das Gesetz oder die Norm der Strafkolonie beschreiben, die befolgt und respektiert werden muss. Daher existieren nur die mit einer Inschrift versehenen Körper, die durch die von dem Design auferlegte Bestrafung geformt werden. Design ist in diesem Falle nicht nur ein potenziell gewalttätiges Mittel für den materiellen Akt der Beschriftung, sondern auch ein Element, das die Möglichkeit bietet, die Handlungsweise des Gesetzes zu dekonstruieren. Diese Details und weitere materielle Verfahrensweisen werden ausgeführt, um als Zeugen der politischen Strukturen im Allgemeinen und des Gesetzes im Besonderen zu dienen. Als Folge der Überschneidung von Design und Politik finden wir neue Körper vor, die ständig von solchen materialisierten Artikulationen betroffen sind und durch sie definiert werden. Léopold Lambert beschreibt dies in Form einer umgekehrten Formulierung ausdrückt: Es verwandelt »jegliche Architektur in Strafkolonie-Maschinen«, weil sie »auf irgend eine Art einen Teil der Norm in das Fleisch der Körper hinein schreibt«.[20] Selbst wenn man diese Geschichte als Fiktion betrachtet, so haben die von der Designpolitik generierten Artikulationen doch reale Auswirkungen im realen Leben zur Folge. Ein Beispiel hierzu folgt nun.

20 Léopold Lambert, *The Funambulist Pamphlets*, Bd. 7, Cruel Designs, Goleta CA 2013, S. 46.

2011 beauftragte die Schwedische Migrationsbehörde (Migrationsverket) die Hersteller von *Bamse* (einem populären schwedischen Comicbuch für Kinder), eine Sonderausgabe über Migration zu erstellen. Bamse – eine in Schweden bereits sehr bekannte Cartoon-Figur, die berühmt dafür ist, für Werte wie Gleichberechtigung einzutreten[21] – sollte die Rolle eines Offiziers der Migrationsbehörde übernehmen, der die Aufgabe hat, Kindern von Asylsuchenden eine eindeutige Botschaft im Hinblick auf ihren zukünftigen Status zu übermitteln. Bamses Aufgabe sollte ihnen erklären, dass diejenigen, die es nicht verdient haben zu bleiben, in ihre ›Heimat‹ zurückgeschickt würden, dass man sie allerdings trotzdem als ›unsere‹ Freunde vermissen würde. In einer Szene erzählt Bamse einem erschöpften und verzweifelten asylsuchenden Kind, dass er, obwohl er der stärkste Bär der Welt ist (dieser berühmte Slogan bzw. diese Eigenschaft wird auch als Untertitel der Serie verwendet), nicht sämtliche Probleme lösen könne. Diese rationale Herangehensweise an die Welt von Kindern, wenn es um eine Aufenthaltsgenehmigung geht, wird auch in den verwendeten Illustrationstechniken deutlich. Im ganzen Buch ist nichts real, bis auf das Logo der Migrationsbehörde und einige direkte pädagogische Einlassungen zum Asyl. Die Figuren, allesamt Tiere, die Autos und das Flugzeug, das für die geplanten Abschiebungen verwendet wird, sind ausschließlich Comicfiguren. Die Verwandten der abgeschobenen Familie heißen die Abgeschobenen neben dem Flugzeug willkommen, obwohl dies in der Realität vollkommen unmöglich ist. Die Verwendung von Bamse und die Durchsetzung von

---

21 Als ein Kind, das im Jahr 1979 nach der antiimperialistischen und antikapitalistischen Revolution im Iran geboren wurde, begann mein Tag mit dem Betrachten von *Bamse*, das jeden Morgen vom iranischen Staatsfernsehen gesendet wurde. Er blieb in seiner Rolle als stärkster Bär der Welt, der immer auf der Seite der Armen stand, während meiner gesamten Kindheit mein Held.

Gesetzen und Regeln, die auf eine materielle Weise in die imaginäre Welt von Kindern einwirken, offenbaren die Banalität, die die Ausführung einer solchen Feindseligkeit impliziert. Die Sonderausgabe des *Bamse*-Comicbuchs versucht zu suggerieren, dass an Abschiebung nichts falsch ist. An einer Stelle rät eine der Figuren dem erschöpften asylsuchenden Kind, es solle nicht rausgehen und mit seinen Freunden spielen, wenn es unter Stress steht. Der Stress der Abschiebung ist lediglich Teil des Prozesses, so wie er durch die Illustration inszeniert wird. Die technische Rationalität, die durch Kommunikationstechniken und Illustrationen erzeugt wird, ist nichts Neues.[22] Allerdings ist die schwedische Migrationsbehörde bislang die einzige Institution, die dazu übergegangen ist, Kindern von Migranten mitzuteilen und sie davon zu überzeugen, dass Abschiebung nichts weiter ist als ein normaler Bestandteil ihres Lebens.[23]

Diese vernunftmäßige Darstellung durch scheinbar nicht-gewalttätige Mittel ist die Kehrseite der Militarisierung von Grenzen, für die Militärtechnologien, Streitkräfte und private Sicherheitsunternehmen stehen, die Asylsuchende und Flüchtlinge daran hindern sollen, zu migrieren. Diese spezielle Art, das Leben eines Migranten zu militarisieren, ist auch das, was das *Counterinsur-*

---

22 Die australische Armee hat einen Comic veröffentlicht, der darauf abzielt, speziell (potenzielle) afghanische Migranten davon abzuhalten, nach Australien zu kommen. Die Botschaft ist klar und eindeutig und schon auf der ersten Seite der Broschüre abgedruckt: »Wenn Sie mit dem Boot und ohne Visum nach Australien kommen, werden Sie nicht in Australien bleiben können und auf anderen Inseln in ein Haftlager gesteckt werden.« Außerdem ist in West-Java ein Comic mit dem Titel »Null-Toleranz für Menschenschmuggel« als Teil einer Informationskampagne im Umlauf, die darauf abzielt, Menschenhandel aufzudecken und zu verhindern. Ein weiterer Comic, »Chimen Lakay«, wird in Haiti vertrieben. Mit ihm soll die ungeregelte Migration in die USA unterbunden werden.

23 Zurzeit hat die schwedische Migrationsbehörde Druck und Vertrieb dieses Comicbuches für Kinder gestoppt.

gency Field Manual of the American Army[24] im Krieg gegen Aufständische in Ländern wie Afghanistan und Irak umtreibt. Diese neue Art der Militarisierung wird durch die manipulative Macht von Design ermöglicht, denn die materielle Artikulation tritt in der Rhetorik des Feldhandbuchs deutlich zutage: »Design ist keine Aufgabe, die erfüllt werden muss, sondern ein lebendiger Vorgang. Es sollte kontinuierliches Lernen, Adaption und die wachsende Wertschätzung reflektieren, die Kämpfer gegen Aufständische für die Umgebung und alle darin Agierenden empfinden, insbesondere für die Bevölkerung und die Regierung des Gastgeberlandes.«[25] Diese Argumentationsweise, die Tim Browns Vorstellungen von Design Thinking[26] sehr ähneln, zeigt, dass Design potenziell die Macht besitzt, Entscheidungen herbeizuführen, eine Werteordnung einzuführen und diese Werte in neuen Techniken der Kriegsführung zu reproduzieren. Das Feldhandbuch für den Gegenaufstand widmet Design ein Kapitel, in

---

24 Aufstand [Insurgency] ist eine unkonventionelle Form der Kriegsführung. Sie wird vom US-amerikanischen Verteidigungsministerium definiert als »organisierter Gebrauch von Subversion und Gewalt durch eine Gruppe oder eine Bewegung, die die regierende Obrigkeit stürzen bzw. eine Veränderung dieses Status quo erzwingen will« (Joint Chiefs of Staff, Department of Defense Dictionary of Military and Associated Terms, Joint Publication 1-02, [2010, in der Fassung von März 2012], S. 161). David Kilcullen definiert Aufstand »als eine populäre Bewegung, die den Status quo durch Subversion, politische Aktivitäten, Auflehnung, bewaffnete Auseinandersetzung und Terrorismus stürzen will (David Kilcullen, *Counterinsurgency*, Oxford 2010, S. 184). Gegenaufstand (Counterinsurgency, COIN) wiederum ist eine Gegenbewegung zum Aufstand und wird definiert als »militärische, paramilitärische, politische, wirtschaftliche, psychologische und zivile Aktionen, die von einer Regierung ausgeführt werden, um einen Aufstand niederzuschlagen« (David Howell Petraeus und James F. Amos, *Counterinsurgency Field Manual*, Boulder CO 2006, S. 2.)

25 Petraeus und Amos, *Counterinsurgency Field Manual*, a.a.O., S. 1-4.

26 Tim Brown, *Change by Design: Wie Design Thinking Organisationen verändert und zu mehr Innovationen führt*, München 2016.

dem behauptet wird, dass Design »der vielleicht wichtigste Aspekt der Gegenmaßnahmen bei einem Aufstand ist«.[27] In dem Handbuchkapitel über Design ist ein Konzept namens »Kampagnen-Design« aufgeführt, das die Verwendung von Design Thinking und Design-Praxis vorschlägt, um einen Prozess voranzutreiben, der auf dem wechselseitigen Lernen zwischen Kommandierenden, Soldaten und Vertretern eines Gastgeberlandes – genauer gesagt: Vertretern besetzter Länder – basiert. Laut der US-Army besitzt Design, wenn es »angemessen« und »sinnvoll« eingesetzt wird, das große Potential, Führern zu versichern, dass ihre Soldaten »darauf eingestellt sind, entweder mit einem Händeschütteln oder mit einer Handgranate begrüßt zu werden, wenn sie eine Mission antreten«.[28]

Es handelt sich in diesem Fall jedoch nicht nur um eine Vereinnahmung von Design durch gewaltsam vorgehende Kräfte, denn dies würde bedeuten, dass man die manipulative Macht, die Design besitzt, außer Acht lassen und nur jenen die Schuld geben würde, die diese Konzepte für ihre eigenen Zwecke nutzen. Design muss sich seinem Binnenverhältnis zur Politik und seiner manipulativen Fähigkeiten bewusstwerden, die ihm durch seine Macht über materielle Artikulationen verliehen werden. Aufgrund dieser ontologischen Beschaffenheit allein ist Design schon politisch, egal was es tut oder wie es handelt. Es bringt politische Gegebenheiten hervor, Momente der Manipulation des Lebens von Individuen und Gemeinschaften, von Lebewesen und deren Umgebung.

V. Möglichkeiten

Designte Dinge entstehen nicht durch isolierte Handlungen. Technologien, Methoden und rationale Vorgehensweisen ver-

---

27 Petraeus und Amos, *Counterinsurgency Field Manual*, a.a.O., S. 4-9.

28 Ebd., Vorwort.

schmelzen miteinander durch den Akt des Designens. Diese Handlung artikuliert sie zu einer neuen Artikulation, die als Produkt, als Ort, als Dienstleistung oder als System verstanden wird. Diese Methoden und Prozesse gelten in bestimmten Momenten als Hauptkomponenten von Moderne, Kapitalismus, Kolonialismus und (Neo-)Liberalismus und werden als solche akzeptiert. Dementsprechend werden sie als »natürliches« und selbstverständliches, begrenztes Ganzes aufgefasst – als ein Ganzes, das designt, produziert und konsumiert wird im Namen von Vernunft und Rationalität und darüber hinaus unverzichtbarer Teil des Status quo ist.

Weder existiert eine Formel, mit der man Designpolitik verstehen kann, noch gibt es Bedingungen, unter denen man sie in die Tat umsetzen kann. Es gibt nur Momente, Situationen, Apparate und Dinge, die uns dazu bringen können, mögliche Lebensweisen zu ent-artikulieren und neu zu artikulieren. Obwohl solche Möglichkeiten durchaus eine Neuartikulation von Politik bieten mögen, gehen sie doch selbst doch aus einer bestimmten Politik hervor.

Insofern Möglichkeiten einer Politik durch Design als materielle Artikulation und Methode des Handelns existieren, existiert folglich auch eine Politik der Möglichkeiten. Eine Politik der Möglichkeiten kann man in diesem Fall wie Sara Ahmed definieren, die feststellt: »Was wir ›tun tun‹ [›do do‹], beeinflusst das, was wir ›tun können‹. Damit soll nicht behauptet werden, dass ›tun‹ Fähigkeiten einschränkt. Im Gegenteil, was wir ›tun tun‹ [›do do‹], eröffnet und erweitert einige Fähigkeiten, obwohl eine ›Erweiterung‹ in bestimmte Richtungen ihrerseits wiederum das einschränken könnte, was wir in anderen Bereichen tun können.«[29] Möglichkeiten sind daher weder lediglich eine Abfolge von Tun und Handeln, die ständig aktualisiert wird, noch sind sie eine Serie von ›Nicht-Tun‹. Sie sind vielmehr bestimmte räumliche

---

29 Sara Ahmed, »Orientations matter«, in: Diana Coole und Samantha Frost (Hg.), *New Materialisms: Ontology, Agency and Politics*, Durham, NC 2010, S. 252.

und temporale Orientierungen, die je nach ihrer örtlichen Lage und ihrer Geschichte einige Fähigkeiten anderen vorziehen. Daher sollte die Frage, für welche Fähigkeiten man sich entscheiden und in welchen man ein Potential erkennen sollte, für diejenigen von großer Bedeutung sein, die sich in die Designpolitik begeben.

Design befasst sich damit, Entwürfe, Unterscheidungen und Muster zu entwerfen, wie das Leben gemäß bestimmter Richtungen bzw. Machtpositionen organisiert wird. Die Aufgabe derjenigen, die Design als politischen Akteur begreifen, besteht darin, seine inhärenten Fähigkeiten aufzuzeigen. Gleichzeitig sollten sie bei bestimmten Richtungen, Orientierungen und Machtpositionen intervenieren – bei anderen als denen, die wir bisher eingenommen haben bzw. auf die wir zusteuern. Dies ist als eine Form von Design zu verstehen, die in der Lage ist zu denken.

Dieser Aufsatz ist eine überarbeitete und gekürzte Version von »Chapter 3: Design and Politics: Articulations and Relations«, in: *Design-Politics: An inquiry into Passports, Camps and Borders*, Doktorarbeit, Malmö, Malmö University, 2016, S. 75-107.

Die führerlose digitale Gegenrevolution

Angela Nagle

Es lohnt sich durchaus, an die frühen 2010er Jahre zurückzudenken, als der Cyber-Utopismus seinen größten Aufschwung seit den 1990er Jahren – vor dem Platzen der Dot-Com-Blase – erlebte. Dieses Mal entstand er als Reaktion auf eine Reihe weltweiter politischer Ereignisse, vom Arabischen Frühling über die Occupy-Bewegung bis hin zu neuen, politisch motivierten Hacker-Bewegungen. Über Anonymous, Wikileaks und die Massenproteste auf öffentlichen Plätzen in Spanien und im ganzen Nahen Osten wurde in den Medien ausführlich berichtet, was eine Flut an Kommentaren und Analysen über ihre tiefer gehende Bedeutung nach sich zog. All diese Phänomene wurden dem Aufstieg der Sozialen Medien zugeschrieben und als Beispiele neuer, führerloser Formen einer digitalen Revolution bezeichnet. Der überspitzte Ton und die Selbstüberschätzung dieser Bewegung hätten eigentlich ausreichen müssen, um jedermann skeptisch zu machen, doch die meisten Vertreter der Linken wurden von dem Moment und der allgemeinen Erregung mitgerissen, als in den Sozialen Medien und schließlich auch in den Mainstream-Medien Bilder riesiger Menschenmassen auf öffentlichen Plätzen auftauchten.

Bücher, Soziale Medien und zahllose überschwängliche Zeitungskolumnen und Blogs bejubelten die Ankunft dessen, was Cyber-Utopist'innen des frühen Internets schon lange prophezeit hatten. Um ein typisches Beispiel über den zu der Zeit herrschenden Tonfall herauszugreifen, sei hier ein Zitat aus Heather Brookes Lobeshymne *The Revolution Will be Digitized: Dispatches from the information war [Die Revolution wird digitalisiert werden: Berichte vom Informationskrieg]* erwähnt: »Die Technologie reißt die traditionellen gesellschaftlichen Barrieren wie gesellschaftlichen Status, Klasse, Macht, Wohlstand und Geografie ein, um sie mit einem Ethos der Zusammenarbeit und Transparenz zu ersetzen.« Adbusters, eine konsumkritische Zeitschrift aus Kanada, veröffentlichte einen häufig geteilten Artikel von Manuel Castells mit dem Titel »The Disgust Becomes a Network« [»Die Empörung vernetzt sich«], als nach und nach führerlose Protestcamps, die online organisiert wurden, in Spanien und der ganzen Welt auftauchten. Er behauptete, dass das, über das er im Verlauf seiner gesamten Karriere geschrieben hatte (die vernetzte Gesellschaft), eine radikal neue Form angenommen habe. Der BBC-Journalist Paul Mason verfasste das Buch *Why It's Kicking Off Everywhere [Warum es überall losgeht]*, in dem er die Revolutionäre vom Tahrir-Platz, die iranische »Twitter-Revolution« und die mit unzähligen Hashtags versehenen Occupy-Wall-Street-Proteste, die sich auf der ganzen Welt ausbreiteten, dokumentierte.

Dieser Eifer erlosch jedoch innerhalb weniger Jahre. Die ägyptische Revolution führte zu etwas Schlimmerem – der Herrschaft der Muslimbruderschaft. Islamisten randalierten in den Straßen, und Berichte von Vergewaltigungen auf eben jenem öffentlichen Platz, auf dem kurz zuvor noch so viel Hoffnung geherrscht hatte, kamen ans Licht. Bald darauf riss die Militärdiktatur die Herrschaft wieder an sich. Die Occupy-Wall-Street-Demonstranten verblieben im wortwörtlichen Sinne ziellos und wurden schließlich, Camp für Camp, von der Polizei von den öffentlichen Plätzen vertrieben. Ende 2013 entstand in der Ukraine eine Bewegung, die sich ebenfalls im öffentlichen Raum versammelte und mit zahlreichen vergleichbaren Szenen von romantisierter Macht der Massen auf einem öffentlichen Platz begann. Allerdings wurde das Narrativ von einem führerlosen Netzwerk, das bereits weniger überzeugend wirkte, bereits ausgeklammert, weil die Proteste schon bald in eine Herrschaft eines faschistischen Mobs ausuferten.

Bei vielen Ereignissen, die als Teil der Narrative von einer führerlosen digitalen Revolution betrachtet *wurden*, wie Occupy Wall Street und die Proteste auf öffentlichen Plätzen in Spanien, wo Tausende die Puerta del Sol in Madrid besetzten, wurde die Guy-Fawkes-Maske als wichtigstes Symbol adaptiert. Allerdings hätten die in der Online-Welt liegenden Ursprünge und die politisch ambivalenten Empfindungen, die die Maske symbolisch transportiert, bereits Hinweise darauf geben können, dass sich bereits eine gänzlich andere Art führerloser Online-Bewegungen am Horizont abzeichnete.

Nach der Wahl Trumps wollte jeder etwas über eine neue rechte Online-Bewegung wissen, deren memetische Ästhetik Websites vom populären Subreddit *The Donald* bis zur Mainstream-Internet-Kultur infiltriert zu haben schien. Im Vorfeld der Wahl war die Figur Pepe der Frosch das berühmteste Internetsymbol. Der Name, den die Presse diesem Mix aus rechten Online-Memes verlieh, zu denen Phänomene von Milo Yiannopoulos über 4chan bis hin zu Nazi-Websites gehören, war »Alt-Right« [abgekürzt für »Alternative Right«, auf Deutsch etwa: Neue Rechte]. In seiner strengstmöglichen Definition wurde der Begriff Alt-Right jedoch, wie eine Horde von Internet-Pedanten schon bald zu bedenken gab, in seinen eigenen Internetzirkeln verwendet, um ausschließlich eine neue Welle an weißen, unverhohlenen Anhängern der Rassentrennung, weißen nationalistischen Bewegungen und Subkulturen zu erfassen, deren typisches Beispiel Wortführer wie Richard Spencer sind, der sich für einen US-amerikanischen ethnisch rein weißen Staat und ein pan-nationales weißes Imperium aussprach, das in gewisser Weise nach dem Römischen Reich ausgerichtet sein soll. Zu den Medien, die diese Bewegung unterstützen, zählen darüber hinaus auch der schottische Video-Blogger Millennial Woes, *Red Ice*, Websites wie *Radix* und der Buch- und Zeitschriftenverlag Counter Currents.

Im weiteren Dunstkreis von Alt-Right, der aus sich oftmals bekriegenden und sektiererischen Fraktionen besteht, gibt es eine ältere Generation von White Supremacists, die Alt-Right zeitlich vorangehen, aber durch ihre Publikationen großen Einfluss auf Alt-Right hatten. Beispiele hierfür sind Jared Taylor von der Website *American Renaissance*, der von sich selbst als »Rassen-Realist« spricht, und Figuren wie Kevin B. MacDonald, Herausgeber des *Occidental Observer*, der von der Anti-Defamation League als wichtigste Stimme des Antisemitismus für

Intellektuelle der extremen Rechten bezeichnet wird. Die Alt-Right beschäftigt sich gedanklich mehr oder minder stark mit Themen wie dem Intelligenzquotienten, dem demografischen und zivilisatorischen Niedergang in Europa, kultureller Dekadenz, Kulturmarxismus, Anti-Egalitarismus und Islamisierung – vor allem jedoch damit, wie der Name schon sagt, eine Alternative zum rechten konservativen Establishment zu erschaffen, die sie als »Cuckservatives« abtun, weil sie eine allzu christliche sanftmütige Passivität an den Tag legen und dem nicht-weißen fremden Eindringling metaphorisch Zutritt zu ihren Frauen/ihrer Nation/ihrer Rasse verschaffen [to cuckold = betrügen].

Außerdem gibt es noch eine ganze Anzahl obskurer rechter anti-egalitärer reaktionärer Tendenzen wie die zeitlich vorangegangene neoreaktionäre Bewegung *Nrx [Neoreaction Movement]*, zu der Denker und Blogger wie Mencius Moldbug und Nick Land gehören. Ersterer hat einflussreiche Begriffe wie »*The Cathedral*« geprägt, während Letztgenannter »*Dark Enlightenment*« erdacht hat. Die Idee der Kathedrale ähnelt sehr dem aus der marxistischen kritischen Theorie stammenden Verständnis von Ideologie als einem allumfassenden System und Gefängnis des Verstandes. Die Dunkle Aufklärung ist ein ironisch gemeintes Wortspiel mit der Idee der Aufklärung, das auf einem Misstrauen gegenüber dem Fortschritt basiert und das liberale Paradigma ablehnt. Unter allen Alt-Right-Denkern ist Land der größte Außenseiter. Früher stand er der linksradikalen Denkschule des Akzelerationismus nahe und ist immer noch ein äußerst idiosynkratischer Denker, der sich nicht so leicht einordnen lässt. Innerhalb technologiefreundlichen Strömung der radikalen libertären Rechten zählen Bitcoin, Seasteading – Peter Thiels Idee, vor der Küste der USA einen separaten Staat zu gründen – und rechte elitäre Anwendungen des Transhumanismus zu beliebten Themen.

Allerdings hätte das, was wir heute als Alt-Right bezeichnen, niemals eine Verbindung zum Mainstream und zu einer neuen Generation junger Menschen aufbauen können, wenn es sich ausschließlich in Form langatmiger Abhandlungen auf obskuren Blogs geäußert hätte. Es war vielmehr die auf Humor und Satire basierende Kultur der respektlosen Meme-Fabriken 4chan und später 8chan, die Alt-Right mit ihrer Transgressions- und Hacker-Taktik jugendliche Energie verlieh. Die bei den Protesten von 2011 verwendete Guy-Fawkes-Maske war ein Verweis auf Anonymous, das den Namen, die führerlose Ethik der Anti-Prominenz und den vernetzten Stil vom chaotischen, anonymen Stil von 4chan übernommen hatte. Die Graphic Novel V wie Vendetta und der auf ihr basierende Film, denen die Guy-Fawkes-Maske entliehen war, und das »dunkle Zeitalter der Comics« haben die ästhetischen Auffassungen dieser breitgefächerten Online-Kultur beeinflusst.

Während Kommentatoren voll des Lobes waren, dass eine neue Welle internetbasierter Proteste die Kluft zwischen Rechts und Links überbrücken wollte, erscheinen unkritische Würdigungen der politischen Wurzellosigkeit dieser vernetzten führerlosen, auf das Internet fixierten Politik heute weit weniger angemessen. Die Aktivitäten von Anonymous haben im Laufe der Jahre zusammenhanglos eher dazu tendiert, sich dem gesamten Spektrum zwischen Rechts- und Linkslibertären anzuschließen und sich dabei jeden X-beliebigen herauszupicken, von Justin-Bieber-Fans über Feministinnen, Faschisten bis hin zu Cybersicherheits-Experten. Dabei haben sie sich eines Vigilantentums bemächtigt, das in Selbstjustiz Perverse bloßstellt und für das aus der Arbeiterschicht stammende Leser von Boulevardblättern seit Längerem verspottet wurden.

Um die scheinbar widersprüchliche Politik von 4chan und Anonymous sowie ihr Verhältnis zu Alt-Right zu verstehen, ist es wichtig zu begreifen, dass sich die schrittweise Annäherung an rechte Positionen in der Chan-Kultur vor allem im Politik-Board /pol/ und nicht so sehr im weniger eindeutig politischen, aber immer extrem ›diversen‹ Board namens /b/ abspielte. In dieser Zeit waren die zur Linken tendierenden »Moral Fags« [Personen, die eine moralische Ablehnung gegenüber im /b/-Board von 4chan geäußerten Meinungen zum Ausdruck bringen], die sich zu AnonOps IRCs hingezogen fühlten, einem gewissen Maß an staatlicher Überwachung und Repression ausgesetzt, als sich das öffentliche Profil von Anonymous zwischen 2010 und 2012 auf seinem Höhepunkt befand. Das Fehlen eines libertären, mehr der Linken zugewandten Elements innerhalb der *Chan*-Kultur erzeugte ein Vakuum auf den Bilder-Boards, das die rechtsgerichtete Seite der Kultur mit ihrem geschickt gemachten Stil aus Anti-Political-Correctness-Schock-und-Humor-Memes füllen konnte.

4chan entstand, als User begannen, einen japanischen Anime zu teilen, der von einem Teenager namens Chris Poole (alias moot) kreiert wurde und auf der Anime-Sharing-Website 2chan basierte. Pooles wichtigstes Element, das Einfluss auf den Stil der Website hatte, war ein Unterforum der Entertainment-Seite *Something-Awful*, das auch als *Anime Death Tentacle Rape Whorehouse* bekannt war. 4chan wurde im Oktober 2003 gegründet und konnte 2011 bereits ca. 750 Millionen Page-Views pro Monat verzeichnen. Neue User wurden Newfags [Neuschwuchtel] genannt, ältere User Oldfags [Altschwuchtel]. Es wurde zu einem ungeheuer einflussreichen und kreativen Forum, das für seine Streiche, Memes und Bilder, die ›im Gedächtnis bleiben‹, bekannt war. Die Kultur der Website war nicht nur zutiefst und schockierend frauenfeindlich, sondern auch selbstironisch, da sie sich über ihre eigene nerdige ›Beta‹-Männlichkeit lustig machte. Zu kulturellen Bezugsgrößen zählten z. B. Kriegs-Videospiele und Filme wie *Fight Club* und *Matrix*. Eine Registrierung oder ein Login waren nicht erforderlich, daher wurden Beiträge für gewöhnlich unter dem Usernamen ›Anonymous‹ gepostet.

Diese Kultur der Anonymität leistete einer Umgebung Vorschub, in der die User dazu übergingen, ihre finstersten Gedanken zu äußern. Zwar waren bizarre Pornografie, Insiderwitze, nerdiger Jargon, blutrünstige Bilder, selbstmörderische, mörderische und inzestuöse Gedanken, Rassismus und Frauenfeindlichkeit typisch für diese Umgebung, die dieses seltsame visuelle Experiment geschaffen wurde. Allerdings handelten die meisten Posts von lustigen Memes. Poole bezeichnete 4chan als eine ›Meme-Fabrik‹ genannt, und als solche hat sie zweifellos zahllose Memes kreiert, die Einzug gehalten haben in die Mainstream-Internetkultur. Die berühmtesten frühen Beispiele hierfür sind vermutlich die *LOLcats*, ein auf Katzenbildern basierender humoristische Sammlung von Image-Makros, und *Rickrolling*, die Verwendung eines Links zu scheinbar seriösen Inhalten, der den User zu einem Video von Rick Astley weiterleitet, der *Never Gonna Give You Up* singt.

Die User von 4chan/b/ handelten kollektiv, um z. B. Chris Poole 2008 bei der Online-Abstimmung des Magazins *Time* zur Person des Jahres zu wählen und 2010 gemeinsam zum Cyber-Mobbing der zufällig ausgewählten 11-jährigen Jessie Slaughter aufzurufen. Sie beschafften sich ihren Namen und ihre Adresse, schikanierten sie und forderten sie auf, Selbstmord zu begehen, nachdem sie albernes Video von sich gepostet hatte, in dem sie im Gangsta-Rap-Stil sprach. Wie nicht anders zu erwarten war, wurde ihre Situation erst recht nicht dadurch besser, dass ihr Vater ein Video zur Verteidigung seiner aufgebrachten Tochter postete, in dem er damit drohte, die ›Cyberpolizei‹ zu rufen. Auf eine emotional unterentwickelte Weise ist der Mangel an Wissen über die Internetkultur stets ein Freibrief auf 4chan, mit jeder Art von Grausamkeit loszuschlagen. Auch bei weniger finsteren Streichen wie Operation Birthday Boy handelten User im Kollektiv, als ein älterer Mann eine Online-Anzeige aufgab, in der es hieß: ›Leute für Geburtstagsparty gesucht‹. Gerührt von dem Aufruf des einsamen alten Mannes, fanden sie seinen Namen, seine Adresse und Telefonnummer heraus, schickten ihm hunderte Geburtstagskarten und orderten Kuchen und Stripperinnen für ihn.

In der *New York Times* beschreibt Matthias Schwartz 4chan/b/ wie folgt:

> Die anonymen Stammgäste von 4chans anderen Boards – die sich Themen wie Reise, Fitness und verschiedenen Genres der Pornografie widmen – bezeichnen die /b/-Bewohner als »/b/tards« [Eine Anspielung auf »Retard« = Vollidiot, Depp]. Was Verdorbenheit, Engstirnigkeit und nur auf Traffic ausgerichtete Fixiertheit angeht, sucht die Kultur von /b/ ihresgleichen. /b/ liest

> sich wie das Innere einer Highschool-Toilette oder eine Art obszönem Gemeinschaftstelefonanschluss oder einem Blog, ohne Posts, nur mit Kommentaren, die voll sind mit Slangausdrücken, die zu verstehen man zu alt ist.

Ein häufig verwendeter Verweis auf das aus dem Alt-Right stammende »Kek« tauchte auf 4chan auf und wurde in Kommentar-Boards des Multiplayer-Videospiels *World of Warcraft* in »lol« übersetzt, während Pepe der Frosch, der aus Matt Furies Web-Comic *Boy's Club* stammt, sinnbildlich für den sich in Online-Insiderwitzen äußernden Meme-Humor steht. Kek ist außerdem eine alte ägyptische Gottheit, die als Mann mit einem Froschkopf dargestellt wird, während sich Ausdrücke wie die »*Church of Kek*« und »*Praise Kek*« auf die auf 4chan propagierte ironische Religion beziehen.

Eines der Themen, das die oftmals nihilistische und ironische Chan-Kultur mit der breiter gefächerten Kultur des Alt-Right-Orbits verband, war der Widerstand gegen Political Correctness, Feminismus, Multikulturalität etc. und deren Einzug in die unkontrollierte anonyme Welt der Internet-Technologie. Eines der ersten Beispiele von orchestrierten Attacken und Übergriffen auf Frauen in den USA richtete sich gegen Kathy Sierra, eine Tech-Bloggerin und Journalistin. Sierra war Keynote-Sprecherin beim *South by Southwest Interactive* Festival in Austin, Texas, und ihre Bücher waren Bestseller. Der gegen sie gerichtete Backlash wurde entfacht, als sie einen Aufruf zur Moderation von Leserkommentaren unterstützte, was zu dem Zeitpunkt als Untergrabung der libertären Hacker-Ethik absoluter Internet-Freiheit betrachtet wurde, obwohl dies ja mittlerweile gang und gäbe ist. Kommentatoren ihres Blogs begannen, sie en masse zu belästigen und sie mit Vergewaltigungs- und Todesdrohungen zu überziehen, was mittlerweile zum Alltag von Frauen wie Sierra gehört. Persönliche Details ihrer Familie und ihre Privatanschrift wurden online gepostet, und hasserfüllte Reaktionen – wie die Zusendung von mit Photoshop bearbeiteten Bildern von ihr mit einer Schlinge um den ihrem Kopf, eine Zielscheibe mit ihrem

Gesicht und ein gruseliges Bild von ihr, auf dem sie mit Frauenunterwäsche geknebelt ist – waren an der Tagesordnung. Der gegen sie persönlich gerichtete Backlash war so extrem, dass sie zur Ansicht gelangte, sie müsse ihren Blog löschen und ihre Referentinnentätigkeit aufgeben. Als sie auf ihrem Blog erklärte, warum sie sich aus dem öffentlichen Leben zurückziehen müsse, weil sie fürchtete, dass ihre Stalker ihre Drohungen in die Tat umsetzen würden, löste dies wiederum eine ganze neue Flut an von Geeks ausgehendem Hass gegen sie aus.

Andrew Auernheimer (alias weev), ein bekannter Hacker und Troll, scheint stark in die Attacken gegen Sierra involviert gewesen sein, schließlich verbreitete er die falschen Informationen über sie, demzufolge sie Opfer häuslicher Gewalt und eine ehemalige Prostituierte sei. 2009 behauptete weev, er habe sich in Amazons System gehackt und Bücher über Homosexualität als Pornografie umklassifiziert. Während er früher noch Teil der Occupy-Bewegung war, postet er heute antisemitische und schwulenfeindliche Tiraden auf YouTube, trägt ein Hakenkreuz-Tattoo auf der Brust und war zudem selbsternannter Präsident einer Troll-Initiative namens *Gay Nigger Association of America*. Diese hatte sich zum Ziel gesetzt, gegen populäre Blogger und andere Mainstream-Aktivitäten zu kämpfen, die der Zerstörung der authentischen Internet-Kultur bezichtigt wurden. Sierra hat sich dazu geäußert, wie sich die Dinge entwickelt haben: »Gemessen an dem, was Frauen heute online erleben, verblasst das, was mir passiert ist... Ich dachte, es würde besser werden. Zumeist ist es einfach nur noch schlimmer geworden.«

Obwohl Online-Räume und Kommentarbereiche bereits seit Jahren zunehmend ein schockierendes Level an Hass auf Frauen zu verzeichnen hatten, wurde eine der ersten Mainstream-Diskussionen über extreme Online-Misogynie erst entfacht, als Helen Lewis im *New Statesman* feministische Autorinnen interviewte, die einiges von dem ans Licht brachten, was ihnen widerfahren war. Die feministische Bloggerin und Aktivistin Cath Elliot schrieb:

> Hätte ich versucht, darüber Buch zu führen, hätte ich vermutlich längst den Überblick verloren beim Zählen der abfälligen Bemerkungen, die ich seit 2007 erhalten habe, als ich begann, online zu schreiben. Und mit abfällig meine ich nicht Kommentare, die nicht einverstanden sind mit dem, was immer ich schreibe – ich komme schließlich aus der Gewerkschaftsbewegung und habe in einem Männergefängnis gearbeitet, d. h. ich bin kein zartes Pflänzchen, das nicht mit ein wenig Neckerei und einer hitzigen Debatte umgehen kann – nein, ich rede von persönlichen, für gewöhnlich sexualisierten Beleidigungen von der Sorte, die mich mehr als einmal dazu gebracht hat, innezuhalten und mich zu fragen, ob das, was ich tue, es wirklich wert ist. [...] Ich musste lesen, dass ich offensichtlich zu hässlich sei, als dass mich irgendein Mann vergewaltigen wollte, oder ich wurde mit plastischen Schilderungen konfrontiert, die in genauen Details ausführten, wie bestimmte Gerätschaften in eine oder mehrere meiner Körperöffnungen geschoben werden sollten.

Die feministische Bloggerin Dawn Foster schrieb:

> Der schlimmste Vorfall von Online-Beschimpfung, den ich erleben musste, geschah, als ich über die Abschiebung von Julian Assange bloggte. [...] Anfangs war es schockierend: Innerhalb einer Woche erhielt ich eine wütende E-Mail, die meine Privatadresse, meine Telefonnummer und die Arbeitsadresse enthielt und als eine Art Drohung gemeint war. Nachdem ich kurz danach getweetet hatte, dass ich ewig auf den Nachtbus hatte warten müssen, antwortete anschließend jemand, er hoffe, ich würde an der Bushaltestelle vergewaltigt.

Die Autorin Petra Davis, die über feministischen Sex schreibt, sagte später:

> Als die ersten Briefe in meiner Wohnung eintrafen, habe ich bei der Polizei Anzeige erstattet, doch sie rieten mir dort nur, ich solle aufhören, provokante Sachen zu schreiben. Schließlich erhielt ich eine

> E-Mail, die mich auf eine Website dirigierte, auf der für meine Dienste als Prostituierte geworben wurde, mit meiner Adresse auf der Titelseite, über der stand: »Fick sie, bis sie schreit, dreckige Hure, vergewaltige mich die ganze Nacht, schlitze mich auf«, und dazu Bilder von sexuell verstümmelten Frauen. Es war sehr seltsam, still vor meinem Bildschirm zu sitzen, diese Bilder zu betrachten und zu wissen, dass die Gewalt, die diesen anderen Frauen angetan worden war, als Lektion dienen sollte... Natürlich dauerte es nicht lange, die Website zu löschen, aber inzwischen hatte ich es gründlich satt und hörte mehr oder weniger ganz auf, aus irgendeiner Perspektive über Sex zu schreiben.

In diesem Falle kommt bezeichnender Weise bereits hier ein weiterer, sich gegenseitig befruchtender Bereich des breit gefächerten Alt-Right-Milieus zutage: maskulinistische und neomaskulinistische antifeministische Online-Subkulturen, die sich für gewöhnlich beunruhigt über den Niedergang der westlichen Maskulinität zeigen. Einige von ihnen verfechten Ideen wie den männlichen Separatismus von *Men Going Their Own Way* (MGTOW), während andere einen aggressiveren Stil des Sozialdarwinismus propagieren, der von einer Aufreißermentalität geprägt ist, mit der das menschliche System »ausgetrickst [d. h. manipuliert]« werden soll. Allerdings war es der überaus breit aufgestellte Kosmos von Alt-Right, der unter dem Namen Alt-Light bekannt wurde, der diese neue diffuse und chaotische Online-Ansammlung sich gegenseitig befruchtender Subkulturen populär machte und ihnen zum Einzug in den Mainstream verhalf. Hierzu gehören Medienberühmtheiten wie Milo, Twitter und Blogging-Stars wie Mike Cernovich, der eine Anleitung zu männlicher Durchsetzungsfähigkeit mit dem Titel *Gorilla Mindset* verfasst hat, der ehemalige *Vice*-Herausgeber Gavin McInnes, zahlreiche Gamer, die sich auf das Erstellen von Pepe-Memes verlegt haben, und jene, die im 4chan-Stil Shitstorms posteten. Sie alle hatten wenig gemein im Sinne eines zusammenhängenden Engagements oder eines konservativen Gedankenguts und konservativer Politik, aber sie verspürten alle eine Abneigung gegen Political Correctness und eine gemeinsame ästhetische Sensibilität. Das, was man heute als Alt-Right bezeichnet, ist in Wahrheit diese Ansammlung einer Vielzahl verschiedener Tendenzen, die zum Teil unabhängig voneinander entstanden, sich jedoch im Laufe der Kultur-Kriege der letzten Jahre unter dem Banner des Anschwellens einer Anti-PC-Politik zusammentaten. Der respektlose Trolling-Stil, der mit 4chan assoziiert ist, gewann als Reaktion auf die sich ausbreitende Identitätspolitik von femininen Sozialen Medien wie Tumblr an Popularität. Dies wiederum weitete sich schließlich auf das »echte Leben« aus in Form von verstärkten Sicherheitsbemühungen in der Campus-Politik sowie Triggerwarnungen, »Gamergate« und vielen anderen Kämpfen.

Man kann förmlich spüren, wie das Leben aus dem eigenen Körper entweicht bei dem Gedanken, die Geschichte der Gamergate-Kontroverse zu rekapitulieren oder noch einmal lesen zu müssen. Bei diesem Internet-Phänomen ging es u. a. um interne Kontroversen, Schmutz- und Hasskampagnen, Spaltungen und ein Ausmaß an hochfliegenden Emotionen, das eher an Reaktionen auf Völkermord als Zank über Videospiele erinnerte. Um die Sache zu erläutern, sei hier ein kurzer Abriss aufgeführt, der zweifellos keine der beiden Seiten zufriedenstellen wird. Im Vorfeld der Gamergate-Kontroverse fand sich die feministische Videospiel-Kritikerin Anita Sarkeesian als Zielscheibe einer mit dem Fall Sierra vergleichbaren Hasskampagne vor, doch dieses Mal beteiligten sich Hunderttausende Beteiligte und es wurde ein solches Ausmaß an Gift verspritzt, das für jene außerhalb der Gamer-Welt völlig unverständlich und rätselhaft war. Diese Schmutzkampagne dauerte immerhin mehrere Jahre. Ihr Vergehen bestand darin, eine Serie von YouTube-Videos produziert zu haben, in denen sie den Betrachtern einige grundlegenden Konzepte der feministischen Medienkritik auf eine leicht verständliche und ziemlich gemäßigte Weise näherbrachte. Ihre Art der Kritik, die sie als bekennender Games-Fan äußerte, dem es eher darum ging, Videospiele zu verbessern, statt sie zu zensieren, wäre im Bereich der Literatur- oder Filmkritik vermutlich als das Normalste von der Welt betrachtet worden. Deren Publikum und deren Kritiker sind Debatten und eine relativ zivilisierte, erwachsene Art von Diskurs gewohnt, in der man einen alten Hollywood-Klassiker als sexistisch bezeichnen kann, ohne seinen ästhetischen Wert in Zweifel zu ziehen. Mit anderen Worten: Man kann anderer Meinung sein, ohne gleich Vergewaltigungs- und Todesdrohungen auszustoßen. In ihren Videos kommt kein Aufruf zur Zensur oder zum Verbot von Videospielen vor. Ihre Kritik ist auch nicht harscher als die, die man von anderen Pop-Kultur-Kritikern wie Charlie Brooker oder Mark Kermode lesen kann, wenn sie sich über einige sehr offensichtlich rückschrittliche Darstellungen von Frauen in *manchen* Videospielen äußern.

Für dieses nicht hinnehmbare Verbrechen musste Sarkeesian jahrelang unglaublich düstere und verstörende Beleidigungen ertragen. Zu typischen Online-Kommentar zählten: »Ich werde dich vergewaltigen und deinen Kopf auf einem Stock aufspießen«, »Es wäre doch lustig, wenn fünf Typen sie jetzt sofort vergewaltigen würden«, »Ich masturbiere heftig zu deinem Gesicht« sowie der alte 4chan-Standardspruch »Titten raus oder verschwinde«. Ihre Wikipedia-Seite wurde mutwillig mit pornografischen Bildern und Hassbotschaften bombardiert. Außerdem wurde eine Kampagne angezettelt, mit der all ihre Social-Media-Accounts durch Mass Reporting als Spam, Betrug oder sogar Terrorismus diffamiert werden sollten.

Es wurden Versuche unternommen, ihre Website durch eine Distributed-denial-of-service-(DDoS)-Attacke zu hacken und in ihren E-Mail-Account einzudringen. Man erstellte pornografische Bilder, auf denen sie von Videospielfiguren vergewaltigt wird. Ein männlicher Gamer, der sich beleidigt fühlte, erschuf sogar ein Videospiel, bei dem Spieler so lange auf Anitas Gesicht einschlagen konnten, bis es blutunterlaufen und zerquetscht ist, mit blauen und geschwollenen Augen. Sucht man heute auf YouTube nach Anita, findet man zahllose Videos, bei denen es vor allem darum geht, Hass auf sie auszudrücken und die auf eine obsessive Weise zu versuchen, ihren Ruf und ihre Karriere zu zerstören.

Auslöser hierfür war in erster Linie die Tatsache, dass sie eine Kickstarter-Kampagne ins Leben gerufen hatte, bei der mehr Geld zusammenkam als ursprünglich geplant, was auf eben jene Drangsalierungen zurückzuführen ist. Zur Erinnerung: All dies geschah wohlgemerkt, um zu zeigen, dass Sexismus *definitiv kein Thema* innerhalb der »Gaming-Community« sei – im Gegensatz zu dem, was sie so unverschämter Weise behauptet hatte. Taktiken wie DDoS und Doxxing (das Veröffentlichen personenbezogener Daten mit der Absicht, die Personen massenweise Beleidigungen auszusetzen), die von 4chan verwendet werden und ursprünglich aus der Usenet-Kultur stammen, rückten als Werkzeuge in das Zentrum der Attacken der antifeministischen Gamer. Spiele, deren Zielgruppe das antifeministische Gamergate-Publikum ist, ästhetisieren eher Krieg, Gewalt und Technologie, während der Markt an auf Frauen ausgerichteten Spielen in den Jahren vor Gamergate eher gewachsen ist. Dies galt besonders für Spiele wie *Candy Crush*, dessen Zielgruppe Mädchen im Teenageralter waren, die nicht wissen, was *World of Warcraft* ist – was offenbar wiederum jene verärgerte, die sich selbst als echte Gamer betrachten. Gamergate selbst wurde losgetreten, als Zoe Quinn ein Videospiel namens *Depression Quest* kreierte, das selbst einer Nicht-Gamerin wie mir ein entsetzlich schlechtes Spiel zu sein scheint, bei dem viele der Zerbrechlichkeit und Geisteskrankheit fetischisierenden Charakteristika jener Art von Feminismus im Mittelpunkt standen, die in den letzten Jahren online in Erscheinung trat. Es handelte sich um eine Art von Spiel – über Depression –, das vermutlich als perfekte Parodie all dessen dienen könnte, was die Gamegater an SJWs (Social Justice Warriors, Krieger für soziale Gerechtigkeit) so hassen.

Trotz alledem erhielt ihr grauenvolles Spiel positive Kritiken von Indie-Game-Journalisten, die mit ihr politisch sympathisierten, was wiederum zu einer Art Auslöser für die ganze Gamergate-Saga wurde. Diese wurde entweder als Auseinandersetzung über die Ethik im Games-Journalismus oder als Ausrede dafür verstanden, Feministinnen und Frauen zu attackieren, die sich Zutritt in die Gamer-Welt verschafften – was wiederum davon abhing, wen man fragte. Zunächst möchte ich meine eigene

Position in Bezug auf Gaming klarstellen. Erwachsene sollten meiner Meinung nach ihre emotionale Energie besser für etwas anderes als Videospiele einsetzen. Das gilt auch für feministisches Gaming, das ich für ähnlich verlockend wie feministische Pornografie halte, nämlich gar nicht. Allerdings wird jeder, der ein wenig Verständnis für die grundlegenden Normen menschlichen Verhaltens besitzt, in der Lage sein zu begreifen, warum die Auswirkungen so vollkommen verheerend waren, die Quinns mieses Spiel, andere angeblich voreingenommene Kritiken und außerdem das nach sich zogen, was zweifellos ein ideologisch motiviertes Vorhaben war, Gaming dahingehend zu verändern, dass es in Teilen Feminismus-freundlicher gestaltet wird. Es entwickelte sich der bis dahin möglicherweise größte Flame-War der Internet-Geschichte – eine Überreaktion riesigen Ausmaßes, im Zuge derer jeder jeden beschuldigte, zu lügen und böswillige Absichten zu haben.

Quinns Ex-Freund Eron Gjoni postete in Foren, sie habe ihn betrogen, womit er eine Flut an Angriffen auf sie auslöste. Sie sagte später, Hater hätten begonnen, aus Rache pornografische Inhalte an ihre Familie und ihre Angestellten zu senden, und hätten versucht, ihre Accounts zu hacken. Quinn wurde selbstverständlich auch mit Vergewaltigung und Tod bedroht und gedoxxt. Anschließend attackierten die Hater eine ganze Reihe feministischer Gamerinnen und Games-Kritikerinnen wie Brianna Wu, Felicia Day und Jennifer Allaway, die sich an der Auseinandersetzung beteiligt hatten. Es existieren jeweils zahllose unterschiedliche Darstellungen über die Art der Bedrohungen und Angriffe, doch wenn man allein die am wenigsten umstrittenen betrachtet, kommt man nicht umhin zu sagen, dass sie mit einem Ausmaß an Beleidigungen überzogen wurden, das in der Zeit vor dem Internet wohl nur Kindermördern vorbehalten war. Es geriet dermaßen außer Kontrolle, dass sogar moot, Gründer von 4chan und Verfechter des anonymen Internets, die Gamergate-Debatte von 4chan verbannte, was ihn letztlich dazu veranlasste, die Website zu verlassen. Die Gamergater wanderten schließlich zur noch zügelloseren Website 8chan ab.

Quinn hatte einige der Unterhaltungen gefunden und aufgezeichnet, die in einem 4chan-IRC namens »Burgerandfries« [»BurgerundPommes«] stattfanden. Hier heckten User den Plan aus, ihre Karriere zu zerstören, und benutzten dabei eine äußerst frauenfeindliche Sprache und eine entsprechende Motivation. In diesem Chat brachten sie ihren Hass und ihre Abscheu ihr gegenüber zum Ausdruck sowie ihre Schadenfreude bei dem Gedanken, ihre Karriere zu ruinieren. Darüber hinaus äußerten sie Phantasievorstellungen, in denen sie vergewaltigt und getötet wurde. Sie hofften, die ganzen Schikanen würden sie dazu bringen, sich umzubringen. Nur der Gedanke daran, dass 4chan als Reaktion darauf schlechte Publicity bekommen würde, brachte einige von ihnen zu der Überzeugung, dass dies doch keinesfalls wünschenswert sei. Sie verbreiteten gefälschte Nacktfotos von ihr und sandten Links zu Onlinearchiven mit diesen Bildern an Quinns Unterstützer. Sie versuchten, Informationen über ihre Familie auszugraben und jeden aufzuspüren, der mit ihr in Verbindung stand. Einer von ihnen fand ein Foto von Quinn als 13-Jährige und postete einen Link zu dem Bild. Sie hatten die Ethik des Games-Journalismus anscheinend so sehr verinnerlicht, dass sie im Rahmen dieser Diskussion Quinns Vagina als »geweitet« bezeichneten, groß genug »für 12 Schwänze auf einmal« und als »eitrige, mit Käse gefüllte Vagina«, die »eine Spur aus Mösenschleim« hinterlasse, wohin auch immer sie gehe. Und dann spekulierten sie noch darüber, wie sie wohl riechen möge.

Jenn Frank, die preisgekrönte, freiberuflich arbeitende Games-Journalistin, schrieb für *The Guardian* einen Artikel mit dem Titel »Wie man eine Frau attackiert, die in der Welt der Videospiele arbeitet«, der sich mit diesen ständigen Belästigungen befasste. Er skizzierte die unterschiedlichen Arten, wie Trolle Frauen Schaden zufügen, die in dieser von Männern dominierten Branche arbeiten:

> … Kürzlich hat jemand zu meinem Erstaunen versucht, meine E-Mail- und Telefonkontakte zu hacken. Dies zu schreiben, ist sehr

> beängstigend, und deshalb muss ich gestehen, dass ich insofern befangen bin, als ich fürchterliche Angst habe. Ich habe die meisten der letzten neun – nicht immer perfekten – Jahre in dieser Industrie gearbeitet, und ich habe nie behauptet, ich sei perfekt. Allerdings stehen meine Werte, mein fester Glaube, dass Beleidigungen nicht ›normal‹, ›zulässig‹ und ›erwartbar‹ werden dürfen und können, im Widerspruch zu *Oh, Gott, bitte, warum tun sie das, worum geht es, lass es nicht mich sein, lass es nicht mich sein.* Meine unerschrockene Liebe zu Videospielen, meine Kollegen und meine Arbeit stehen in einem Interessenskonflikt zu meiner eigenen schrecklichen Angst.

Die Games-Autorin Jennifer Hepler wurde ebenfalls zum Ziel von Angriffen. Sie gibt an, sie habe auf Twitter Hunderte unflätiger Botschaften erhalten, in denen sie u. a. »fette Möse« genannt und bedroht wurde. Feministische Gamer haben sich darüber beschwert, dass die Games-Autorin Felicia Day von einem männlichen Games-Journalisten öffentlich als »Messe-Hostess« abqualifiziert wurde. Die Games-Designerin Patricia Hernandez zog die Aufmerksamkeit von 4chan auf sich, als sie es als eine »Kathedrale der Misogynie« bezeichnete. Die Encyclopedia Dramatica [ein großes, werbefinanziertes englischsprachiges Satire-Wiki] verzeichnet einen permanenten Eintrag für die Memes, die 4chan, inspiriert von ihrem Kommentar, kreiert hat. In einem dieser Memes wird sie beschrieben als:

> Eine fette, illegal eingewanderte mexikanische ›Game-Journalistin‹ mit Wurstfingern und einem Kinn wie Jay Leno, die für Kotaku arbeitet, eine Gaming-Klatsch-und-Tratsch-Seite, die berühmt dafür ist, Game-Designern zu gestatten, für gute Kritiken und Publicity mit ihren Kolumnisten zu schlafen. Patricia ist eine bekannte Lesbe und Feminazi, die in Kotakus stolzer Tradition steht, zahllose Artikel darüber zu schreiben, dass verschiedene Games entweder Vergewaltigung propagieren oder ihre weiblichen Spieler im wahrsten Sinne des Wortes vergewaltigen. Eine andere Hauptbeschäftigung des Kotaku-›Journalismus‹, an der sie ebenfalls beteiligt ist, ist Vetternwirt-

schaft – was erklärt, warum so ziemlich jeder Artikel, der ihren fetten Händen entstammt, von ihrer Lebensgefährtin handelt.

Ohne zu sehr ins Detail zu gehen – und an dieser Stelle wäre es unmöglich, alle verschiedenen Anschuldigungen von Lügen und alle Streitigkeiten darüber aufzuzählen, wie dieser Massenevent zustande kam – das wichtigste Merkmal dieses Furors ist die Rolle, die er darin spielte, unterschiedliche Online-Gruppen zu vereinen und die Taktik der 4Chan-Kultur in der weiten rechten Onlinewelt zu verbreiten. Gamergate hat Gamer, die rechtsgerichtete Chan-Kultur, Antifeminismus und die äußerst rechte Onlinewelt in die Mainstream-Diskussion eingeführt und darüber hinaus eine breitgefächerte Gruppe junger Menschen, meistens männlich, politisiert. Sie alle Taktiken entwarfen Taktiken, mit denen sie sich gegen den Kultur-Krieg verteidigen wollen, den die Vertreter der linken Kultur führen. Dazu zählten alle möglichen Leute, von Kritikern der Political Correctness bis zu jenen, die sich an der übersteigerten Reichweite der feministischen kulturellen Kreuzzüge störten. Dies brachte Leute zum Vorschein wie Christina Hoff Sommers, eine klassische Liberale, die eine Video-Reihe namens *The Factual Feminist* erstellte, die darauf abzielte, fehlerhafte Statistiken innerhalb des Feminismus offenzulegen. Neben der höflichen und heiteren Sommers zählten zu der Gruppe des Weiteren unpolitische Gamer, *South-Park*-Konservative, entschiedene Anti-Feministen und junge Leute, die sich ohne den moralischen Ballst des Konservatismus den politisch äußerst Rechten anzunähern begannen. Dies sorgte auch für Milos unglückseligen Karrieresprung, denn er nutzte diese Entwicklung, um den Status einer Mainstream-Berühmtheit zu erlangen. Letztlich hatten die Gamer recht mit ihrer Sichtweise, dass eine wiedererstarkte feministische Bewegung versuchte, die Kultur zu verändern – und es war eben jene Front, nämlich ihre geliebten Games, an der sie zurückschlagen wollten. Die Schlacht ist seitdem mit anderen Themen und mit zunehmend höheren Einsätzen geschlagen worden, doch das Gaming war der auslösende strittige Punkt, der für eine jüngere Online-Generation ausschlaggebend war für die Schlachtlinien der Kultur-Kriege.

Die Kultur von 4chan, Anonymous etc. in der Prä-Gamergate-Ära von Occupy und Anonymous hätte sich auch ganz anders entwickeln können. Lange vor dieser ›Geeks-gegen-Feministinnen‹-Schlacht hatte die libertäre Linke ihre eigene Hacker- und Computer-Geek freundliche, internetfixierte politische Tradition, auf die manche aus dem frühen Anonymous-Milieu offensichtlich zurückgriffen. Hakim Beys Idee von einer temporären autonomen Zone basierte auf dem, was er als »Piraten-Utopien‹ bezeichnete. Er war der Meinung, dass der Versuch, eine permanente Kultur oder Politik zu bilden, unweigerlich zu einem strukturierten System verkommen würde, das individuelle Kreativität im Keim erstickt. Seine Sprache und seine Ideen beeinflussten den Anarchismus und später auch Online-Kulturen, die für illegales Downloaden, Anonymität, Hacken und Experimente wie Bitcoin eintraten. In dieser frühen Ära der Anonymous-Kultur und in Analysen wie etwa von Gabriella Coleman, die eine radikalere horizontalistische Politik vertritt, sind Anklänge an John Perry Barlows Manifest »Unabhängigkeitserklärung des Cyberspace«. Barlow war einer der Gründer der Electronic Frontier Foundation, einem Zusammenschluss anarchistischer Hacker und Verfechter eines Internets ohne jegliche staatliche Intervention, kapitalistische Kontrolle und Monopolisierung der Onlinewelt. In einem Tonfall, der der Rhetorik von 4chan und Anonymous (»Wir sind Legion«) ähnelte, warnte das Manifest:

> Regierungen der industriellen Welt, ihr müden Giganten aus Fleisch und Stahl, ich komme aus dem Cyberspace, der neuen Heimat des Geistes. Als Vertreter der Zukunft bitte ich euch aus der Vergangenheit, uns in Ruhe zu lassen. Ihr seid unter uns nicht willkommen. Wo wir uns versammeln, habt ihr keine Hoheitsgewalt.

Stattdessen wurde diese führerlose anonyme Online-Kultur letztlich zu etwas, das sich durch eine besonders düstere Vorliebe für eine vereitelte bzw. gescheiterte weiße westliche Maskulinität als ausschlaggebende Metapher auszeichnet, die sich in einigen Fällen auch im »echten Leben« niedergeschlagen hat. In einem 4chan-Post vom 1. Oktober 2015 stand zu lesen:

> Der erste unserer Art hat die Herzen Amerikas das Fürchten gelehrt... Dies ist erst der Anfang Die Beta-Rebellion hat begonnen. Schon bald werden mehr von unseren Brüdern die Waffen ergreifen, um Märtyrer dieser Revolution zu werden.

Der dramatische und bewusst cineastische Tonfall war typisch für einen Onlinestil, der sich durch eine postmoderne Distanz im Ton einer Interpretation entzieht, so dass jeder Normie, Normalo, der versucht, dies wortwörtlich zu interpretieren, ausgelacht würde. In diesem Fall jedoch bezog sich der Post auf die echte Nachricht, dass ein junger Mann namens Chris Harper-Mercer am *Umpqua Community College* in Roseburg, Oregon, neun Klassenkameraden getötet und neun weitere verletzt hatte, bevor er sich selbst das Leben nahm. In der Nacht vor der Schießerei warnte ein Post auf dem 4chan-Board /r9k/ andere Kommentatoren aus dem Nordwesten der USA davor, an diesem Tag die Schule zu betreten. Der erste Kommentator in diesem Thread fragte: ›Geht der Beta-Aufstand endlich los?‹, während andere den anonym Postenden ermutigten und ihm Tipps gaben, wie man eine Massenerschießung durchführt.

Im Jahr 2014 postete ein anonymer 4chan-User mehrere Fotos, die augenscheinlich die nackte und strangulierte Leiche einer Frau zeigten, zusammen mit einem Geständnis:

> Wie sich gezeigt hat, ist es viel schwieriger, jemand zu erwürgen, als es in Filmen aussieht... Ihr Sohn wird bald von der Schule nach Hause kommen. Er wird sie finden und dann die Polizei rufen. Ich wollte einfach nur die Fotos teilen, bevor sie mich finden. Ich habe eine BB-Waffe [Softairwaffe, Luftgewehr] gekauft, die ziemlich echt aussieht. Wenn sie kommen, werde ich sie zücken, und dann ist es ein erweiterter Suizid. Ich verstehe es,

wenn ihr mir nicht glaubt. Checkt einfach die verdammten News. Ich muss jetzt mein Handy loswerden.

Die Polizei gab später bekannt, dass die Frau auf dem Foto, Amber Lynn Coplin, tatsächlich das Mordopfer war. Ihr Freund, David Michael Kalac, wurde nach einer kurzen Verfolgungsjagd von der Polizei verhaftet und des Mordes angeklagt.

Wenn es noch eines weiteren Beweises bedarf, dass die Tabus brechende Anti-PC-Kultur von 4chan nicht nur »for the lulz« [Plural von lol, d. h. als Schabernack gedacht] ist, dann sei an Folgendes erinnert: Nachdem im November 2015 in Minneapolis fünf Black-Lives-Matter-Demonstranten erschossen worden waren, tauchte ein Video der beiden beteiligten Männer auf. Sie trugen Sturmmasken, fuhren zu einer Black-Lives-Matter-Demonstration und sagten: »Wir wollen eigentlich nur allen auf /pol/ eine Vorwarnung geben ... Bleibt weiß.«

Es ist erst wenige Jahre her, dass die linken Cyberutopisten behaupteten, »die Empörung« habe »sich vernetzt«, die etablierten alten Medien könnten nicht länger die Politik kontrollieren, der öffentliche Raum würde auf führerlosen, von User generierten Sozialen Medien fußen würde. Dieses Netzwerk ist tatsächlich entstanden, nur hat es den Rechten und nicht den Linken zur Macht verholfen.

Jene Linken, die das spontane, führerlose, auf dem Internet basierende Netzwerk zu einem Fetisch erklärt und alle anderen Formen, Politik zu betreiben, als alte Hüte bezeichnet haben, haben nicht erkannt, dass die führerlose Form letztlich wenig aussagt über die philosophischen, moralischen oder konzeptuellen Inhalte der beteiligten Bewegungen. In das Vakuum der »Führerlosigkeit« kann so ziemlich alles stoßen. Egal wie vernetzt, »transgressiv«, Social-Media-affin oder nicht-hierarchisch eine Bewegung sein mag – es ist der Inhalt ihrer Ideen, der zählt, wie zu jedem anderen historischen Moment auch, wie Evgeny Morozov damals schon mahnte. Die Online-Umgebung hat zweifellos möglich gemacht, dass unkonventionelle Ideen und Randbewegungen rasend schnell an Einfluss gewinnen. Auch wenn sie eher zur Linken tendierten, waren politisch sympathisierende Kommentatoren versucht, es als eine glänzende neue verführerische Abkürzung auf dem Weg hin zur Überwindung unseres »Endes der Geschichte« zu betrachten. Stattdessen müssen wir seitdem erleben, dass sich dieses führerlose Gebilde so ziemlich jede Form von Ideologie zu eigen machen kann – selbst die der äußersten Rechten, so seltsam es auch klingen mag.

Dieser Aufsatz ist ein Nachdruck von »Kapitel 1: Die führerlose digitale Gegenrevolution«, in: Angela Nagle, *Die digitale Gegenrevolution: Online-Kulturkämpfe der Neuen Rechten von 4Chan und Tumblr bis zu Alt-Right und Trump*, Bielefeld 2018, S. 19-40.

Sind so schwere Heuschrecken: Allochthone Bemerkungen zum Populismus

Benjamin H. Bratton

Im Sommer 2016 begannen wir mit den Planungen des *The-New-Normal*-Programms am *Strelka Institute* in Moskau, mitten im Präsidentschaftswahlkampf in den USA. Wie Sie sich vielleicht erinnern werden, wirbelten damals populistisch angehauchte Stürme in viele Richtungen auf einmal umher – manche waren progressiv, manche reaktionär, und viele waren innerhalb des linear verlaufenden Links/Rechts-Spektrums schwer einzuordnen. In der Ära nach dem Brexit, aber noch vor Trump, schrieb ich:

> Genau zu dem Zeitpunkt, an dem eine durchaus mögliche Zukunft beginnen sollte, tritt etwas unerträglich Rückwärtsgewandtes an ihre Stelle: Die psychotische Simulation einer mittelalterlichen Geopolitik, die so hellleuchtend brennt wie das Haar eines Grusel-Clowns. Der Aufstieg des ethno-nationalistischen Populismus ist ein globales Phänomen mit globalen Ursachen. Aller-

dings verhält es sich so, dass sich die Menschen jeweils entweder gegenseitig beschuldigen ob ihres einzigartigen Versagens oder sich gegenseitig zu ihren großartigen Erfolgen gratulieren. Allerdings sind von Manila bis nach Milwaukee die gleichen demografischen Wahlmuster sowohl bei urbanen, gebildeten Kosmopoliten als auch bei auf dem Lande lebenden, weniger gebildeten monokulturellen Nationalisten (und/oder nationalistischen Monokulturalisten) zu beobachten. Selbst jetzt, da die Globalisierung die Verbindung zwischen Klassenzugehörigkeit und Geografie längst gekappt hat, versuchen wir noch, mit dem Phänomen auf der Grundlage einer aus dem 18. Jahrhundert stammenden Rechtsprechung umzugehen. Außerdem scheinen Netzwerke aus Stadtstaaten völlig den Kontakt zu ihren außerhalb der Zentren lebenden Landsleuten verloren zu haben. Für diejenigen, die im »Distrikt 13« ihre tagtäglichen *Hunger Games* [*Die Tribute von Panem*] durchleben, ist die Stadt der Ursprung tyrannischer Macht. Ist das Grund, warum die Urbanisierung selbst Ziel des populistischen Backlashs geworden ist?

Heute, in der Mitte von Trumps Regierungszeit und vor wem-auch-immer, lohnt es sich, das Ganze aufzuschlüsseln und den Aufstieg des Rechtspopulismus – so fragil er auch sein mag – etwas genauer zu betrachten. Was ist mit »Populismus« gemeint? Was ist er *nicht*, was sind die echten Alternativen zu seiner »autistischen« Verengung des politischen Spektrums? Zu einem Zeitpunkt, da sämtliche Bürger gezwungen sind zu wählen, und zwar weniger zwischen Bürokrat A und Bürokrat B, sondern zwischen echten Politclowns, könnte man fragen: Wie lange soll das noch so gehen?[30]

Ich sollte vielleicht eingestehen, dass ich – im Gegensatz zu manch anderem – keine klar umrissene Unterscheidung zwischen linken und rechten Spielarten Populistischer (mit großem

---

30 Ich stelle hiermit den obligatorischen Bezug zu dem 2007 entstandenen Film *Idiocracy* her. Drehbuch und Regie: Mike Judge, ein Absolvent der *University of California*, San Diego.

›P‹) Bewegungen großen Umfangs mache. Das liegt nicht etwa daran, dass ich nicht zwischen ihren Zeilen lesen kann und ihre Weltanschauungen unterscheiden kann oder nicht zur Kenntnis nehme, dass tiefgehende strukturelle Antagonismen Voraussetzungen für Politik sind, sondern weil die Mittel-zum-Zweck-Dynamik der populistischen Kategorien des politischen Dramas und der Mobilisierung nur wenig geeignet sind für die Situationen, auf die sie ausgerichtet sind. In der Mainstream-Politikwissenschaft sind die charakteristischen Übereinstimmungen zwischen linkem und rechtem Populismus wohlbekannt. *Für*: das Volk, gesunder Menschenverstand, ein fairer Deal, wirtschaftlicher Isolationismus, Einfachheit, volkstümliche Ästhetik, inspirierende und gefühlsbetonte Politik, Aufrufe zu Gemeinschaftlichkeit, Unmittelbarkeit etc. *Gegen*: das Establishment, globale Eliten, technokratisches Expertentum, ausgeartete Abstraktion, wirtschaftliche Komplexität, Liberalismus, zunehmende Kompromisse etc. *(Manchmal) ein Faible für*: Verschwörungstheorien, einfache Umverteilung, xenophoben Argwohn, das große Ganze, Persönlichkeitskulte etc. Das beste Heilmittel gegen rechten Populismus ist (vermutlich) nicht etwa linker Populismus, insbesondere weil sich beide nicht so leicht voneinander unterscheiden lassen, wie es erscheinen mag. Das bedeutet allerdings weder, dass der linke Populismus [mit einem kleinen ›p‹] keine wirksamen Reaktionen oder Taktiken aufzuweisen hat, noch, dass sich populistische Bewegungen im Hinblick auf Form oder Inhalte auf einen bestimmten Typus reduzieren lassen. Es bedeutet einfach nur, dass mehr Populismus nicht automatisch besser ist. Wir suchen einen Ausweg aus der Sackgasse, in die wir durch ihn geraten sind.

Entscheidend ist, dass die Diversität von politischen Positionen nicht gleichbedeutend ist mit einer Unterscheidung zwischen Freund und Feind, die für bestimmte populistische Bewegungen ausschlaggebend sein mag. Zahlreiche rechte und linke Populisten bieten »Kriegs«-Erklärungen (im Sinne von »Selbstverteidigung«) an die Gegenseite auf, je nachdem, wie sie das lineare Spektrum betrachten (Rot gegen Schwarz, Schwarz gegen Rot). Allerdings drängt sich der Eindruck auf, dass sie häufig mehr miteinander gemeinsam haben als mit anderen Positionen und Programmen. Dies ist vermutlich ein Rückgriff auf die Hufeisen-Theorie, die besagt, dass sich die Linksextremen und die Rechtsextremen nicht an entgegengesetzten Enden des politischen Spektrums befinden, sondern sich wie die Enden eines Hufeisens nahe stehen (eine Auffassung, die beweist, dass der ›Aufruf zur Mäßigung‹ ein Trugschluss ist). Ansonsten bestätigt dies die Annahme, dass sich die mimetische Notwendigkeit, politische Komplexität in ein Narrativ zu zwängen, zu verselbständigen beginnt, was allerdings wahrscheinlich auf jede Art von Politik zutrifft. Trotzdem ist die Kartografie der Unterscheidungen, die von populistischen Bewegungen gemacht werden, um ihre eigenen Absichten und Ziele zu definieren, ein äußerst unzuverlässiger Wegweiser zu den tatsächlichen Unterschieden von Positionen auf dem von Rivalität geprägten Gebiet der Politik. Ausgegrenzt wird nicht nur eine breite »Mitte« des Spektrums zwischen zwei Polen, sondern auch all jene Positionen, die sich nicht mit einer in einer geraden Linie gezogenen Bandbreite decken – mit anderen Worten: die Mehrheit der Positionen. Das Problem besteht womöglich darin, dass der Populismus die Palette politischer Artikulation unter dem Deckmantel der populären Inklusivität einschränkt und ausschließlich auf das Vokabular verengt, das ihm zur Verfügung steht.

Als Antwort auf das angefragte Thema dieses Buch werde ich versuchen, näher auf die Rolle des Nativismus einzugehen, d. h. auf jene traditionell nationalistische Geografie des (zumeist) rechten Populismus, die Teil einer Reaktion größeren Ausmaßes auf die durch die Globalisierung entstandene Tendenz zur Entwurzelung ist (was keineswegs eine neue Erkenntnis ist). Ich tue dies im Namen einer anti-nativistischen, nicht-autochthonen Geopolitik (auf die ich aus Platzgründen leider nicht näher eingehen kann). Zu den offenkundigsten und gefährlichsten Vorstellungen des Rechtspopulismus zählen dementsprechend wahnhafter nativistischer Rassismus, Tribalismus und Nationalismus, die sich in räumlichen Pogromen äußern, sowohl in der Theorie als auch in der Praxis. Eine explizit gegensteuernde alternative

Bewegung, die von einer fundamentalen Offenheit der Gesellschaft ausgeht, hat erkannt, dass die Menschheit eine mobile Spezies ist. »Wir«, die wir z. B. mehrmals aus Afrika ausgezogen sind und anschließend die Wanderung über die Beringstraße nach Alaska angetreten haben, »wir« sind die ultimative eindringende Spezies. Noch vor der landwirtschaftlichen Besiedelung bauten Menschen riesige Bearbeitungsflächen, an denen sich semi-nomadische Gruppen ausrichten konnten. Manchmal waren die gezogenen Linien ausschließende Grenzen, manchmal auch Fluchtwege. Da sich die Ökosysteme mal in einem temporären Zustand des Gleichgewichts und mal kurz vor dem Zusammenbruch befanden, wurden die gleichen Orte im Laufe der Zeit von unterschiedlichen Menschen in *Wellen* in Besitz genommen, manche nur sehr langsam und andere viel schneller.

In diesem besonderen Sinne ist »Indigenität« immer relativ. Ein Ding ist im Vergleich zu etwas anderem indigener, und seine autochthonen Adaptionen sind stets abhängig vom Kontext. Ganz offensichtlich ist die Dehnbarkeit dieses Begriffes auf die unzähligen heterogenen indigenen Kulturen zurückzuführen, die vom modernen Kolonialismus brutal unterworfen wurden und/oder sich ihm widersetzt haben. Andererseits könnte der Begriff aber auch Adaptionen definieren, die an einem bestimmten Ort auftreten im Kontext mit anderen Menschen, die ebenfalls dort leben. Das würde folglich auch Kulturen miteinschließen, die indigen im Vergleich bzw. im Verhältnis zur industriellen und post-industriellen Gesellschaft sind.[31] Sie haben ihre eigenen

---

31 Der Begriff »indigen« ist umstritten, seine Bedeutung im ständigen Wandel begriffen: Für manche ist er ein Ausdruck der vom Staat ausgehenden Gewalt, für andere eine Identifikation von Widerstand gegen eben jene Gewalt, für wiederum andere ein wichtiger legaler Status, durch den eingeforderte Landrechte zugesprochen werden können. Zu weiteren Informationen über die rechtlichen und politischen Konnotationen vgl. »The Concept of Indigeneity«, in: *Social Anthropology* (2006), 14, 1, S. 17-32, sowie eine Debatte zwischen mehreren Autoren über Alan Kupers Artikel, in dem er die neuerliche Verwendung des Begriffs »indigen« kritisiert: »The Return of the

Mythologien. Wo der Wald aus Metall, Plastik und Elektrizität besteht, sind manche der Meinung, dass die Gewinnung und das Verfeuern fossiler Brennstoffe keine zunehmend negativen Auswirkungen auf den gesamten mechanistischen Wald hat. Dabei ist dies nicht nur eine feste Überzeugung, sondern wesentlicher Bestandteil ihrer Ontologie. Wenn jedoch »indigen« in der Bedeutung von »fest verankert« verwendet wird, von authentischem Dazugehören, von Dauerhaftigkeit und von einem auf eine unheimliche Weise miteinander verbunden Sein, dann ist eine solche fürchterlich moderne Version des Konzepts nur allzu kompatibel mit reaktionären Bewegungen, die die Diversität der kulturellen Ausdrucksweisen des Menschen als eine Art naturalisierte tolkieneske Ethnozoologie missdeuten.[32] Es ist, mit Vorbehalt, zu beobachten, dass man den heutigen, gegen die Globalisierung opponierenden, ethno-nationalistischen Populismus durchaus als eine andere Art der Politik der »Indigenität« bezeichnen kann: als einen symptomatischen, rückwirkenden Widerhall der post-kolonialen demografischen Verschiebungen, der transnationalen Netzwerkeffekte finanzieller Plattformen und

---

Native«, in: *Current Anthropology,* Band 44, Nr. 3, Juni 2003. Vgl. auch Guillermo Delgado und John Brown Childs (Hg.), *Indigeneity: Collected Essays*, Santa Cruz, CA 2012, und Francesca Merlan: »Indigeneity: Global and Local«, in: *Current Anthropology,* Bd. 50, Nr. 3 (1. Juni 2009), S. 303-33.

32 Ich denke da an eine Szene während eines Hobbit-Camp-Treffens in Italien im Jahre 1977 (die ich selber erlebt habe,) als eine im Entstehen begriffene extreme Rechte eine *Herr der Ringe*-Begeisterung mit Julius Evola und Woodstock vermengte. Vgl. John Last, »How ›Hobbit Camps‹ Rebirthed Italian Fascism«, in: *Atlas Obscura,* Oktober 03, 2017. Die neo-kreationistische Auffassung, dass Kulturen und Gemeinschaften fest verankert und permanent sind, wird von Michael Moorcock im selben Artikel mit Spott überzogen: »Bei Tolkien ist jeder an seinem Platz und froh, dort zu sein. Wir gehen los und kommen wieder zurück an den Ort, von dem wir aufgebrochen sind. Es gibt kein Entkommen, nichts wird sich jemals ändern, und niemand wird jemals aus dieser wohlgeordneten Welt ausbrechen.«

der unvermeidbaren Provinzialisierung Nordamerikas und Europas, die längst nicht mehr Mittelpunkt des Weltgeschehens sind. Eine Parallele zwischen voneinander abweichenden Auffassungen von Ingenuität zu ziehen, basierend auf deren unterschiedlichem Verhältnis zur Kolonialgeschichte, bedeutet nicht, sie miteinander zu verschmelzen. Wenn scheinbar ungleiche Auffassungen zu gleichlautenden irredentistischen Aussagen über die Gegenwart gelangen, deutet dies angesichts der gemeinsamen (allerdings auch unterschiedlichen Migrationsgeschichte der Menschen) darauf hin, dass eine Version eine inadäquate Lösung für eine andere ist.

Im Folgenden will ich einige Begegnungen Revue passieren lassen, die ich unlängst gemacht habe. In Russland – wo ich zuletzt viel Zeit verbracht habe – wird der Heldenmut des patriotischen Nativismus von vielen Rechten wie Alexander Dugin vehement in Anspruch genommen als ein explizit gegen den Westen und die Moderne gerichtetes Bollwerk des mystischen eurasischen Traditionalismus. Dugin ist ein enger Vertrauter Putins (und vermutlich ein weiteres seltsames Sarkov-Projekt), ein Anhänger von Heidegger und Schmitt. Er schreibt gerne und ausgiebig darüber, wie sehr doch diese »fundierten« anti-modernen philosophischen Ansichten als Inspiration dienen.[33] Seine

[33] Dugin, »der als alles Mögliche – von einem okkulten Faschisten bis zu einem mystischen Imperialisten – bezeichnet worden ist, hat 2014 seinen prestigeträchtigen Job als Leiter des Fachbereichs Soziologie der Moskauer Staatsuniversität verloren, nachdem Aktivisten ihn beschuldigten, er fördere den Genozid«, ist ein Ein-Mann-Internet K-Hole [ein Zustand nach der Einnahme von Ketamin, bei dem zu einer circa 30-minütigen Dissoziation kommt], also: Vorsicht beim Googeln! (Vgl. www.independent.co.uk/news/world/americas/alexander-dugin-russian-academic-linking-us-president-donald-trump-vladimir-putin-turkey-president-a7560611.html) Seine weitschweifenden Video-Essays, die sich gegen den Transhumanismus als liberale Verschwörung richten, sollte man sich nicht entgehen lassen. Vgl. www.youtube.com/watch?v=dOw6unXjzal. Vladislav Surkov erlangte eine gewisse Berühmtheit als Kreml-Simulationist in Metahavens

Theorien finden, genau wie die des Regisseurs Nikita Mikhalkov, großen Anklang bei der geopolitischen Folklore seines Publikums. Ein Beispiel ist seine Behauptung, der Dulles-Plan sei ein ausgeklügelter Masterplan der Amerikaner gewesen, um die russische Kultur mit Hilfe von bösartiger und invasiver kultureller Zersetzung zu unterwandern.[34] In den USA spielte der russische Kommunismus einst eine ähnliche Rolle als das unterminierende, von außen einwirkende (((Andere))). Heute verstärkt diese Fehde die Infamie von Trollen, die Wahlen mit ihren Hacks beeinflussen (und die es wirklich gibt). In Serbien nimmt ein seit Langem bestehender, europäischer mystischer, dem Irredentismus nahestehender Nationalismus Schlachten für sich in Anspruch, die weit vor der Kolonialzeit auf dem amerikanischen Kontinent ausgefochten wurden. Wenn man mit einem Le Pen/ Front-National-Unterstützer (oder jemand, der Werke von Alain de Benoist in seinem Bücherregal stehen hat) spricht, wird man schon bald Rufe nach *Français de souche,* also nach *Urfranzose* bzw. *indigenem Franzosen* zu hören bekommen, die zum Programm dieser Partei gehören. Derweil beharren die Lakota weit draußen in der amerikanischen Prärie in ihrem Standing-Rock-Reservat auf ihre uralten Rechte des Landbesitzes, um eine Erdölpipeline zu blockieren, die sich von den kanadischen Teersanden bis zur grünen Lunge unseres Planeten, dem Amazonas, erstrecken soll. Dabei halten sie beträchtlicher martialischer Brutalität stand und ertragen wochenlange Trommelkreise, Solidaritäts-Treffen und gönnerhafte Exotisierung. In den Gebieten von Nevada jenseits der suburbanen Ausdehnung grummelt der sehr alte und sehr weiße Cliven Bundy seinen »Uranspruch« auf das seit Generationen im Besitz der Familie befindliche Weideland vor sich hin. Er tut dies, indem er auf anti-kosmopolitische Ansichten zurückgreift, die denen von Dugin nicht unähnlich sind.

Filmessay *The Sprawl* (2016). Ein Sammelband seiner Aufsätze ist über Amazon erhältlich.

34 Ich bin noch keinen Amerikaner begegnet, der jemals etwas vom Dulles-Plan gehört hat.

Das Konzept der Indigenität dient dem Populismus nur bedingt, weil die sich überschneidenden Erfahrungen von Krieg und Unterwerfung – kolonialistisch oder sonst wie – keine durchgehende Linie bilden, die sich ermessen lässt. Allerdings kann man kein politisch-kulturelles Programm verkünden, das im Wesentlichen auf einem Szenario beruht, das von ortsgebundenen nativen Gemeinschaften mit über die Wissenschaft hinaus gehenden Gemeinsamkeiten wie Boden, Wasser, Blut, Essen, Sprache, Religion ausgeht – was wiederum Ausdruck einer mit Vehemenz geäußerten gemeinsamen Identität ist – und bedroht ist von globalen, liberalen, technokratischen fremden Eliten, und nicht gleichzeitig merken, wie sehr es mit dem Programm der *Alternative für Deutschland* übereinstimmt. Allerdings ist diese Dynamik eindeutig nicht die einzige Achse, um die sich dieser Begriff dreht. Indigenität betrifft den ganzen Planeten. Menschen sind indigen im Hinblick auf unsere eigene Bewegung und unsere räumliche Verlagerung. Migration ist für uns eine Gewohnheit, weil sie es möglich macht, dass Dinge zueinander finden und wieder auseinanderbrechen. So können wir Identitäten bilden, die Mobilität und Migration keinesfalls für die Ausnahme halten, sondern sich mit räumlichen Veränderungen anfreunden: Unsere Identität wird zu der eines *Allochthonen*.

Obwohl der gefühlsbetonte Ausdruck von Eigenständigkeit (von Selbstbestimmung, Würdigung, Solidarität usw.) durchaus seine Berechtigung hat, führt dies zu – sowohl kohärenten als auch inkohärenten – strukturellen Schwankungen zwischen Mauern errichtender Abkapselung und expansiver Mobilisierung. Selbst wenn man annimmt, dass Änderungen und Wendungen in der Migration des Menschen nicht zu verhindern sind außer durch äußerst extreme Maßnahmen, kommt man zwangsläufig zu der Erkenntnis, dass Grenzen nicht nur spalten, sondern, wie alle Interfaces, auch eine produktive Funktion erfüllen. Die Evolution auf Inseln bringt einzigartige Spezies hervor. Die Membrane eines ökologischen Gefüges bilden eine Einheit und beziehen Körper ebenso sehr durch Inklusion wie auch durch Exklusion mit ein. Die Frage ist nur: Welche Körper und warum diese?

Welche Konzepte, die sich mit Einbeziehung bzw. mit Ausschließung befassen, sind ausschlaggebend für die zukünftige politische Geografie? Denn es ist sowohl ein verstärkter Rückzug hin zu angestammten Territorien als auch eine Konsolidierung riesiger Schneisen zu beobachten, die in die Struktur unserer Hemisphäre geschlagen werden. Wir erleben sowohl die unaufhaltsame Expansion der *de-facto*-Eigenständigkeit Cloud-basierter Plattformen als auch die Umwandlung herkömmlicher Staaten in regionale Cloud-Plattformen.

Zu welchen kurzfristigen Entwicklungen wird es voraussichtlich kommen? Wenn man staatliche Souveränität auf eine äußerst abstrakte Weise betrachtet, könnte man annehmen, es bildeten sich Staaten ohne Volk, deren Rechtsprechungen denen von Hafenstädten in der Arktis ähneln würden – oder der in Syrien, wo Assad zu der Erkenntnis gelangt ist, dass er eigentlich gar keine Bevölkerung braucht für ein Land. Es wäre vermutlich einfacher für ihn, wenn es dort überhaupt keine Zivilisten gäbe. Er müsste lediglich eine Armee bezahlen, die den Reichtum des Landes an industriellen Ressourcen beschützt, ohne auf die lästige Anwesenheit einer Zivilgesellschaft Rücksicht nehmen zu müssen.

Die logische Folge solcher leeren Entitäten wären vermutlich jene Schattenwirtschaften, die einigen Schätzungen zufolge bereits ein Fünftel der Weltwirtschaft ausmachen. Erstere ist eine Staatswirtschaft ohne Volk, Letztere eine soziale Ökonomie ohne Staat. Beides sind unheilverkündende und vermutlich sich gegenseitig bedingende Strategien, die alte Weltordnung zu umgehen.

Einige neue Entwicklungen, die auf den ersten Blick aus dem einen Grund interessant zu sein scheinen, sich aber aus einem anderen Grund als uninteressant erweisen, könnten sich dennoch aus ganz anderen Gründen noch als wichtig herausstellen. Wenn Dänemarks Digital-Botschafter (der im Silicon Valley residiert), die Meinung vertritt, dass die Beziehungen seines Landes zu Google genauso wichtig sind wie die zu einem anderen Staat, sollte man sich das spöttische Lächeln verkneifen und dies auch nicht unbedingt als schlechte Nachricht betrachten. Blockchains könnten bzw. sollten eine große Bedeutung erlangen, wenn es ihnen gelänge, die wirtschaftliche Lage der User über einen Individualismus im Lockeschen Sinne hinaus zu verbessern, und nicht, weil sie deren Illusionen aufs Neue verstärken (und doch...). Estlands e-Residency-Programm ist interessant, und zwar nicht, weil man auf diese Weise Steuern an baltische Staaten zahlen kann, die man noch nie besucht hat, sondern weil es nahelegt, dass eine Verbindung zwischen der Bereitstellung staatlicher Dienstleistungen und dem Rechtssystem des Staates nicht zwingend ist. Die geografischen Mauern, die Bürger von einem Meer an Nicht-Bürgern trennen, werden vermutlich immer höher und breiter, aber gleichzeitig immer weniger notwendig werden. Die formelle Staatsbürgerschaft könnte so mobil werden, wie sie es für nötig hält. Dies könnte sich z. B. für den Entwurf eines allgemeinen bedingungslosen Grundeinkommens als wichtig erweisen – insbesondere für die Art von Programm, die auf der Pigou-Steuer basiert. Weil Rechtsprechungen in wohlhabenden liberalen Staaten diese Grunddividende anbieten, bestünde nämlich in diesem Fall die Gefahr, dass die prophylaktischen Unterschiede zwischen denen, die *drin* sind, und denen, die *draußen* sind, noch drastischer ausfallen würden. Das wiederum könnte zu Generationen übergreifenden Unterteilungen in gestaffelte Level von Bürgerschaft führen.[35] Im März 2018 ging Italiens Fünf-Sterne-Bewegung mit ihrer Version des bedingungslosen Grundeinkommens hausieren, die Teil einer verschwommenen »Italiener zuerst«-Plattform war. Die lawinenartigen Auswirkungen der Automatisierung auf unterschiedliche Arbeitsbereiche und die dort arbeitenden Menschen können zu Geldzahlungen (wie dem Grundeinkommen) führen und die Situation verbessern, aber sie könnten gleichzeitig auch die Unterschiede zwischen formellen Bürgern innerhalb der Grenzen, die solche Zahlungen erhalten, und denen außerhalb zementieren, die nur über die Grenze schauen dürfen und keine Gelder erhalten. Statt extreme Ungleichheiten im Hinblick auf Reichtum und Sicherheit zu verringern, würde ein im Sinne eines »Wohlfahrts-Chauvinismus« falsch angewandtes Grundeinkommen diese Unterschiede vertiefen und beschleunigen.

Unentschlossenheit und Ambivalenz im Hinblick auf den politischen, rechtlichen und philosophischen Status von Automatisierung, Robotik und Künstlicher Intelligenz sollten dazu führen, dass die Rufe nach einer normativen »Rehumanisierung« verstummen und das ungewöhnliche und nicht-anthropomorphe Systeme mehr Anerkennung bekommen und besser erforscht werden. Estland hat seine Kratt-Gesetze, und alle anderen können ihre eigenen Versionen davon hervorzaubern.[36] Stattdessen

---

35 Die Pigou-Steuer dient der Korrektur negativer externer Effekte und negativer gesellschaftlicher Kosten, die durch eine Markttransaktion entstehen. Beispiele für diese Effekte sind z.B. Umweltverschmutzung, Fettleibigkeit und Klimawandel.

36 »In der alten estländischen Mythologie ist ein Kratt ein magisches Geschöpf, das aus Heu oder Haushaltsgegenständen zum Leben erweckt wird.« Gesetzesvorschläge, die den legalen Status von Künstlicher Intelligenz festlegen sollen, werden Kratt-Gesetze genannt. Vgl. diesen Aufsatz von Marten Kaevats, Digital Advisor der Regierung von Estland. medium.com/e-residency-blog/estonia-starts-public-discussion-legalising-ai-166cb8e34596.

müssen wir uns mit schwarzmalenden professionellen Trollen herumschlagen, die auf die Cloud schimpfen und nach der »Verstaatlichung von Rechenzentren«, die für sie das Allheilmittel gegen die Auswüchse der Erhebung und des Sammelns von Daten sind – und die so tun, als ob Beispiele aus China und Russland keine Bedeutung hätten. Ebenfalls an der Tagesordnung sind Meme-jagende Journalisten, die ihre Fahne nach dem Wind hängen und Kampagnen wie »Team Human« unterstützen, die den Menschen und nicht die Technologie in den Mittelpunkt rücken. Auf eine hinterhältige Weise sorgen sie dafür, dass eine sowieso schon problematische Auffassung von Menschenrechten einen leichten Rechtsruck hin zu ärgerlichen Konnotationen einer Überlegenheit unserer Spezies zur Folge hat. Suchen Sie schnell das Weite. Das, was manche als »Techno-Optimismus« bezeichnen, wird zu Recht für den überaus großen Glauben an die schnellen technologischen Lösungen für komplexe Verhältnisse und leidvolle Erfahrungen kritisiert. Allerdings legen populistische Bewegungen, zumindest in ihrer schrillsten Form, eine ähnliche »Ungeduld von Revolutionären« an den Tag und bieten stattdessen ebenfalls zu kurz greifende, schnelle politische Lösungen an.

Dies ist so etwas wie unser eigener *Schwer liegt die Heuschrecke*-Moment: Staaten ziehen Profit aus zweifelhaften historischen – geografischen, ethnischen, linguistischen usw. – Ansprüchen, um einen neuen Zugriff auf das Land und die Cloud zu erlangen.[37] Die Verschmelzung der vertikalen Integration des

---

37 In Philip K. Dicks Roman *Das Orakel vom Berge* (1962) über eine Nachkriegszeit, in der die USA von den siegreichen Nazis und Japanern regiert werden, ist »Schwer liegt die Heuschrecke« der Titel eines Romans innerhalb des Romans, der von der Figur Hawthorne Abendsen verfasst wurde. In Dicks Roman haben die Achsenmächte den 2. Weltkrieg gewonnen, in »Schwer liegt die Heuschrecke« haben jedoch die Alliierten gewonnen. In unserer heutigen Welt scheint die alternative Realität, in der der Faschismus siegreich ist, nicht gänzlich unglaubwürdig.

Staates mit der Machtdynamik der Cloud steuert eine auf fundamentalistische Eigenstaatlichkeit und eine Verengung des politischen Diskurses zu – eine Beschränkung, die allerdings nicht auf das zugrunde liegende Spektrum an Positionen zutrifft, die artikuliert werden können. Dieses Resultat muss jedoch nicht zwangsläufig eintreten. Diese Vorstellung, wie Dinge funktionieren, ist ungenau und in hohem Maße angreifbar. Sie geht davon aus, dass Entitäten *in erster Linie* als Dinge existieren, als verortete Körper, und erst *dann* kann es zu einer Interaktion zwischen diesen Teilen kommen, auf die eine oder andere Weise (dieser Irrtum unterläuft aus anderen Gründen auch einigen OOO-Anhängern.[38] Diese Sichtweise geht davon aus, dass die Binnenverhältnisse einer Gesellschaft den äußeren und transitiven Beziehungen, die das Staatswesen mit manchen angrenzenden Ländern knüpfen kann, stets im Hinblick auf Zeit und Umfang vorangehen. Stattdessen sollte man die produktive Funktion von Membranen nutzen, die Gestalt verleihen können, die einen Aus- und einen Eingang entwerfen können, die eine Ausdifferenzierung und Vielschichtigkeit von Kulturen herbeiführen können, die in ständiger Bewegung sind. Man würde weniger Zeit damit verbringen, einer über-determinierten Verortung Folge zu leisten, sondern sich dem Meer an nicht zusammenhängenden Gemeinwesen widmen, die verstreut sind über unterschiedliche Orte und Situationen hinweg, über Ozeane und zwischen Molekülen (mit realen atmosphärischen Auswirkungen).

Diese reaktionäre Bewegung ist allerdings auch, wie bereits erwähnt, auf die Unfähigkeit »des Westens« zurückzuführen, für das Ungleichgewicht an Kräften geradezustehen, das er in Gang gesetzt hat, obwohl diese Kräfte schon längst keiner Steuerung mehr bedürfen. Es ist vergleichbar mit einer Zelle, deren Wände aufgeplatzt sind und die nun in ihrem eigenen Ausstoß schwimmt. Man sollte vorsichtig sein mit den Beschreibungen, die man verwendet, und annehmen, dass Neologismen angebracht sind. Manche bezeichnen die Situation als »proto-faschis-

[38] Object Oriented Ontology [Objektorientierte Ontologie]

tisch«, was ich aber für zu ungenau und allzu eurozentristisch halte, denn auch hier wird eine spezielle lokale Vergangenheit fälschlicherweise als eine globale bzw. unvorhersehbare Zukunft gehalten. Lässt der übermäßige Gebrauch des F-Wortes vermuten, dass *Europas* Vergangenheit der vorgegebene Maßstab der Zukunft aller anderen Menschen ist? Der Begriff trifft dann zu, wenn man davon ausgeht, dass Europa tatsächlich der Mittelpunkt der Geschichte ist und dass Geschichte in einem geschlossenen Kreis verläuft. Stattdessen könnten wir uns fragen, was Xi Jinpings Machtfülle zu bedeuten hat? Inwiefern ist er ein Populist oder kein Populist? Das bedeutete, dass das, was als Nächstes kommt, durchaus schrecklich, autoritär und katastrophal sein kann, aber es nicht notwendigerweise westlicher Prägung sein muss. Den Universalismus deutlich von seiner Verortung in Europa zu entkoppeln, mit anderen Worten: eine Provinzialisierung Europas voranzutreiben, ist etwas, was für eine Linke vielleicht genauso schwer zu begreifen ist wie für die Rechte – wenn auch aus unterschiedlichen Gründen.

Ich vermute (und hoffe), dass die derzeitige Welle der Konsolidierung alter Territorien nur eine vorübergehende Unterbrechung einer Entwicklung hin zu einer ganzheitlicheren planetarischen Gesellschaft ist. Was auch immer wir unter »wir« verstehen – Menschen sind eine Spezies von Migranten und sollten es bleiben. Territorien, die durch allerneuste Genomforschung und/oder göttliche Archäologie definiert werden, können mit Festungswerken geschützt werden, aber wofür? Die nicht zusammenhängenden Megaterritorien, die alternative eigenständige Bereiche etablieren, haben in den kommenden Jahren das Potenzial, Galapagos-Effekte auszulösen, die möglicherweise neue Wege der produktiven Diversifizierung und neue Brücken, Passagen und vor Menschen wimmelnde Straßen zwischen ihnen hervorzubringen. Nun lasse ich das 20. Jahrhundert schließlich hinter mir und ziehe es vor, diese neuen Möglichkeiten als eine weitere Episode der anthropogenen Integration zu betrachten und nicht als deren Zusammenbruch.

Im Namen Gottes

Slavs & Tatars

W JMIE BOGA
ВО ИМЯ БОГА
به نام حدا
ZA WASZĄ I NASZĄ
ЗА ВАШУ И НАШУ
برای ارادی
WOLNOŚĆ
ВОЛЬНОСТЬ
ما و سما

W IMIE BOGA
ISTEN NEVÉBEN
بسم الله من أجل
ZA WASZĄ
A MI
و
I NASZĄ
ÉS A TI
حريتنا
WOLNOŚĆ
SZABADSÁGOTOKÉRT
حريتكم

Das inoffizielle Motto des geteilten Polen, ›W imię Boga za Naszą i Waszą Wolnoś‹ (Im Namen Gottes: Für Eure Freiheit und unsere), haben Völker auf der ganzen Welt in ihrem Kampf für Selbstbestimmung übernommen. Das Banner, das in seinem originalen Wortlaut sowohl russische als auch polnische Wörter enthält, ist ein komplexer Hinweis auf das gemeinsame Schicksal zweier Länder, deren Geschichte gelinde gesagt von Kontroversen geprägt war. Dadurch, dass das Original ins Persische übersetzt ist und das Russische wieder zur Geltung kommt, bringt Im Namen Gottes das transnationale, wenn nicht sogar transzendentale Wesen dieser Maxime zum Ausdruck. Auf diese Weise versucht es, diese vor den Klauen einer engstirnigen und imperialistischen Instrumentalisierung retten.

Slavs & Tatars
2018

SYMPOSIUM ZU PARA–PLATTFORMEN

Göteborg, Schweden, 25. November 2017

Einleitung

Markus Miessen

Die heutige Veranstaltung wird von SPAETI ausgerichtet, unserer informellen Bar, die gleichzeitig zentraler Treffpunkt während des Design Festivals ist. Diese temporäre Bar wird von Studio NOCK mitorganisiert. Mitveranstalter ist *Design Politics*, ein extracurriculares Content-Framework, das ich zusammen mit Matthias Gunnarsson an der *HDK-Valand Academy of Art & Design* leite, der Designakademie hier in Göteborg.

Das diesjährige Programm steht unter dem Oberbegriff »Kulturen der Versammlung« – Räume politischer Versammlungen sowie das Design, das diese ermöglicht bzw. verhindert. In diesem Kontext stellt sich die wichtige Frage, wie sich rechte Politik und deren räumliche Manifestationen in jüngster Zeit entwickelt haben.

Einige von Ihnen sind vermutlich nicht vertraut mit diesem besonderen Foto eines Marsches der Nordic Resistance [Nordischer Widerstand], ein primär schwedisches Phänomen – eine lokale, sehr gut organisierte nationalistische Kampagne. Gruppen wie Nordic Resistance sind zwar Extremfälle, doch sie alle greifen auf ausgeklügelte digitale Medienkampagnen und neue Technologie-Werkzeuge zurück, die denen ähneln, die andere Gruppen der extremen Rechten verwenden – wie Stephan Trüby und Hannes Grassegger erläutern werden. Unterdessen haben Christina Varvia und *Forensic Architecture* das Phänomen des »Nationalsozialistischen Untergrunds« (NSU) in Deutschland erforscht. Wie sie zeigen werden, nahmen sie dazu vergleichbare, wenn nicht sogar technologisch fortschrittlichere und neuere Designwerkzeuge in Anspruch.

Im Hinblick auf »Designpolitik« stellt sich im Kontext die Frage, was Design tun kann und was nicht. Inwiefern wird es im Kontext von Politik missbräuchlich verwendet? Ich habe mich schon seit längerer Zeit für das Thema der Partizipation und die Art und Weise interessiert, in der Partizipation verstanden werden kann – und zwar nicht als die romantische Vorstellung, alle an einem Tisch zu versammeln, um gemeinsam Entscheidungen zu treffen, sondern als eine proaktivere Methode selbst initiierten Handelns.

Mich interessiert vor allem die Frage, wie wir uns als Designer für Themen engagieren können, bei denen es nicht nur um ein vorgegebenes politisches Umfeld geht, sondern auch um die Frage, wie wir Werkzeuge entwickeln können, die sich mit Konsens oder Dissens befassen im Sinne einer produktiven Methode der Auseinandersetzung, die zur Entscheidungsfindung beitragen kann.

Es gibt ein sehr interessantes und passendes deutsches Wort dafür: *Einmischung*. Seine Bedeutung schwankt irgendwo zwischen proaktivem Handeln und produktivem Ärgernis. Einmischung ist das, was jeder der drei Vortragenden tut und worin sich ihre Arbeit und ihre praktischen Erfahrungen überschneiden. Wenn man diese drei Vorträge als eine Ansammlung von Herangehensweisen versteht, so wird man einige sehr aufregende Modelle zu hören bekommen, die man unter Umständen auch selbst anwenden kann.

Ohne weitere Umschweife: Die heutigen Vortragenden sind Christina Varvia von *Forensic Architecture*, einer in London beheimateten Gruppe von Architekten, Künstlern und Forschern; Hannes Grassegger, ein Wirtschaftswissenschaftler und investigativer Journalist aus Zürich, der international bekannt wurde, als er die Verbindung zwischen Trump und Cambridge Analytica aufdeckte; und Stephan Trüby, Architektur-Theoretiker und unermüdlicher Erforscher rechter Räume, zurzeit Professor in München, der allerdings schon bald an die Universität Stuttgart zurückkehren wird. Stephan und ich sind, zusammen mit meinem Studio in Berlin, an einem umfassenden Forschungsprojekt beteiligt, das sich mit Räumen des Rechtspopulismus beschäftigt und Auslöser der heutigen Veranstaltung ist. Das Projekt begann ursprünglich als Studie, die sich vor allem mit Räumen in der früheren DDR befasste. Mittlerweile hat sich der Fokus hinzu einer europäischen und – wenn man die heutigen Vortragenden berücksichtigt – zu einer sogar globalen Perspektive erweitert. Ich möchte nun Hannes Grassegger bitten, das Symposium zu eröffnen.

In Sachen Trump & Brexit

Hannes Grassegger

Es ist mir ein Vergnügen und eine Ehre, Sie alle hier in Göteborg begrüßen zu dürfen.

Ich beginne mit einem explizit linken Raum. Schauen Sie sich bitte dieses wunderbare Foto an von etwas, das Salvador Allende 1970 im sozialistischen Chile plante: das Projekt Cybersyn. Es handelt sich um einen Kontrollraum, eine computerisierte Betriebszentrale für eine Planwirtschaft. Es ist ein kybernetischer Traum, der erst in der heutigen Zeit Realität geworden ist – und der in die Hände der Trump'schen Wahlkampagne gelangt ist.

Entwurf: Industrial Design Gruppe INTEC, Chile, 1971–1973

Zum besseren Verständnis eines »Kontrollraums«: Wenn man sich diese wie Computer anmutenden Bildschirme und Tastaturen auf dem Cybersyn-Bild genauer betrachtet, sieht man, dass diese Sitze dafür gedacht waren, die chilenische Wirtschaft zu steuern und den zentralen Ort zu bilden, von dem aus der ganze Staat verwaltete werden sollte. Die Leute in dem Kontrollraum würden Echtzeitinformationen über die für die Planung der Wirtschaft ausschlaggebenden Faktoren erhalten, z. B. über die Produktionszahlen, die Standorte der Lastwagen, die Stromflüsse etc. Auf diese Weise würden sie in der Lage sein, bestimmte Anordnungen an Bereiche innerhalb der Wirtschaft zu senden, wie z. B.: Teilen Sie dem Kraftwerk mit, mehr Energie in den Süden zu pumpen. Versuchen Sie, eine versperrte Straße durch die Auslieferung per Bahn zu umgehen. Und so weiter. Genau genommen würden die Leute im Kontrollraum wenig tun können, außer dass sie die automatisierte Selbstregulierung des Systems überwachen. Wenn nötig würden sie eingreifen – deswegen die Tasten und Bildschirme.

Diese Art von Feedback-Schleife basiert letztlich auf wesentlich älteren Ideen, die aus den 1940er Jahren stammen. Um Ihnen zu zeigen, wie fortschrittlich manche dieser Ideen waren, sei hier eine kurze Abhandlung über einen der Begründer der Kybernetik eingeschoben, Vannevar Bush. Er entwickelte das Konzept des wunderbaren »dritten Auges« – eine Art elektronische Brille, wohl der erste Entwurf von etwas, aus dem sich später Google Glass entwickelte.

Eine Linse, die man auf der Stirn befestigt, sobald man einen wissenschaftlichen Aufsatz liest, liest eben jenen Aufsatz und sortiert sämtliche Mikrofiches in ein Archiv ein und prüft, ob darin etwas Vergleichbares zu finden ist, das in Verbindung zu dem steht, was man gerade liest. Das heißt, dass Ideen wie die eines Hypertexts bereits in den 1940er Jahren existierten. Das letzte Bild ist ein Aufsatz von Mitte 1945 über das Konzept im *Atlantic Magazine*. Einer von Bushs Kollegen war Norbert Wiener, einer der Gründerväter der Kybernetik und Autor des berühmten Buches *Mensch und Menschmaschine*.

Der Kontext der Kybernetik sind die letzten Jahre des 2. Weltkriegs, als Wissenschaftler aus unterschiedlichen Disziplinen zusammengeführt wurden, um Methoden zu entwickeln, wie der

Krieg gewonnen werden könnte. Sozialwissenschaftler forschten gemeinsam mit Ingenieuren und Technikern, und die große Frage war, wie man ein System kontrollieren kann, das teils Maschine und teils Lebewesen war, also Tier und Mensch.

Bei der Kybernetik steht die Idee der technologischen Kontrolle von Systemen im Mittelpunkt – genauer gesagt, die Frage, wie sich ein System mit Hilfe von Feedback-Schleifen steuern lässt. Das klassische Beispiel für diese Idee ist das Thermostat. Wenn man z. B. eine Raumtemperatur von 20 Grad wünscht, stellt man die Raumtemperatur dementsprechend ein. Die Heizung springt an, und ein Thermometer im Thermostat registriert, dass eine Differenz von zwei Grad besteht. Auf diese Weise steuert es das Heizungssystem und verringert oder erhöht die Temperatur. Es handelt sich hierbei um eine Feedback-Schleife, bei dem man ein Signal aussendet, dann Informationen über den tatsächlichen Zustand erhält, worauf sich das System dann automatisch einstellt.

Schon früh erkannte man, dass sich dieses Konzept auch im Bereich der Sozialwissenschaft anwenden lässt. Alban W. Phillips, ein bedeutender Wirtschaftswissenschaftler der späten 1940er Jahre, entwickelte eine Maschine, die den Geldfluss im britischen Wirtschaftssystem simulierte. Sie ähnelte einem analogen Computer mit einer großen Menge an Flüssigkeit innen drin, mit dem man tatsächlich die Inflationsrate und die Geldmenge ausrechnen konnte, die in der britischen Wirtschaft zirkulierte. Dies ist lediglich eines von vielen Beispielen, bei denen Menschen begannen, diese kybernetischen Ideen anzuwenden, um komplexere gesellschaftliche Systeme zu steuern.

All dies fand auf dem Makrolevel einer Gesellschaft statt, die als Aggregat menschlicher Wesen verstanden wurde. Zur gleichen Zeit wurden in der Mathematik, Psychologie und Wirtschaftswissenschaft neue Methoden entwickelt, wie sich das Verhalten von Individuen stimulieren und beeinflussen lässt. Dies trifft insbesondere auf die Spieltheorie zu. Ende der 1960er Jahre, – die verschiedenen Entwicklungen hatten sich schließlich zu einem einheitlichen kybernetischen Forschungsgebiet zusammengefügt,

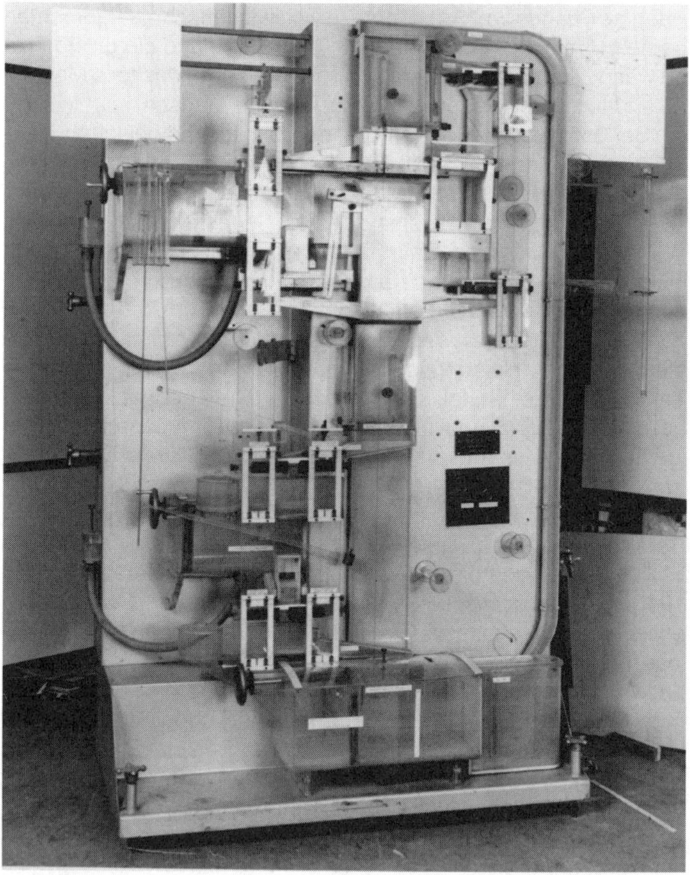

wurde ein Wissenschaftler namens Stafford Beer nach Chile gesandt, um Allende dabei behilflich zu sein, die Entwicklung des großangelegten Projekts Cybersyn anzustoßen, das unter dem Motto stand: »Lasst uns kybernetische Steuerungsstrukturen auf die Wirtschaft übertragen«. Leider scheitere das Projekt kläglich, und zwar nicht nur aufgrund der politischen Situation, sondern vor allem weil es noch keine entsprechende Informationsinfrastruktur gab. Als der Kontrollraum zwischen 1971 und 1973 geplant wurde, sollte er mit dem Telegrafensystem verbunden sein. Der Zeitaufwand, der gebraucht wurde, um Informationen zu erhalten und zu senden, war immens. Letztlich handelte es sich um eine originelle futuristische Idee, für die leider noch keine Dateninfrastruktur existierte.

Heute jedoch kennt jeder den Slogan: »Daten sind das neue Öl.« Manche behaupten sogar: »Daten sind Wasser«, weil sie so allgegenwärtig sind. Mit »Daten« sind in diesem Fall »persönliche Daten« gemeint, das in Daten übersetzte Verhalten von Menschen. All das, was wir tun, wird durch von uns verwendete Geräte wie unsere Smartphones oder durch Apps wie die der Sozialen Netzwerke und Messenger-Tools aufgezeichnet und in persönliche Daten konvertiert.

Ich möchte Ihnen dieses kleine Bild zeigen, auf dem zu sehen ist, dass es letztlich vier verschiedene Methoden des Data Minings, Datenschürfens, gibt. Ich möchte Ihnen jeweils ein Beispiel hierzu zeigen.

The 4 Methods of Data-Mining

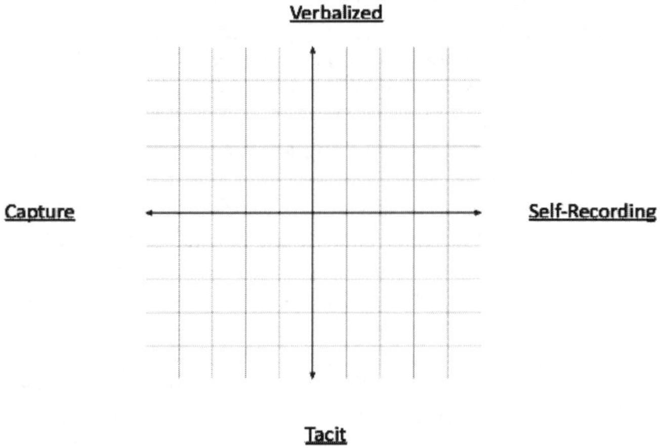

Die erste Methode des Data Minings ist die Erfassung dessen, was man in einer bestimmten Umgebung tut. Eine andere Methode ist die, dass man selber etwas aufzeichnet, z. B. wenn man Daten bei Facebook eingibt. Es gibt zwei Arten von Informationen über eine Person: Implizite Informationen, wie Puls oder Körpertemperatur – also etwas, das man nicht so leicht in Worte fassen kann – oder aber Informationen, die man in Worten ausdrücken kann.

Ein Beispiel für Datenerfassung: Ein selbstfahrendes Auto sammelt Daten, wie man sich fortbewegt, wohin man schaut und wohin man fährt. Das beste Beispiel für das eigene Aufzeichnen von Daten ist Facebook, wo man das, was man tut, in Worte fasst. Ein weiteres Beispiel für Verbalisierung ist eine einfache E-Mail. Sie enthält viele Wörter, man drückt etwas aus, und gleichzeitig enthält die E-Mail Informationen über den Aufenthaltsort und die Zeit und stellt eine Beziehung zwischen Sender und Empfänger her. Der Provider, z. B. Gmail, ist laut Vertrag Eigentümer dieser Daten. Ein weiteres Beispiel für die Erfassung sogenannter »weicher« Daten sind Fitness-Gadgets, die Schritte zählen und Herzschlag, Temperatur usw. messen.

Kurz gesagt: Heute verfügen wir über all die Daten, die Cybersyn so dringend gebraucht hätte, um zu funktionieren. In den letzten Jahren habe ich mich als Autor vor allem damit beschäftigt, wie unsere persönlichen Daten erfasst und vermarktet werden. Wir überreichen sie Unternehmen, indem wir all diese Verträge unterschreiben, auf »Ja« klicken, um den Geschäftsbedingungen einer App oder eines Programms zuzustimmen, das wir verwenden wollen.

Ich möchte Ihnen einige Beispiele nennen: Da wäre ein Unternehmen, das unsere Geschäftsbeziehungen erfasst: LinkedIn. Oder ein Emoji-Tracker, er einfach die Verwendung von Emojis in einem bestimmten Kontext zählt und einstuft. Haben Sie sich jemals gefragt, warum all diese Emojis auf Ihrem Handy kostenlos sind? Der Grund ist, dass Ihre Stimmungen und Gefühle wertvolle, vermarktbare Informationen sind. Stellen Sie sich vor, Sie seien ein Waffenhändler, dann könnten Sie herausfinden, wo Leute den meisten Hass verspüren. Nächstes Beispiel: Ein Buch, das tatsächlich liest, während man liest. Es heißt Kindle. All diese Tools sind sensorgesteuert: Sie erheben Statistiken über unser Verhalten und erfassen ohne unser Wissen unserer Userdaten. Google kooperiert mit Levi's. Das Resultat: ein sensorgesteuertes Paar Jeans. Ein weiteres Beispiel aus dem Badezimmer: Die meisten von uns benutzen wahrscheinlich diese elektrischen Zahnbürsten, und einige von denen senden wahrscheinlich Informationen an eine Cloud. Wenn man sich an die Zeit zurückerinnert, als man ein Kind war, dann war das erste, das ein Arzt tat, in den Mund zu schauen, da dort wirklich wichtige Informationen über den Gesundheitszustand zu finden sind. Außerdem gibt es ja noch das Gadget Echo von Amazon, eine Art Siri in einem Kasten. Letztlich ist es nichts weiter als ein Spionage-Tool, das alles mithört, was man sagt. Auch hier geht es um die Erfassung personenbezogener Daten.

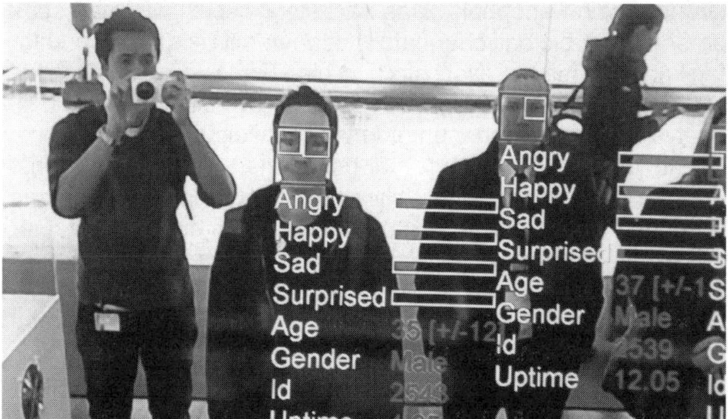

Selbst wenn Sie mit keinem dieser Geräte ausgestattet sein sollten, so ist unsere Umwelt mittlerweile digitalisiert. Das Beispiel hier stammt von einem Supermarkt-Experiment, bei dem aufgezeichnet wird, wie sich Kunden in einem Geschäft verhalten und bewegen. Auf diese Weise lässt sich feststellen, welche Präferenzen Kunden haben. Was wäre beispielsweise der Höchstpreis, den man in einer bestimmten Situation bspw. für einen Liter Milch bezahlen würde?

Unsere gesamte Umwelt wird immer mehr sensorgesteuert (gerne auch *smart* genannt). Das liegt daran, dass Sensoren immer billiger werden, weil sie für die Milliarden Smartphones, die jeweils Dutzende von ihnen enthalten, en masse produziert werden. Heutzutage ist es manchmal sogar billiger, etwas mit Sensoren zu versehen, als keine sensorgesteuerten Teile zu verwenden.

Wenn man seine Daten nicht teilen will und alles loswerden will, braucht man nur zu sagen: ›Geh nach Afrika oder nach Indien‹. Doch dann kommen auch schon die Ballone und Drohnen, die Google und Facebook aussenden, um Regionen zu erfassen, die immer noch durch das Raster fallen (mit Ausnahme der Drohnen von Facebook). Das nächste Beispiel, wie man seine persönlichen biologischen Informationen mit den Infos verknüpfen kann, die man ins Netz stellt, ist eine Firma namens 23andMe. Man kann eine Speichelprobe oder ein Haar einsenden, und sie analysieren, wo man herkommt oder welche Krankheit man irgendwann in der Zukunft mal bekommen wird. Diese Dienstleistung ist vergleichsweise billig (etwa $100) im Vergleich zum üblichen Preis von über $1500. Wie sich nach einigen Tests herausstellte, sind die Ergebnisse höchst unzuverlässig, andererseits verfügt 23andMe nun über Informationen Ihres genetischen Codes. Gründerin des Unternehmens ist Anne Wojcicki, die früher einmal mit Google-Gründer Sergey Brin verheiratet war. Nicht umsonst zählte Google zu den ersten Investoren bei 23andMe. Diese Investoren erhalten Zugriff auf Ihre Biodaten. Welche sich z. B. ganz leicht mit Ihrem Suchverlauf korrelieren lassen. Bei dem ganzen Silicon-Valley-Goldrausch geht es im Grunde darum, an Ihre persönlichen Daten zu gelangen. Es ist ein Wettrennen darum, an so viele Daten wie nur möglich zu kommen, an individuelle Daten, und nicht zuletzt darum, wie sich biometrische Daten am besten mit Userdaten verknüpfen lassen.

Letztlich gehören Ihnen diese Daten nicht. Sie haben unterschrieben, sie preiszugeben, und Sie können sie nicht kontrollieren, weil sie sich in der Cloud befinden. Sie haben Ihre Daten nicht auf Ihrem Computer. Sie sind irgendwo in der Cloud – und was wirklich auf der anderen Seite geschieht, bleibt verborgen. das aus. Schon 2014, auf dem alljährlichen *World Economic Forum*, waren persönliche Daten, »das Entstehen einer neuen Anlagekategorie«, das große Thema. Es handelt sich um einen Vermögenswert, weil jene Unternehmen, die Ihre Daten besitzen, damit Handel treiben.

Und so sieht der Markt für persönlichen Daten aus:

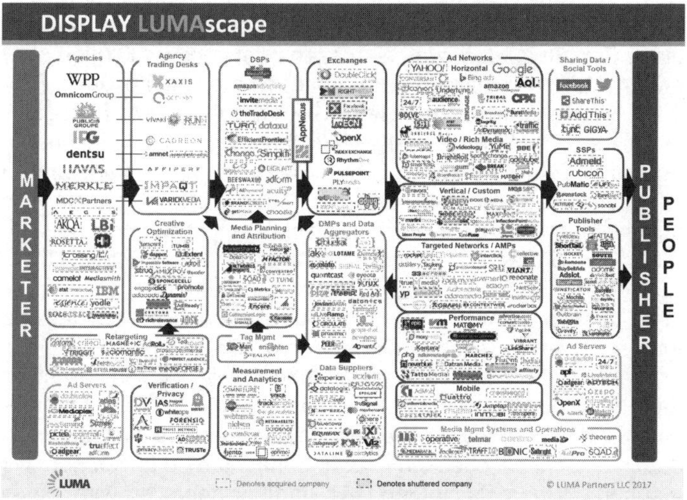

Man findet Unternehmen, die Facebook ähneln. Sie verschicken Daten und erhalten persönliche Daten zurück. Man findet Unternehmen wie *Acxiom*, die Daten-Broker genannt werden. Diese Unternehmen tragen alle im Internet verfügbaren Daten von Ihnen zusammen, erstellen ein Identitätsprofil und bieten es zum Verkauf an. Es handelt sich um B2B, eine Business-to-Business Dienstleistung für den Austausch personenbezogener Daten.

Mit dieser Art von Forschung habe ich mich vor ein paar Jahren beschäftigt, und sie bildet den Hintergrund für das, was ich als Nächstes erläutern will.

Als Autor und investigativer Journalist habe ich mich schon immer gefragt, was für Risiken das nach sich zieht, welches Unheil aus diesen Datenmärkten wohl erwachsen mag. Deshalb habe ich ein Experiment durchgeführt. Anfang 2016 rief ich einen dieser Daten-Broker an und erzählte ihm, ich sei ein Start-Up-Unternehmen aus Berlin, das vorhat, religiöse Kochbücher in den USA zu verkaufen. Ich sagte, ich wolle die Daten von drei bis neun Millionen amerikanischer Frauen kaufen. Sie sagten: Kein Problem. Ich antwortete: Wissen Sie, uns geht es um Kochbücher. Könnte ich mehr Informationen darüber bekommen, was diese Frauen kaufen, was sie essen oder ob sie Allergien oder etwas Ähnliches haben? Das Unternehmen sagte: Kein Problem, wir verfügen über all ihre Einkaufsdaten, über Bonuskarten-Infos und Mitgliedschaften. Sie boten mir auch Facebook-Accounts, E-Mails und Telefonnummern der Frauen an, für den Fall, dass ich sie kontaktieren und fragen wolle, ob sie die Produkte mögen. Es geht um Feedback. Dann sagte ich: Wissen Sie, mein Unternehmen vertreibt religiöse Kochbücher. Unser Aufsichtsrat machte sich Gedanken darüber, dass wir die Gefühle unserer Kunden verletzen könnten, wenn wir das falsche Kochbuch an die falsche Person schicken. Könnte man diese Frauen vielleicht in Glaubensrichtungen wie jüdisch, christlich oder muslimisch unterteilen? Und dann sagte der Typ am Telefon – sein Name war Bruce – so etwas wie: »Lassen Sie mich das mal schnell checken«, und dann: »Ja, das können wir machen«. Wenn also in den USA darüber debattiert wird, ob es eine Registrierung von Muslimen gibt – ja, die gibt es. Genauso wie es jüdische Register gibt, die man ganz leicht kaufen kann. Jeder könnte es. Raten Sie mal, was all diese persönlichen Daten kosten sollten? 3 Cent pro Dateneinheit, das heißt bei drei Millionen Personen – mit allen Daten von vollen Namen über Allergien und Religionszugehörigkeit bis hin zu Shoppingpräferenzen – macht dies $900.000. Stellen Sie sich mal vor, wie großartig dies für Terroristen wäre. Wie einfach sie sich Sie als Zielscheibe aussuchen könnten.

Im Juni 2016 wurde mein Interesse für ein Unternehmen geweckt, das angekündigt hatte, es würde sich für die Leave-EU-Kampagne als digitaler Vermarkter arbeiten. Dieses Unternehmen heißt *Cambridge Analytica*. Damals hat sich noch niemand für es interessiert, es war lediglich eines von vielen Unternehmen, die diese Aktivisten unterstützten. Ich hatte jedoch großes Interesse, weil sie sagten, sie würden persönliche Daten benutzen, um Profile von Individuen zu erstellen. Bei weiterführenden Recherchen stieß ich auf einen Artikel im *Guardian*, in dem das Unternehmen im Zusammenhang mit einem Fall erwähnt wurde, bei dem jemand illegal – bzw. potenziell illegal – amerikanische Wählerdaten durch Facebook von unwissenden Usern gesammelt hatte.

Ich fand heraus, dass es einen Wissenschaftler gab, der mit ähnlichen Methoden arbeitet. Und so rief ich an, und wir trafen uns, als er in Zürich weilte. Sein Name ist Michal Kosinski. Er war damals Doktor in Cambridge und erzählte mir von seiner Forschungsarbeit. Eine Gruppe junger Wissenschaftler arbeitete am *Psychometrics Centre* der Cambridge University an einem Analyseprojekt namens *MyPersonality*, bei dem es um das massenhafte Sammeln von persönlichen Daten ging. Dort versuchten Kosinski und sein Kollege David Stillwell, eine Persönlichkeit allein mit Hilfe von öffentlich zugänglichen Daten zu erfassen – die Art von Daten, die jeder von uns tagtäglich preisgibt.

Psychometrie ist ein Gebiet der Psychologie, das sich mit Theorie und Methode des psychologischen Messens befasst. Hierbei werden unterschiedlichen Aspekten der Persönlichkeit verschiedene numerische Werte zugeordnet. Diesen Zweig der Psychologie gibt es bereits seit über 100 Jahren, aber das *MyPersonality*-Team erkannte recht schnell, dass Facebook-Likes zu den effektivsten Ressourcen zählen, mit denen sich Persönlichkeitsmerkmale messen lassen. Sie entwarfen einen der Tests, die heute überall auf Facebook zu finden sind. Dabei klickt man sich durch fünf Fragen, um herauszufinden, welche

Art Superheld man ist – Spiderman oder doch eher einer der X-Men. Man füllt den Fragebogen aus; es sind doch nur fünf Fragen, die man nebenbei beantworten kann. Aber durch den kleinen Vertrag, dass man vorher erst auf ›Ja‹ klicken muss, gibt man dem Unternehmen versehentlich freien Zugang zu Allem, was man auf Facebook geliked hat. Zu allen Likes. Das ist das, was der *Guardian* mit *Cambridge Analytica* in Verbindung gebracht hat.

Die Forscher der Cambridge University gingen damals wenigstens sehr offen mit ihren Usern um. Sie erhielten die Daten rein zu Forschungszwecken und mit der ausdrücklichen Zustimmung der Test-Teilnehmer. Im Nu hatte *MyPersonality* die weltweit größte Datenbank personenbezogener Daten aufgebaut. Hunderttausende User absolvierten den kurzen Test und gewährten den Zugriff auf ihre Likes, die von unschätzbarem Wert sind. Damit waren Kosinski und seine Kollegen in der Lage, allein aus den Facebook-Likes ein Persönlichkeitsbild zu erstellen.

Dafür verwendeten sie das am meisten gebräuchliche Modell, das als Fünf-Faktoren- bzw. OCEAN-Modell bezeichnet wird: Openness [Aufgeschlossenheit], Conscientiousness [Pflichtgefühl], Extraversion [Geselligkeit], Agreeableness [Kooperationsbereitschaft] und Neuroticism [Neurotizismus]. Anhand dieser Merkmale lässt sich in gewisser Weise das Persönlichkeitsbild eines Menschen erstellen. Mit 150 Facebook-Likes konnten die Forscher besser vorhersagen, was eine Person in einer bestimmten Situation tun wird (z. B. wann man errötet, ob man politisch nach links oder nach rechts tendiert, wann man seinem Ehepartner zustimmt), als ein langjähriger Lebenspartner oder eine bestimmte Person. Mit 60 Likes konnten sie die Persönlichkeit besser als die engsten Freunde vorhersagen. Und mit 300 Likes konnten sie sogar besser vorhersagen, wie sich eine Person in einer bestimmten Situation verhält, als die Person selbst. Natürlich können solche Analysen nicht allein mit Hilfe von Facebook-Likes erstellt werden. Hier sehen Sie ein Übersichtspapier, in dem die Autoren analysieren, wie man auch andere Datenquellen als Facebook-Likes nutzen kann: z. B. mit Hilfe des

Bewegungssensors im Smartphone, wenn man es hin- und herbewegt. Oder welche Orte man besucht, was man anhand der Geo-Daten erschließen kann. Dies alles verrät eine Menge über eine Person und deren Charakter.

MyPersonality von Cambridge Analytica beschreibt ihr Projekt als eine Art Maschine, die die Persönlichkeit eines Menschen allein durch dessen digitale Fußabdrücke ermitteln kann: die individuellen Profile, die oben erwähnten fünf großen Persönlichkeitsmerkmale, die Psychografik. Eine Mensch-Maschine. An diesem einzigartigen Projekt arbeitete Kosinski mit anderen. Kosinski wurde zu einem der weltweit führenden Forscher auf dem Gebiet der Psychometrie. Er ist ein sehr angesehener und oft zitierter Wissenschaftler. Natürlich überlegten er und seine Kollegen schon damals, welche Beziehungen zwischen diesen Persönlichkeiten und bestimmten politischen Meinungen bestehen könnten. Sie experimentierten auch auf Grundlage folgender Frage: »Können wir allein aus den Datenspuren einer Person auf ihre sexuelle Orientierung schließen?«. Sie kamen zu der Erkenntnis, dass, wenn man als Mann eine Vorliebe für Kosmetik und Lady Gaga hat, die Wahrscheinlichkeit höher ist, dass man schwul ist.

Dann trat Anfang 2014 ein Kollege an Kosinski heran. Heute nennt sich dieser Kollege Dr. Spectre, er hat seinen Namen tatsächlich zu Dr. Spectre geändert. Spectre war einer derjenigen, die Kosinskis Doktorarbeit betreut hatten. Er erzählte Kosinski, als er an ihn herantrat, es gäbe da ein Unternehmen, das sehr an einer Kooperation mit *MyPersonality* interessiert sei, und zwar ein britisches Unternehmen namens *Strategic Communications Laboratories*. Sie wollten die Facebook-Datensätze und die Algorithmen der Vorhersage-Maschinen nutzen, die Kosinski entwickelt hatte. Kosinski war einerseits sehr daran interessiert, Gelder für seine Forschung zu bekommen, andererseits war er auch ein wenig besorgt – aber es klang nach einer ganzen Menge Geld, und so stellte er Recherchen über das Unternehmen an und fand heraus, dass sie offensichtlich etwas sehr Seltsames taten. Auf ihrer Website stand, sie würden Planungen auf dem Gebiet der Beeinflussung von Verhalten erstellen, weltweit, und erwähnten auch militärische Projekte. Kosinski kam zu der Einsicht, dies sei ihm doch etwas zu riskant.

Und dann geschah etwas Merkwürdiges an der *Cambridge University*. Kurz gesagt: Dr. Spectre verschwand, und dann erschien ein Artikel im *Guardian*, der enthüllte, dass Dr. Spectre Facebook-Daten von US-Bürgern sammelt. Als Nächstes erfährt man, dass ein neues Unternehmen namens *Cambridge Analytica* gegründet worden ist, das Methoden verwendet, die seinen verblüffend ähneln. Und sie benutzen sie für die Leave-EU-Kampagne. In der Folge erhält Kosinski zahllose Anrufe von früheren Kollegen, die wütend auf ihn sind, weil sie denken, er unterstütze den Brexit. Was nicht der Fall ist.

Cambridge Analytica wandte sich nach der Unterstützung des Brexits dem Wahlkampf in den USA zu. Wir befinden uns also ganz eindeutig in einem rechten Raum, in einem rechten Cyberspace. Alexander Nix, der Geschäftsführer von *Cambridge Analytica*, gab in einer mittlerweile berühmten Rede bekannt, sie würden nicht weiter für Ted Cruz arbeiten, der einer ihrer ersten US-Kunden war. Im Rennen der Republikaner um die Präsidentschaft hatte Ted Cruz gegen Trump verloren. Und nun erklärte Nix in seiner Rede, sie würden fortan für Trump arbeiten, und ging im Detail auf die Vorgehensweise seines Unternehmens ein. *Cambridge Analytica*, so behauptete er, könne das psychologische Profil eines jeden Wählers aus Datensätzen konstruieren. Und dies bestünde aus »5.000 Datenpunkten« pro US-Wähler. Aus diesen Daten ermitteln sie das Fünf-Merkmale-Modell für jeden Wähler, um ihren Kunden zu helfen, diese durch persönliches Targeting, Zielausrichtung, mit Hilfe von Informationen zu beeinflussen. Genau das ist die kybernetische Feedback-Schleife: Informationen senden und erhalten, und dann das System ausrichten. Natürlich zeigte Nix auch ein Bild des Kontrollraums von *Cambridge Analytica*. Heutzutage ist der Kontrollraum längst ein User-Interface auf einem Computer.

Deutlich zu erkennen ist eine kartografische Darstellung von Personen, von denen *Cambridge Analytica* behauptet, es habe von ihnen individuelle Profile erstellt. Die Karte zeigt ihren Namen, Alter und politische Einstellung. Das Unternehmen behauptet, es habe den Großteil der Daten von Daten-Brokern gekauft. Deutlich ist das Unternehmen *Acxiom* in Screenshots von Alexander Nix' Präsentationen zu erkennen, man sieht aber auch andere Markennamen wie das Facebook-Logo.

Sobald das Unternehmen die Daten hat, werden Wähler-Identitäten mit Hilfe eines Algorithmus erstellt. Viele Unternehmen gehen heutzutage ähnlich vor. *Cambridge Analytica* behauptet, es unterscheide sich von seinen Mitbewerbern, weil es die Persönlichkeit und nicht die Demografie dafür verwendet, Wähler zu verstehen. Bei Demografie geht es um Einkommen, Alter, Wohnort und Wählerverhalten bei früheren Wahlen. Bei Persönlichkeit hingegen geht es darum, ob man zu Nervosität neigt oder nicht, und um viele andere spezifische Merkmale.

Nix erläutert in diesem 10-minütigen Video auch, wie es ihnen gelingt, die Klarnamen dieser Personen zu identifizieren, obwohl die meisten Daten technisch gesehen anonym sind. In den USA kann man Wählerlisten kaufen und den Namen auf einer Wählerliste mit anderen Datensätzen verknüpfen, wodurch sich eine Überschneidung ergeben kann. Aus dem Video geht deutlich hervor, dass *Cambridge Analytica* im Grunde Kosinskis Methoden anwendet. Als wir uns mit *Cambridge Analytica* befassten, stellte sich allerdings heraus, dass sie auch andere Methoden benutzen. In einem Schreiben des Unternehmens wird erwähnt, dass sie Allgemeinbildung und Intelligenz von potenziellen Wählern bewerten, um sie zu beeinflussen.

Wie bereits erwähnt, kündigte *Cambridge Analytica* an, sie würden jetzt für Trump arbeiten. Das war während der letzten vier Monate von dessen Wahlkampagne. Während ihrer Arbeit für Ted Cruz hatten sie bereits eine ganze Menge an Wählerdaten gesammelt und daraus Wähler-Modelle erstellt. Nun konnten sie gezielt auf diese Wähler zugehen und dabei die Botschaft individuell je nach der Persönlichkeit des Wählers ausrichten. Das nennt man Mikro-Targeting.

Um z. B. eine nervöse Person davon zu überzeugen, für das Recht auf Waffenbesitz zu stimmen, schlug das Unternehmen eine Anzeige vor, die eine beängstigende Situation zeigt, etwa einen Dieb, der in eine Wohnung einbricht. Eine Waffe steht dementsprechend für Sicherheit. Eine eher traditionell eingestellte, weniger furchtsame, aber eher zur Kooperation bereite [more agreeable, vgl. oben: OCEAN-Modell] Person würden sie gezielt mit Informationen ansprechen, die Waffenbesitz als etwas deuten, das seit langem zur amerikanischen Tradition gehört. In der Anzeige sind dann z. B. Vater und Sohn bei der gemeinsamen Entenjagd zu sehen. Das spricht jemanden an, dessen Profil solche Merkmale aufweist.

Das heißt: Wer ein Mikro-Targeting durchführen will und eine wirklich individuelle Feedback-Schleife für jeden Wähler erzeugen will, muss für jede Person eine eigene Anzeige entwerfen. Wie zum Teufel sollten sie so etwas schaffen? Dies reicht weit über Kosinskis Arbeit hinaus, bei der es nur um die Analyse der Daten eines Individuums geht.

Ich rief Nix sofort an, nachdem ich dieses Video gesehen hatte. Ich hatte ihn persönlich am Apparat und habe das Gespräch glücklicherweise mitgeschnitten. Er erwähnte, dass ihnen das im Wesentlichen durch Facebook gelänge. Dies war jedoch, wie sich herausstellte, nicht die ganze Wahrheit. Sie lieferten mehr oder weniger den Algorithmus für das Targeting der Personen. Zu dem Zeitpunkt der Kampagne hatten sie sich dem Datenteam der *Republican National Convention* angeschlossen, das im Grunde nichts Besonderes tat. Sie entwarfen Anzeigen und sandten sie via Facebook an Personen, die sie anhand von psychografischen Profilen, die sie besaßen, identifiziert hatten. Wenn man sich jetzt auf die Facebook-Seite begibt, sieht man, dass jeder Anzeigen-Targeting durchführen kann. Das Targeting der Kampagne entsprach dem, wie man heute das Anzeigengeschäft auf Facebook betreibt. Facebook bietet Tausende sehr detaillierter Kategorien von Menschen an. Es verwendete sogar die Kategorie »Judenhasser«. Damals konnte man sogar ein Targeting auf der Basis der Hautfarbe erstellen. Wenn man dies anwendet und Zeit und Ort hinzufügt, kann man sehr detailliert vorgehen. Man kann bestimmte Personen in einer besonderen Situation gezielt ansprechen. Man kann im Grunde auswählen, wen man erreichen will, und verrückte Dinge tun. Man kann eine schockierende Nachricht an eine Gruppe Freunde schicken, kurz bevor sie sich zum Essen treffen. Solche Infos tauchen auf Ihren Facebook-Feeds auf – und das sind die Informationen, die ein Targeting braucht.

Althergebrachte Informationen, die alte Art von Anzeigen, beruhen auf Ihren Suchanfragen, auf Vorstellungen, die Menschen von Ihnen haben, wenn Sie z. B. sehen, dass sie Student sind. Der Anzeigenstil von *Cambridge Analytica* orientiert sich mehr nach Ihren Gefühlen, denn letztlich geht es darum zu verstehen, dass Soziale Netzwerke nicht etwa Netzwerke für den Informationsaustausch sind, sondern emotionale Netzwerke. Sie haben »Freunde« auf Facebook, und Sie »liken [mögen« etwas. Facebook und Twitter sind im Grunde emotionale Netzwerke. Emotionale Informationen zu versenden, ist weitaus effektiver als das Übermitteln anderer Arten von Informationen. Aus diesem Grund ist das Argument für mich ziemlich überzeugend, eine Kampagne auf Emotionen und Persönlichkeit aufzubauen. Trump und all die rechten Hasser, die nicht zu schockierend sind, sind ganz eindeutig geeignetere Kandidaten für die verstärkte Verbreitung ihrer Botschaften über Soziale Medien.

Sobald eine Kampagne ihre Anzeigen verschickt hat, kann sie schließlich erkennen, wie Leute darauf reagieren. Wie sie auf Anzeigen klicken, wie viel Zeit sie beim Betrachten aufbringen, ob sie sie teilen usw. Ähnlich wie bei dem Beispiel des Thermostats kann man auch hier die Raumtemperatur messen, d. h. messen, wie die Umgebung auf Ihren Stimulus reagiert. Und dann kann man die Anzeigen danach ausrichten. Ist ein blauer Hintergrund besser als ein roter bei Neurotikern? Man kann anfangen, Testgruppen zu bilden. Das nennt man A/B-Test. Man kann unglaublich viele Faktoren variieren. Einige davon muss man per Hand ausführen, anderes ist bereits automatisiert.

Es handelt sich hierbei genau um die Art von Echtzeit-Feedback-Mechanismen, von denen Salvador Allendes Teams träumten. Zunächst sammelt man mit Hilfe all dieser technischen Geräte Informationen über die Personen, dann stellt man die Daten zusammen, lässt den Algorithmus darüber laufen, sendet Informationen, analysiert das Feedback usw.

Während der Wahl entstand ein riesiger rechter digitaler Raum, gefüllt mit Verschwörungstheorie-Videos, Shitstorms, Fake News, Dark-Ads [eine Werbemöglichkeit auf Facebook, die auf bestimmte Zielgruppen zugeschnitten ist], die nur die Zielgruppe sehen kann. Überraschung: Wie sich herausgestellt hat, hat Trump tatsächlich gewonnen.

Die Frage, ob unser Bericht, den wir erst später verfassten, die Macht von *Cambridge Analytica* zu sehr hervorhob, löste zahlreiche Debatten aus. Ich denke, wir befinden uns mitten in der Model-T-Ära individualisierter bzw. personalisierter Kybernetik. Das heißt: im Anfangsstadium. In der Zukunft wird uns dies viel häufiger begegnen. Meiner Meinung nach verleihen solche Möglichkeiten Virtual Reality eine ganz neue Bedeutung. Ich kann nicht beurteilen, ob das das ausschlaggebende Werkzeug der Trump-Kampagne war, aber *Cambridge Analytica*, das Marketing-Unternehmen, gratulierte dem gewählten Präsidenten Trump zu seinem Sieg und schrieb: »Es beweist die große Wirkung unserer hochmodernen Datenwissenschaft. Wir sind äußerst erfreut, dass wir eine so wichtige Rolle bei Präsident Donald Trumps außerordentlichem Sieg gespielt haben.« Was mich betrifft: Ich rief Facebook an und bat um Auskunft über die Kampagnendaten. Es ist schließlich die einzige und beste Quelle, die sagen kann, was *Cambridge Analytica* unternommen hatte und welchen Einfluss das Unternehmen ausgeübt hatte. Aber Facebook wollte mir nicht helfen.

Facebook kann im Grunde alles sehen, z. B. wie Menschen Anzeigen anklicken. Alexander Nix erwähnte bei unserem Telefongespräch, dass die Trump-Wahlmaschine mit der Kampagne sogar Geld verdienen würde – dass sie aus der Wahlkampagne einen Profit erzielt habe, weil sie durch Crowdfunding so viel

Geld durch die Verwendung dieser Technologien verdient hätten. Facebook könnte darüber Auskunft geben.

Ich betrachte die heutigen kybernetischen Systeme nun schon seit Jahren und hätte mir nie vorstellen können, dass sie irgendwann einmal für die amerikanischen Wahlen verwendet würden. Dabei ist das so schlüssig. Die von mir beschriebene Geschichte, die mein Kollege Mikael Krogerus lektoriert hat und für die der Forscher Paul-Olivier Dehaye wertvolle Recherchearbeit geleistet hat, war eine Schilderung dessen, was man aus meiner Perspektive heraus alles mit persönlichen Daten machen kann.

Diese Art von rechtem Raum ist ein durch und durch kommerzialisierter Raum. Es ist ein rechter Raum, weil rechtsgerichtete Menschen diese Dienstleistungen gekauft haben. *Cambridge Analytica* behauptet, neutral zu sein. Doch es sind die politischen Ambitionen ihrer Kunden, die zählen. Wie sich gezeigt hat, ist ihr größter Kunde der rechte Milliardär Robert Mercer, eine der einflussreichsten, im Hintergrund arbeitenden Personen in der aktuellen amerikanischen Politik. Er war darüber hinaus auch der Brexit-Kampagne behilflich, indem er das Unternehmen finanziell unterstützte und Berichten zufolge sogar Mitinhaber von *Cambridge Analytica* USA ist.

Nun, in der Ära der Phobie vor den Russen, tauchte der Name *Cambridge Analytica* wieder auf, weil sie Robert Mueller vom FBI, der die möglichen Verbindungen Donald Trumps zu Russland untersucht, all ihre E-Mails aushändigen mussten. Gegen das Unternehmen laufen mehrere Gerichtsverfahren in Großbritannien und den USA.

Möglicherweise kommen in naher Zukunft einige interessante Dinge ans Tageslicht, aber das ist schwer zu sagen.

Am interessantesten finde ich, dass diese neue Methode, Menschen zu beeinflussen, die Gesellschaft zu steuern, auch nach den Wahlen weiter eingesetzt wird. Sie wird zum Standardwerkzeug von Regierungsführung werden. Wenn ich mir die zukünftige Virtual Reality ausmale, dann denke ich an eine Regierung, die personalisierte Informationen über jeden Bürger vertreibt. Informationen, die ihn glauben lassen, dass seine Regierung einen guten Job macht. Die Infrastruktur dafür existiert bereits. Es gibt Unternehmen, die bereit sind, dies zu tun. Es gibt bereits Testläufe, und es gibt Menschen, die bereit sind, dafür zu zahlen. Nachdem unsere Story veröffentlicht wurde, kam heraus, dass *Cambridge Analytica* auch in Kenia, Australien und Mexiko aktiv war. Dies ist die Art von rechtem Raum, der ich begegnet bin.

Nachtrag von Hannes,
Zürich, Februar 2018

Man sollte die *Cambridge-Analytica*-Story als eine Art Soft-Power-Invasion der üblichen Tagesabläufe betrachten, als neue Form sanfter Durchdringung, bei der ich versuche, Ihr Leben durch einen Reality-Thriller zu bereichern. Etwas, das Sie heimsucht, sobald Sie Ihr Smartphone berühren oder Tinder benutzen. Mein Lektor Mikael Krogerus und ich sowie unser genialer Mathematikwissenschaftler haben ein Narrativ gebildet aus dem, was wir um uns herum vorfanden. Mittlerweile ist es eine lebendige, atmende Realität, etwas, dem man nicht entkommen kann, voller wunderbarer, großartiger und bösartiger Figuren, die ein echtes Leben führen voller Geheimnisse, die sie voneinander und auch von uns wissen – und sie geben sie preis, langsam, aber sicher. Und schon bald werden auch die Drachen auftauchen. Und während man sich das anschaut und den feschen Eton-Absolventen Alexander Nix und den Whistleblower Christopher Wylie mit seinen pinken Haaren sieht, beginnt man zu verstehen, dass man selbst sein Leben verändern muss, weil man sonst in diese Welt hineingezogen wird, die man ursprünglich lediglich als düsteres Spektakel betrachtet hat – was sie nicht ist. Es ist digitales Business. Und nichts anderes. Und im Grunde ist man längst ein Teil davon. Fast jeder ist es. Trump ist genauso echt wie Zuckerberg.

Markus Miessen (MM): Vielen Dank, Hannes! Hier kommt meine erste Frage: Das sind natürlich ziemlich düstere Aussichten. Aber gibt es irgendeine Möglichkeit, sich dem zu entziehen, und wenn nur auf persönlicher Ebene?

Hannes Grassegger (HG): Wie ich schon sagte: Sobald unsere Umgebung sensorgesteuert ist, kann man seine Daten nicht mehr zurückhalten. Und wenn man schon aus allem Möglichem Informationen über die Persönlichkeit sammeln kann, z. B. wie jemand sein Gesicht bewegt, dann gibt es meiner Meinung nach keinen Weg zurück. Nach unserem Bericht fragte mich Twitter, die sich sorgen machten, ob ihr Unternehmen zu einer Waffe würde: »Was wäre die Patentlösung für dieses Problem? Wir möchten keine Waffe sein.« Das Einzige, was ich mir vorstellen könnte, ist totale Transparenz für die Drittparteien, die sehen können, was sich auf Eurer Plattform abspielt.

Ich würde zu Facebook sagen: Gebt mir die Informationen, was die Russen an wen gesendet haben, wer sie gekauft hat, was die Trump-Kampagne dazu gesagt hat. Zumindest können wir dann sehen, was vor sich geht.[39] Ich habe vor vier Jahren ein kleines Buch geschrieben, in dem ich, vom Grunde meines Herzens Wirtschaftswissenschaftler, die Meinung vertrete, dass wir Eigentümer unserer Daten sein sollten. Das heißt: Ich sollte entscheiden können, wer meine persönlichen Daten erhält und wer nicht. Und ich sollte dafür entschädigt werden. Das mag die Antwort eines Wirtschaftswissenschaftlers sein, und es mag viele Probleme geben, die daraus entstehen – aber das ist meine Meinung.

MM: Glaubst Du, dass das technisch machbar ist?

HG: Nein. Aber gerade, weil es technisch nicht möglich ist, brauchen wir einen auf Rechten basierenden Ansatz. Im Augenblick sehe ich mich an ein aus dem Mittelalter stammendes feudales System erinnert, in dem die Lehnsherren die Früchte des Landes besitzen. Und sie entscheiden, wann sie dich töten und wann sie dich einsperren. Jetzt werden mich Leute fragen, welchen Helm sie tragen sollten. Ich würde sagen: Keinen Helm, sondern sorgt

39 In den Monaten seit dem Symposium und nach der vermehrten Presseberichterstattung über diese Story hat Facebook einige werbebezogene Transparenzmaßnahmen eingeführt.

für die Redistribution von Eigentümerschaft – so wie früher, als Verträge zwischen den Landeigentümern und den Bauern aufgesetzt wurden. Oder wie heutzutage, wenn man Mitarbeitern die Rechte an ihren Produkten übergibt.

Uns steht eine Menge an Möglichkeiten offen, die nur auf uns alle warten, wenn wir das Eigentumsrecht über Daten einführen. Aber ich fürchte, dass das Gegenteil eintreten wird. Historisch gesehen, sind wir in einer Zeit aufgewachsen, als alles offen war. Aber man schaue sich nur einmal die Geschichte an: Bei »Göteborg« kommt das »-borg« von dem schwedischen Wort für Burg. Mit dieser Stadt und ihren Festungen assoziiert man sofort Mauern. Schlimmstenfalls gab es nur diesen einen kleinen Zeitraum, in dem es keine Mauern gab, als wir eine liberale Umgebung vorfanden, die durch Rechte geschützt war. Aber jetzt sieht es für mich so aus, als ob das Eigentumsrecht über Daten nicht gewinnen würde. Die Menschen verwenden Firewalls, Verschlüsselung, Cyberattacken usw. Es werden Mauern errichtet werden.

> Frage 1: In der Anfangszeit der Technologie waren Designer Teil des Data Mining, der Datengewinnung. Sogar Charles und Ray Eames entwarfen und formten neue Technologien. Worin besteht Ihrer Meinung nach heute die Rolle von Designern?

HG: Ich glaube, dass Designer heute sehr hilfreich dabei sind, Menschen noch abhängiger von diesen Datensammelmaschinen zu machen. Es gibt dort großartige, gut bezahlte Jobs für Designer. Ich sehe allerdings bislang niemanden, der Designer dafür bezahlt, eine Lösung für diese Situation zu finden.

Es könnte jedoch eine Marktlücke sein, einen Mechanismus zu entwerfen, der die Lage etwas erleichtert. Im Moment halte ich all das Gerede über revolutionäres Design nur für großes Sprücheklopfen. Die meisten Menschen sind jedoch dabei, sich die richtige Farbausrichtung und die richtigen Frames auszudenken, damit man noch mehr Zeit über jeder dieser Plattformen verbringt.

Frage 2: Es gibt Vorrichtungen, die entworfen wurden, damit man sich und seine Informationen im Internet verbergen kann.

HG: Das ist meiner Ansicht nach auch so etwas wie eine Waffe, wie eine Tarnkappe. Was wir wirklich brauchen, ist nicht so sehr eine technische Lösung, weil es sich um ein gesellschaftliches, politisches und wirtschaftliches Problem handelt. Was wirklich hilfreich ist, ist die Diskussion unter Designern. Wirtschaftswissenschaftler kennen solche Debatten, wie Ihr sie führt, gar nicht. Mehr Diskussionen unter Designern sind allein schon hilfreich. Denn dies prägt letztlich die Politik. Ich lese eine Menge über Neuigkeiten aus den Bereichen Design und Kunst, dann schreibe ich darüber einen Bericht in unserer Zeitschrift, und der landet dann in den Händen eines Politikers oder eines Unternehmers. Dies ist eine Möglichkeit, wie Design informieren kann.

Christina Varvia (CV): Was ist mit der Gesetzgebung? Eine Wahl zu manipulieren, wäre doch im Prinzip illegal, oder? Ein Unternehmen, das behauptet, genau dies getan zu haben, müsste mit welchen Folgen rechnen? Wäre es in der Lage abzuschätzen, ob manipuliert wurde oder nicht, denn technisch gesehen könnten sie eigentlich gar nicht wissen, was ihre Technologie tut?

HG: Ich habe versucht, dies während meiner Forschungsarbeit herauszufinden, weil es eine hervorragende Frage ist – genau wie Ihre. Ich habe einige Datenschutzeinrichtungen in der EU und in akademischen Kreisen angerufen. Sie waren nicht in der Lage, mir eine eindeutige Antwort zu geben. Dabei hatte ich nur eine einfache Frage: Fällt das britische Datengesetz unter EU-Recht? Laut EU-Recht ist es nicht erlaubt, politisches, auf persönlichen Daten basierendes Profiling durchzuführen, ohne vorher jede Person explizit zu fragen, ob man ein solches Profil erstellen darf. Von fünf führenden Institutionen hatte keine einzige eine definitive Antwort. Sie sagten, die Antwort laute grundsätzlich ›Ja‹ – aber dass die lokale Gesetzgebung mitunter durchaus bestimmte Schlupflöcher bietet, die ich noch nicht kenne, die diese Unternehmen aber schon fleißig nutzen.

So laufen die Dinge in Zeiten des Goldrauschs. Uber dehnt gerade sein Netzwerk aus und wartet nur auf die ersten Klagen, die eintreffen. Politische Unternehmen tun im Prinzip dasselbe. Weil jeder in der Rechtssphäre so etwas sagt wie: »Das klingt ziemlich technisch, ich kenne mich mit diesem Technologie-Zeugs nicht aus.« Das ist halt der menschliche Faktor, und der wird auch noch eine Weile eine Rolle spielen. Aus diesem Grund glaube ich auch nicht an die deutsche Antwort, die besagt, dass die Rechte der Regierung im Hinblick auf die Kontrolle dieser Entwicklungen ausgedehnt wird. Ich glaube nicht, dass es funktionieren wird, weil es viel zu nützlich ist für die Regierung. Ich kann ihr Eigeninteresse daran noch nicht genau genug erkennen. Politik kann mit genau diesen Werkzeugen Macht aufbauen und erhalten

MM: Also, was den Markt betrifft: Mal angenommen, ich würde mit *Cambridge Analytica* arbeiten wollen…

HG: Sie würden dort anrufen.

MM: Wäre das so eine Situation wie: Wer zuerst kommt, mahlt zuerst?

HG: Ja. Nachdem ich den Artikel geschrieben hatte, kam der Geschäftsführer der Firma, für die mein Bruder arbeitet (ein netter Kerl, der meine Berichte mag und sie deswegen teilt), auf ihn zu und sagte: »Das klingt wirklich interessant, was *Cambridge Analytica* da macht.« Einen Monat später haben sie die Firma für einen Vortrag eingeladen. Gesagt, getan: Alexander Nix betritt vor meinem Bruder, von dem er zu dem Zeitpunkt noch nicht wusste, dass er mein kleiner Bruder ist, die Firma. Jeder in der Firma hatte Angst, mein kleiner Bruder könne ihm die Meinung sagen. Deswegen hatten sie versucht, ihn ins Abseits zu drängen, doch es gelang ihm, zusammen mit Alexander Nix in den Aufzug zu schlüpfen. Mein Bruder sagt: »Hey, Sie sind doch Alexander Nix, oder?«, und Alexander Nix sagt: »Natürlich.« Nix ist ein typischer Brite. Also sagt mein Bruder: »Mein Name ist Vincent Grassegger, ich bin der Bruder von Hannes Grassegger, der den Bericht über Ihr Unternehmen verfasst hat.« Nix hat in einem revolutionären Umfeld, in Entwicklungsländern an Wahlen gearbeitet, also ziemlich schlimme Sachen. Also holt er seine Visitenkarte heraus, gibt sie meinem kleinen Bruder und sagt: »Ähm, richten Sie ihm aus, er möge mich doch mal anrufen«.

Sie machen im Moment gute Geschäfte, sehen sich aber auch mit ernst zu nehmenden rechtlichen Auseinandersetzungen konfrontiert, weil es z. B. in Großbritannien eine ganze Reihe gerichtlicher Untersuchungen gibt.[40] Es ist vermutlich illegal, was sie getan haben, aber darüber werden bald die Richter entscheiden, weil *Cambridge Analytica* meinen Kollegen beim *Guardian* verklagt hat, der auch weiterhin über sie schreibt. Seltsam genug, dass sie die gleichen Rechtsanwälte beauftragt haben, die auch für Putin arbeiten.

> Frage 3: Ich habe mich gefragt, in welchem Umfang es möglich ist herauszufinden, wie diese Werkzeuge tatsächlich dazu beitragen, dass Menschen ihre Meinung ändern. Ich denke daran, dass Medien – sogar noch vor dem digitalen Zeitalter – ein Beispiel dafür waren, dass die meisten Menschen vor allem daran interessiert sind, dass ihre Ansichten bestärkt werden: Sie kaufen nur die Zeitungen, die sie mögen.

HG: Das ist eine gute und wieder eine wichtige Frage. In den 1950er Jahren gab es eine Diskussion über »Tiefenpsycholo-

---

40 In einem Artikel der *New York Times* vom 2. Mai 2018 heißt es, *Cambridge Analytica* habe »aufgrund zunehmender juristischer und politischer Untersuchungen seiner Geschäftspraktiken und der Arbeit für Donald J. Trumps Präsidentschaftskampagne« Insolvenz angemeldet.

gie«, d. h. inwieweit Supermärkte in der Lage seien, ihre Kunden mit Hilfe der Farbanordnung zu manipulieren, und dass viele Leute Sachen einkaufen würden, die sie gar nicht brauchen. Später, Ende der 1960er und in den 1970er Jahren, gab es die Debatte über Gehirnwäsche und die totale Manipulation von Menschen, die nach Kriegen in die USA zurückkehren und zu Terroristen werden und auf Abruf bereite Schläfer – worüber es einige großartige Filme gibt. Und jetzt sind diese Themen wieder an der Tagesordnung: Manipulation und Gehirnwäsche.

Ich tendiere eher zu dem, was über Affirmation gesagt wurde. Ich muss daran denken, als Nix diese beiden Anzeigen präsentierte. Mal angenommen, man nimmt eine Person wie Sie, die Waffenbesitz vehement ablehnt. Wenn man ihr die Botschaft aber so präsentiert, dass sie vielleicht zustimmen würde. Sie dazu zu bringen, etwas zu bejahen, eine Affirmation zu erzeugen. Das heißt nicht, dass man Sie manipuliert oder einer Gehirnwäsche unterzieht, sondern ein Deutungsmuster durch Framing entwirft, dem sie zustimmen könnten. Und es geht darum, Sie zu aktivieren. Ich glaube zwar nicht an Gehirnwäsche, aber es gibt das diese Studie von Sandra Matz, einer Kollegin von Kosinski. Sie präsentierte verschiedenen Personen zwei Anzeigen auf Facebook, die durch Framing entsprechend deren psychologischen Profil gestaltet waren. Eine davon war das genaue Gegenteil von dem, was vermutlich deren Typ entsprach, während die andere auf genau deren Typ passte. Anschließend hat Matz verglichen, welche Personen auf welche Anzeigen klickten. Dabei kam heraus, dass Menschen eher auf Anzeigen klicken, die ihrem Persönlichkeitstyp entsprechen. Darin steckt Einiges an Potential. Wenn man bedenkt, wie viele Leute heutzutage Facebook-Anzeigen nutzen, Facebook-Ad-Targeting, dann ist das ein riesiger Markt. Ich glaube nicht, dass Unternehmen nur so aus Spaß Milliarden dafür bezahlen. Diese Leute glauben daran, dass es für sie Sinn macht. Als Facebook-Kunden bekommt man natürlich auch Feedback-Zahlen. Robert Mercer hat in *Cambridge Analytica* investiert und hat selbst einen der fortschrittlichsten Investment-Fond für Künstliche Intelligenz gegründet, d. h. es kennt sich damit ziemlich gut aus. Ich glaube nicht, dass er in einen Schwindel investieren würde, wo er doch selbst ein bekannter Softwareentwickler ist.

Und schließlich bleibt ja noch das Thema Informationskriegsführung. Das ist im Grunde das Gebiet, auf dem *Strategic Communication Laboratories* tätig ist. Sie führen verschiedene Informationsoperationen und psychologische Operationen, sogenannte »Psy-Ops«, durch. Russland ist ebenfalls in dem Bereich tätig, und hier in Schweden gibt es eine Kommission, die mit der Regierung zusammenarbeitet, um solche Operationen aufzudecken. Wir können darauf sicherlich noch später zu sprechen kommen.

Rechte Räume

Stephan Trüby

Ich freue mich sehr, hier sein zu dürfen. Zu Beginn meines heutigen Beitrags möchte ich Architektur auf eine sehr grundsätzliche Weise zu betrachten. So könnte man sie etwa in der Art und Weise beschreiben, wie die *Antifa*, die *Antifaschistische Aktion*, Architektur wahrnimmt. Die Antifa hat kein wirkliches Interesse an architektonischen Symbolen oder Qualitäten, und die *Antifa* ist definitiv nicht an Proportionen und Ähnlichem interessiert. Die *Antifa* ist, wenn es um Orte geht, vor allem an drei Dingen interessiert: 1. Adressen, 2. Grenzen bzw. Grenzbedingungen und 3. Farben. Man könnte die *Antifa* vielleicht als Steinzeit-Version von *Cambridge Analytica* beschreiben. Sie sammelt Daten von Rechtsextremisten.

Ich sollte jetzt vielleicht im Kontext meines Themas erwähnen, dass ich kein großer Freund des Begriffs Populismus bin. Populismus ist sicherlich der falsche Begriff für das, was ich jetzt beschreiben werde. Und er ist sicherlich auch ein verharmlosender Begriff für die rechtsradikalen bzw. rechtsextremistischen Phänomene, auf die nun einzugehen sein wird.

Ich habe Informationen über rechte Räume gesammelt, zwischen 300 und 400 Adressen von Gebäuden, Menschen und Institutionen, und zwar nicht nur in Deutschland, sondern in ganz Europa und den USA. So wie die *Antifa* es tut, habe ich begonnen, zu vielen dieser Orte zu reisen. Die Recherche begann vor einiger Zeit ganz in der Nähe meines Heimatortes Stuttgart, in der Studentenstadt Tübingen. Vielleicht haben Sie schon einmal von ihr gehört. Tübingen ist eine eher linke Stadt, die von einem grünen Bürgermeister regiert wird. Allerdings sind die Stadt und ihre Region auch das Zentrum von zwei der wichtigsten rechten Verlage in Deutschland und dem deutschsprachigen Raum. Einer heißt Grabert Verlag, und der andere, mit Sitz in Rottenburg nahe Tübingen, Kopp Verlag. Wigbert Grabert, der Inhaber des Grabert Verlags, ist im Grunde ein Neo-Nazi, der in einem relativ bescheidenen Tübinger Haus wohnt. Über dessen Architektur ist nichts Interessantes zu sagen, außer dass sie etwas neurotisch wirkt, aber die dort lebenden Menschen sind manchmal Ziel von Angriffen der *Antifa*. An der Fassade dieses Gebäude sind zahlreiche Farbspuren von den Farbbomben zu sehen, die die *Antifa* geworfen hat.

Lassen Sie uns mit Adressen beginnen. Als ich mit dieser Liste begann und Vorbereitungen für die Reise traf, entwickelte ich eine Obsession für Zahlen. Es handelt sich in den allermeisten Fällen wohl um Zufall, aber die Tatsache, dass die 18 – die »18« ist der deutsche Code für A-H, Adolf Hitler – so oft in dieser Liste auftauchte, ist bemerkenswert. Wigbert Graberts Haus in Tübingen hat z. B. die Adresse Am Apfelberg 18, und viele andere Neo-Nazis in Deutschland leben in einer Nummer »18«. Ich stieß auch auf entsprechende Autokennzeichen-Codes im Neonazi-Hohenrain-Versandhaus in Tübingen, das Bernhard Grabert gehört, dem Sohn von Wigbert. Als ich dort eintraf, stand ein Auto mit dem Nummernschild-Code 8888 vor dem Eingang. Dies steht für »Heil Hitler, Heil Hitler«. Das sind wohl kaum Zufälle, sondern es handelt sich offensichtlich um ein planvolles Vorgehen.

Zweitens: Grenzbedingungen. In Deutschland gibt es einen Neonazi-Singer-Songwriter namens Frank Rennicke, der auch Mitglied der NPD ist. Er hatte eine frühere Schule in Feilitzsch in der Nähe von Hof in Franken gekauft und sie in eine Art Camp für seine Familie und seine engsten Freunde umgebaut. An seinem Haus sieht man, dass er sehr daran interessiert ist, Grenzen zu ziehen, aber auch daran, Flaggen zu hissen. Als ich dort am 20. April, dem Geburtstag von Adolf Hitler, eintraf, wurde gerade eine Party gefeiert.

Das dritte Thema, über das ich sprechen will (nach Zahlen und Grenzbedingungen) ist Farbe. Farben tauchen an der Fassade, so auch an Graberts Haus, als Spuren von Protest auf. Wenn man rechte Räume besucht, sieht man oft entweder die Spuren von Farbbomben – oder auch häufig neu gestrichene Gebäude.

Die große Frage lautet nun: Was tun wir mit dieser Liste? Dahinter steckt auch eine moralische Frage. Implizieren Adresslisten nicht immer auch die Möglichkeit der Gewaltanwendung? Ich meine ja – und werde sicherlich diese Liste niemals publizieren, sondern nur als Datenbasis für strukturelle Forschungen grundsätzlicher Art verwenden.

Natürlich muss man auch über das Verhältnis zwischen Stein und Fleisch reden, über Substanz und über Architektur als gebautes Material und als Ideologie. Ich lehre derzeit in München, wo im Augenblick eine interessante Debatte stattfindet, die etwas mit dem berühmten Haus der Kunst zu tun hat, der ersten Nazi-Architektur im öffentlichen Raum. Es wurde 1933-1937 von Paul Ludwig Troost erbaut. Das Gebäude muss saniert werden, und David Chipperfield Architects sind damit beauftragt worden. Im Moment wird dieses Überbleibsel des Nationalsozialismus im Münchner Stadtbild noch von einer Baumreihe verborgen. Eine der Absichten des Architekten besteht darin, die Bäume loszuwerden, was zu einer hitzigen politischen Diskussion geführt hat. Leute wie Chipperfield sagen, die Deutschen haben den Nationalsozialismus überwunden. Wir können die Steine behalten und die Bäume loswerden, es gebe keinen neuen Hitler. Entspannt euch, so lautet sein Argument. Andere sind sich da nicht so sicher.

Zur gleichen Zeit kam eine andere Diskussion auf, die sich diesmal um Hitlers Geburtshaus in Braunau am Inn (Österreich) drehte, ungefähr 100 km östlich von München gelegen. Dort tendiert die Debatte dazu, dass das ganze Gebäude abgerissen werden soll, weil der Stein, wie manche Leute sagen, nicht immun ist. Hier hat das Baby Adolf – das definitiv kein Nazi war – dieses Gebäude in etwas wirklich Böses verwandelt, das etliche Leute loswerden wollen. Der Vergleich zwischen dem, wie Leute mit Hitlers Geburtshaus in Braunau umgehen – einem Haus, das weder von Nazis gebaut noch bewohnt wurde – und dem Haus der Kunst – einem Haus, das definitiv von Nazis erbaut wurde – zeigt die Schwierigkeit, Gebäude mit politischen Ideologien in Beziehung zu setzen.

Je mehr ich darüber nachdenke, desto mehr bin ich überzeugt, dass es nötig ist, unser Verständnis von links gegen rechts zu »verdoppeln«. Aus einem jüngst in dem Buch *Die große Regression* (2017) erschienenen Artikel von Slavoj Žižek ziehe ich die Schlussfolgerung, dass es stets eine doppelte Version der politisch Rechten und der politisch Linken gibt. Bei den Linken kann man zwischen einer universalistischen Linken und einer antiglobalistischen Linken unterscheiden, und einige dieser Anti-Globalisten sind auch Antisemiten. Genauso kann man innerhalb der Rechten zwischen einer neoliberalen und manchmal sogar libertären Rechten, die eng mit dem globalen Kapitalismus verbunden ist, und einer Art antikapitalistischen Rechten – in Deutschland völkische Rechte genannt – unterscheiden, letztere ist eine patriotische nationalistische und antisemitische Rechte. Žižek suggeriert, dass die Achse zwischen beiden rechten Bewegungen perfekt von Donald Trump und der politischen Lage in Indien oder Russland repräsentiert wird.

Ich habe Žižeks Aussagen in ein Diagramm umgewandelt und erweitert – mit zwei zusätzlichen Verbindungen zwischen dem linken und dem rechten Spektrum, die man als »progressiven Liberalismus« auf der einen Seite – Angela Merkel oder Hillary Clinton

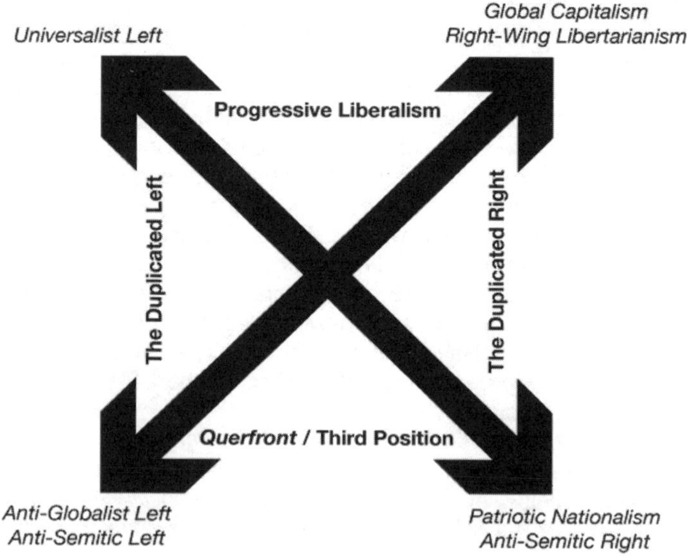

könnte man hier irgendwo verorten – und auf der anderen Seite »Querfront« bzw. »dritte Position«. Letztere kann als Erklärung für einige spektakuläre Karrieren von Aktivisten und Intellektuellen insbesondere in Deutschland dienen, die in späten 1960er Jahren als Kommunisten begannen und sich später zu rechten Nationalisten entwickelten, wie z. B. Horst Mahler und andere.

Man kann auch Architekten in dem Diagramm positionieren. Rem Koolhaas z. B. ist definitiv im oberen Teil des Diagramms »zu Hause«, sicherlich eher auf der Seite der Linken. Es ist keine Überraschung, dass er ein Fan von generischer Architektur ist, einer globalen Architektur, die nicht auf lokale Bezüge anspielt. Diese Art von Architektur findet sehr häufig sowohl die Unterstützung von rechten Libertären wie auch von linken Universalisten. Die Gegenbewegung gegen diese Art von Architektur kommt ebenfalls aus den Reihen von Linken und Rechten, genau genommen zurzeit aggressiver von der Rechten: So gibt es Facebook-Seiten wie »Architectural Revival«, eine britische Website unter der Leitung von Fans von Rob und Léon Krier. Sie kämpfen gegen die globalistische Architektur an und glauben an so etwas wie eine nationale Identität. Sie wollen Schönheit wieder in die Architektur einführen. Auch wenn man sich z. B. die Facebook-Seiten der Identitären Bewegung in Deutschland oder der Schweiz anschaut, findet man Kommentare, die von Léon Krier vor 30 oder 40 Jahren stammen könnten. Deren heutige Fans sind ziemlich erfolgreich darin, einen einstmals emanzipatorisch gemeinten Begriff wie »Identität« in etwas latent oder offen Rassistisches zu verwandeln.

Zu den prominenten Architekten und Autoren, die man im oberen rechten Teil des Diagramms, der rechts-libertären Ecke, verorten könnte, zähle ich Patrik Schumacher.

Markus Miessen: Für diejenigen unter Ihnen, die nicht aus dem Gebiet der Architektur kommen: Patrik Schumacher war der wichtigste Mitarbeiter im Büro von Zaha Hadid und ist im Grunde jetzt Geschäftsführer von Zaha Hadid Architects.

Stephan Trüby (ST): Um dem Diagramm noch einige weitere Namen hinzuzufügen: Léon Krier müsste wohl im unteren Teil des Diagramms eingeordnet werden, höchstwahrscheinlich tendiert er derzeit eher zur Rechten. Er hat ein Buch über die Architektur von Albert Speer geschrieben und dabei ignoriert, dass dieser ein Kriegsverbrecher war. Ganz offensichtlich liebt er Speers Architektur. Imre Makovecz, dessen »organische« und expressionistische Architektur von dem rechten Regime von Viktor Orbán gepriesen wird, kann in der unteren linken Ecke verortet werden.

Makovecz, der stark vom Nationalen Romantizismus inspiriert war, entwickelte sich zu einem leidenschaftlichen Nationalisten und Antikommunisten, zu einem Fan von Miklós Horthy – Hitlers Verbündeter in Ungarn – und zu einem Antisemiten. Wie Eva S. Balogh berichtet, sprach Makovecz wiederholt abschätzig über jüdische linke Liberale wie Ágnes Heller und György Konrád. Als ein Reporter Makovecz einmal fragte, ob seine vernichtende Kritik an »Heller & Co.« irgendetwas mit ihrem Jüdischsein zu tun habe, antwortete er: »Ich kann das nicht ausschließen, auch wenn ich mich auf den Kopf stelle. Sie haben immer etwas an der ungarischen Nation zu kritisieren; sie haben einen Überlegenheits-Komplex; sie leben mit der Vorstellung, sie seien das auserwählte Volk.«

Gerade in den deutschsprachigen Ländern gibt es viel rechtslastige Architekturtheorie, auf die noch einzugehen sein wird. In diesem Kontext sind historisch drei Namen von besonderer Bedeutung: Paul Schultze-Naumburg, Leopold Ziegler und Arthur Moeller van den Bruck. Ich habe jetzt leider nicht die Zeit, im Detail auf ihre Theorien einzugehen. Aber ein Punkt, den ich erläutern will und der außerdem wichtig ist für den schwedischen Kontext, ist der Gegensatz zwischen Romantizismus und Klassizismus. In der Stadt, in der wir uns heute versammeln, Göteborg, in der sich Gebäude von Gunnar Asplund und anderen finden, muss man meiner Meinung nach im Hinterkopf behalten, dass es bereits in den 1920er Jahren in Deutschland eine große Diskussion zwischen reaktionären Architekten und Theoretikern gab, die dachten, entweder der Romantizismus oder der Klassizismus sei die Lösung ihrer Probleme. Leopold Ziegler zum Beispiel schrieb ein Buch mit dem Titel *Florentinische Introduktion* (1911), in dem er die Renaissance-Architektur mit Verachtung strafte. Ziegler vertrat die Meinung, mittelalterliche Architektur sei der Triumph, man müsse zu einer solchen Art von Architektur zurückkehren. Er war in den 1920er Jahren Teil der Bewegung des Expressionismus. Moeller van den Bruck war der Gegenpart zu Leopold Ziegler. Er hasste den Expressionismus, er hasste mittelalterliche Architektur und wollte einen preußischen Stil der

Architektur einführen. Wenn man in den 1990er Jahren und frühen 2000er Jahren die Debatte in Berlin verfolgt hat, so fiel einem auf, dass Architekten wie Jürgen Sawade und Hans Kollhoff plötzlich anfingen, wieder über preußische Architektur zu sprechen und dabei – auf eine sehr naive Weise – auf Leute wie Moeller van den Bruck verwiesen, der ein antisemitischer Reaktionär war. Man sollte nicht vergessen, dass Zieglers kristalline Architektur und deren Sehnsucht nach dem Mittelalter Moeller van den Brucks preußischem Stil und dessen Argumentation pro Klassizismus und contra Romantizismus und Mittelalterlichem diametral entgegenstand.

Ich möchte nun eine sehr kurze Typologie von rechten Räumen in Deutschland und im internationalen Kontext präsentieren, mit der ich mich seit Längerem befasse. Ich möchte mit dem »einsamen Haus« beginnen. In Deutschland gibt es einen bekannten Schriftsteller namens Botho Strauß. Er lebt in einem »einsamen Haus« in Brandenburg nahe Berlin und hat einen Roman mit dem Titel *Die Fehler des Kopisten* verfasst, in dem er von einem Spaziergang mit seinem Sohn rund um das Haus berichtet. In einem Spiegel-Aufsatz von ihm findet sich ein Satz wie: »Ich möchte lieber in einem sterbenden, aber vitalen Volk leben als in einem, das verjüngt wird durch die Vermischung mit fremden Menschen auf der Basis ökonomischer und demografischer Spekulation.« Es handelt sich um eine xenophobe und latent neofaschistische Aussage. Wenn man jüngere Botho-Strauß-Texte liest, findet man viele solcher äußerst reaktionären Positionen. Er beschreibt sich selbst als »letzten Deutschen«, und sein eigenes Haus als das letzte deutsche Haus in der Wildnis. Es wurde von dem Schriftsteller Joachim Bessing einmal eindrücklich fotografiert.

Ich möchte dieses Anwesen mit einem anderen »einsamen Haus« vergleichen, das von Udo Pastörs bewohnt wird, NPD-Politiker und Schlüsselfigur des Neonazismus in Deutschland. In einem Ort im Naturpark Mecklenburgisches Elbetal errichtete Pastörs eine herrschaftliche Villa – die legal eigentlich nur unter Auflage hätte erbaut werden dürfen, dass eine Baumschule entsteht, wozu es aber nie gekommen ist – mit einer schnurgeraden, 65 Meter langen, von deutschen Eichen gesäumten Straße, die zur Eingangstür führt. Das Anwesen liegt an einer Landstraße mit dem sprechenden Namen Zum Reizen. Nach dem Vorbild eines Wehrhofes aus dem Memelland wurde es geplant und erbaut von dem Lüneburger Bauunternehmer Manfred Börm, der mehrfach wegen neonazistischer Umtriebe vorbestraft ist. Pastörs plant offenbar ein deutsches Musterdorf auf seinem Anwesen. Von rechten Jugendlichen ließ er bereits neben dem Haupthaus ein Zweifamilienhaus aus rotem Backstein errichten, weitere sollen folgen. Das Haus ist außerdem häufig Kulisse für den NPD-Kanal Deutsche Stimme TV.

Meine zweite Typologie betrifft »völkische Siedlungen«, Volksgemeinschaften, die dem von ihren Erbauern befürchteten Volkstod entgegenstehen sollen. Sie sind in den letzten Jahren vornehmlich im ostdeutschen ländlichen Raum und in geringerer Dichte auch in Bayern, Hessen, Niedersachsen sowie Schleswig-Holstein entstanden. Von Abscheu gegenüber jeglicher großstädtischer Multikulti-Lebensweise erfüllt, suchen viele NPD-Kader, aber auch AfD-Affine ihr Heil auf dem Land. In Mecklenburg-Vorpommern, fernab von Menschen mit imaginierten oder realen

Migrationshintergründen haben rechte Siedler eine besondere Vorliebe für die Erprobung des »Erhalts des deutschen Volkes« – in sehr günstig zu erwerbenden Immobilien. Zunächst als freundliche Nachbarn getarnt, unterwandern sie Vereine, Kindergärten und Schulen. In der Nähe von Pastörs Haus, in Klaber in der Mecklenburgischen Schweiz, werden die Raumgreifungsversuche der Neuen Rechten besonders deutlich. In einer konzertierten Aktion zogen ein Steinmetz, ein Kunstschmied, eine Buchbinderin, eine Hebamme und weitere Personen – darunter viele Rechtsradikale – in einige leerstehend Häuser und übernahmen nach und nach fast das gesamte Dorfleben. Die Politologin und Rechtsextremismus-Forscherin Andrea Röpke hat sattsam bekannte antisemitische Statements in der bäuerlich-handwerklichen Orientierung der Gruppe wiedererkannt, die sich selbst als »schaffende« Tatmenschen wahrnehmen und sich damit gegen das Bild vom »raffenden, internationalen jüdischen Finanzkapital« abgrenzen wollen. Die gleiche Strategie wurde in den 1990er Jahren auch in Skandinavien angewandt, als Schweden das Refugium von deutschen Nazis wie Jürgen Rieger war, der dort einen fruchtbaren Boden für ihre (nordischen) Vorstellungen zu finden suchte. 1995 kaufte Rieger das Anwesen Sveneby Säteri nahe Marienstad, inklusive 650 Hektar Land.

Mit Anzeigen versuchte er, rassistische Deutsche und Schweden dafür zu gewinnen, sich auf seinem Land anzusiedeln, darunter auch Klas Lund, der ein weiteres Anwesen dort ganz in der Nähe von Sveneby Säteri erwarb. Es scheint übrigens, als habe sich heute die Richtung umgekehrt: 2007 ist der Rechtsextremist Patrik Brinkmann nach Berlin gezogen. Er kaufte eine Villa in Zehlendorf, wo er einen Think-Tank des als »Ethnopluralismus« bekannten heutigen Rassismus in Europa zu etablieren versuchte.

Die dritte Typologie ist die völkische Gemeinschaft, die sich rund um Burgen bildet. Diese haben sich nicht nur als monumentale Wegmarken über Jahrhunderte hinweg ins kollektive Gedächtnis eingeschrieben, sondern sich auch als anschlussfähig an nationalromantische Traditionen und Vorstellungen ständisch-autoritärer Gesellschaftsordnungen erwiesen. Dementsprechend haben sich umgenutzte Lager, Herrenhäuser, Rittergüter und eben Burgen als besonders geeignet erwiesen, rechten autoritären Gruppierungen einen adäquaten Hintergrund zu liefern. Ein Beispiel hierfür ist der deutsche Neo-Nazi Karl-Heinz Hoffmann, der früher viele Burgen zusammen mit der paramilitärischen Wehrsportgruppe Hoffmann bewohnte – seiner Privatarmee, die zeitweise mehr als 400 Mann umfasste. Der nunmehr 78-jährige Neo-Nazi bewohnte ab 1974 zunächst das Nürnberger Schloss Almoshof, bevor er 1978 in das Schloss Ermreuth östlich von Erlangen umzog, das im »Dritten Reich« als NSDAP-Gauleiterschule gedient hatte. 2004 kaufte er mit seiner Lebensgefährtin Franziska Birkmann das 1551 erstmals urkundlich erwähnte Schloss Kohren-Sahlis in Sachsen, zu dessen ehemaligen Bewohnern auch der antisemitische Dichter Börries Baron von Münchhausen gehört hatte, der 1944 von Adolf Hitler in die »Gottbegnadeten-Liste« der wichtigsten Schriftsteller aufgenommen wurde.

Für den Unterhalt des stark sanierungsbedürftigen Anwesens, dessen Bausubstanz zum Großteil aus dem 18. Jahrhundert stammt und zu dem neben einem Haupthaus auch ein Torgebäude, Ställe, Lagerhäuser, eine Kegelbahn, eine Brennerei und ein Rokokopark gehören, gründete Hoffmann die »Fiduziarische Kulturstiftung Schloss Sahlis«, als deren »Kurator« er fungierte. In dieser Funktion etablierte er eine Biozucht von Mangalica-Schweinen. Hoffmann beteuert, er sei kein Nazi, sondern eher ein »sozialistischer Öko-Faschist«. Für seine als »gemeinnützig« deklarierte, nicht nur von Schweinen, sondern auch von rechten Kameradschaften bevölkerte »Kulturstiftung« erhielt er vom Freistaat Sachsen sogar 130.000 Euro Fördergeld. Doch es half alles nichts: Im Jahre 2012 wurde das Schloss zwangsversteigert. Es wurde noch vor Kurzem im Internet unter dem Motto »Leben wie die Könige« zum Kauf inseriert. Die 66 Zimmer, die sich auf einem 66.666 Quadratmeter großen Grundstück verteilen, wurden zu einem Preis von 666.666 Euro angeboten. In diesem Kontext könnte ich auch das Rittergut Schnellroda erwähnen, das sich im Besitz der rechten Verleger Götz Kubitschek und Ellen Kositza befindet, oder das Rittergut Nöbeditz, das André Poggenburg gehört, einem rechtsradikalen Politiker aus Sachsen-Anhalt.

Die vierte und letzte Typologie, die ich vorstellen möchte, findet in Innenstädten statt. Wenngleich die architektonische Metapolitik der deutschen Rechtspopulisten und Rechtsextremisten sich primär im Ruralen abspielt – in einsamen Domizilen, auf Dörfern, in entlegenen Ritterguten, Burgen und Schlössern – so gilt es festzuhalten, dass rechte Räume sich keinesfalls nur auf Landpartien beschränken. Die völkischen Interventionen in der Pampa sollten als Komplement von Architekturanstrengungen betrachtet werden, die in deutlich urbaneren Gefilden verortet sind. Diese vielgestaltigen Anstrengungen sind allesamt in der Schnittmenge von Architektur und Erinnerungskultur zu finden. Sie sollen einem neuen Deutschland zuarbeiten, über das der Architekturtheoretiker Philipp Oswalt einmal schrieb, dass es »nicht von einer anderen Zukunft, sondern von einer anderen Geschichte« träumen würde.

Dieser »anderen« Geschichte ist man auf innerstädtischem Terrain vor allem mithilfe von Rekonstruktionen auf der Spur. Wenngleich die allermeisten Rekonstruktionsvorhaben in Deutschland von einer recht breiten Parteienlandschaft mitgetragen werden – nicht nur rechtspopulistische und rechtsextreme Parteien wollen rekonstruieren –, so fällt doch auf, dass in der Architekturberichterstattung deutscher neurechter Zeitschriften fast ausschließlich Rekonstruktionsthemen zu Wort kommen. Im ausländerfeindlichen Chemnitzer Jugend-Magazin Blaue Narzisse etwa plädiert Maximilian Zech für mehr »Schönheit und Traditionsbewusstsein in der Baukunst« – und glaubt diese im wiederaufgebauten Berliner Hotel Adlon erkennen zu können. Sogar Peter Stephan, einer der wichtigsten Befürworter der Rekonstruktion und Professor für Architekturgeschichte an der FH Potsdam, versucht Konstruktionsthemen mit rechten Gesellschaftskreisen zu vermählen. Mit öffentlichen Veranstaltungen und einem Forschungsprojekt an seiner Hochschule versucht er die Geschichte der Potsdamer Garnisonskirche, die 1968 gesprengt wurde, vom »Tag von Potsdam« zu entkoppeln, also dem 21. März 1933, als Hitler und Reichspräsident Paul von Hindenburg sich vor der Garnisonskirche die Hand gaben – und damit die verheerende Allianz nationalsozialistischer und deutschnationaler Kräfte besiegelten.

Bei vielen Rechtspopulisten und Rechtsextremisten korrespondiert die Rekonstruktion einer »anderen« Geschichte mit der Marginalisierung der »einen« Geschichte. Entsprechend äußerte sich Björn Höcke in einem Interview mit dem amerikanischen Sender CBN am 10. März 2016: »Die Deutschen sind einseitig fixiert auf ihre dunklen Seiten. Wir haben einen Schuldkult entsprechend ausgeprägt, der es uns unmöglich macht, ein gesundes Nationalbewusstsein, einen lebendigen Patriotismus zu entwickeln.« Beim sogenannten »Kyffhäusertreffen« am 4. Juni 2016, zu dem der völkisch-nationalistische »Flügel« der AfD eingeladen hatte, deklamierte Höcke: »Ein Volk, das keine Denkmäler mehr errichtet, sondern nur noch Mahnmale, hat keine Zukunft«. Was dies architektonisch und erinnerungspolitisch konkret bedeutete,

von Peter Eisenmans Holocaust-Mahnmal ereifert und ohne jede Zurückhaltung den Abriss des Mahnmals empfiehlt. In ähnlicher Weise äußerte sich der baden-württembergische Landtagsabgeordnete Wolfgang Gedeon, als er gegenüber dem SWR-Radio am 2. Juni 2016 äußerte: »Im Zentrum des Gedenkens sollte etwas Positives stehen. Wenn das [Holocaust-Mahnmal] irgendwo an der Peripherie ist, [...] habe ich nichts dagegen.

Ich möchte mit kleinen Fragmenten dieses Panoramas abschließen, die über Deutschland hinaus gehen – und dabei mit Italien beginnen, da dieses Land für unser Thema interessant ist, weil wir dort die am stärksten etablierte »Innenstadtkultur« von rechten Räumen überhaupt zu finden ist. Eine Bewegung hat für meine Forschung eine besondere Relevanz: CasaPound Italia, eine faschistische politische Partei, die am 26. Dezember 2003 aus dem Besetzen eines dem Staat gehörenden Gebäudes im Stadtviertel Esquilino in Rom entstanden ist.

Das Bauwerk, das nach dem amerikanischen faschistischen Dichter Ezra Pound benannt ist, befindet sich in der Via Napoleone III. Im Laufe der Jahre wurde CasaPound zum Hauptquartier eines sorgfältig ausgearbeiteten Netzwerks rechter Räume in Rom, zum dem Bars, Modeläden und Buchhandlungen gehören.

Darüber hinaus dient CasaPound als Vorbild für Bestrebungen der deutschen Identitären Bewegung, einen innerstädtischen Brückenkopf in Halle in der Adam-Kuckhoff-Straße 16 zu errichten. Der kleine Unterschied in der Strategie besteht darin, dass das Hallenser Gebäude nicht besetzt gehalten, sondern legal bewohnt wird, denn es wurde von dem rechtsextremen Millionär Helmut Englmann aus Unterfranken gekauft. Doch trotz der wirtschaftlichen Unterschiede erinnert das Haus in Halle an die Bestrebungen der CasaPound in Rom 15 Jahre zuvor, eine rechte Politik als Lifestyle-Subkultur in der Innenstadt zu etablieren.

In dieser Hinsicht ist auch Frankreich interessant. Dort sind rechte Räume, im Gegensatz zu Italien, vor allem im Ruralen verortet. Ein Beispiel hierfür sind Les Brigandes, eine identitäre Frauengruppe, die Lieder aufführen, die sich gegen Muslime, Juden, Journalisten, Schwule, Jesuiten, Freimaurer, Politiker und Papst Franziskus richten. Sie leben in der Kleinstadt Salvetat im Montagne Noir [Schwarzes Gebirge], in einer Art Hippie-Kommune von circa 30 Frauen. Eine Online-Petition gegen die Gruppe hat fast 1.500 Unterschriften gesammelt, mehr als die Gesamtbevölkerung der Stadt, die 1.100 Einwohner hat. Phänomene wie Les Brigandes sind ganz offensichtlich undenkbar ohne den Aufstieg der Front National in Frankreich. Spätestens seit dem Bombenangriff mit einer 5kg-Dynamitbombe auf Jean-Marie Le Pens Pariser Apartment in 9 Villa Poirier im Jahr 1976 sind die privaten Lebensumstände der Familie Le Pen von öffentlichem Interesse. 1977 erbte Le Pen ein Vermögen von Hubert Lambert (1934-1976), dem Sohn des Zementindustriellen Leon Lambert (1877-1952). Hubert Lambert war ein politischer Unterstützer von Le Pen und stellte Le Pen 30 Millionen Francs (ungefähr 5 Millionen Euro) sowie seine dreistöckige, mit 11 Räumen ausgestattete Villa in 8 Parc de Montretout, Saint-Cloud, bereit (die von Napoleon III. erbaut worden war für seinen Generalstabschef Jean-François Mocquard). Die beiden Töchter von Jean-Marie Le Pen, Yann und Marine – letztere ist im Moment die prominenteste Politikerin des Front National – leben auf dem Anwesen in Montretout. Zusammen mit seiner Frau gehört Jean-

Marie Le Pen auch ein zweistöckiges Stadthaus in der Rue Hortense in Rueil-Malmaison und ein weiteres Haus in seiner Heimatstadt La Trinité-sur-Mer. Mein letztes französisches Beispiel ist Renaud Camus, ein französischer Autor sowohl von Prosa als auch von überwiegend rechten politischen Polemiken, der vor allem wegen seines Buches über die *Grand Remplacement* (»Großer Austausch«) Bekanntheit erlangte, in dem er die Migration von Muslimen aus dem Mittleren Osten und Nordafrika nach Frankreich kritisierte und behauptete, sie drohten das Land und dessen Kultur permanent zu »mutieren«. Er lebt im Château de Plieux (im Südwesten Frankreichs), wo er Kunstausstellungen organisiert und seine eigene Partei leitet, die *Parti de L'In-Nocence* (Partei der Arglosigkeit), obwohl er sich auch offen als Unterstützer Marine le Pens zu erkennen geben hat.

Ich könnte fortfahren, mit Beispielen aus Ländern wie Polen, Ungarn, Österreich, Schweiz, den Niederlanden oder den USA – in all diesen Ländern habe ich einen riesigen Berg an Informationen über rechte Räume gesammelt – aber aus Zeitgründen werde ich mein Panorama hiermit abschließen.

Ich möchte zum Ende kommen mit einem Kunstprojekt, so könnte man es bezeichnen, bzw. einem politischen Projekt, das am 22. November 2017 in Deutschland stattfand. Ich habe das Haus von Björn Höcke nicht erwähnt, einem der äußerst rechten Politiker in Deutschland, den ich für einen höchst gefährlichen Menschen halte. Er lebt also in diesem Haus in Bornhagen in Thüringen. Die *Antifa* brachte Proteste in dieses sehr ländliche Dorf und plante sogar eine sogenannte »Abrissparty«. Die Polizei beschützte Höcke und dieses Haus, weil sie es musste. Höcke wurde berühmt dafür, dass er das Holocaust-Mahnmal als »Mahnmal der Schande für Deutschland« bezeichnet hatte. Die Gruppe *Zentrum für Politische Schönheit* produzierte in wochenlanger Arbeit undercover einen verkleinerten Nachbau des Holocaust-Mahnmals und erwarb bzw. mietete das Nachbarhaus neben Höckes Haus, auf dessen Terrain sie den Nachbau errichteten. Im Moment ist es für die Mitglieder der Gruppe eine gefährliche Situation. Der Eigentümer des Hauses wusste nichts von dem Projekt. Das *Zentrum für Politische Schönheit* ist vermutlich auf den Eigentümer zugekommen und hat nach einem Atelier für Skulpturen oder etwas Ähnlichem gefragt. Kurz darauf ging das Projekt viral.

Im Augenblick wird in Deutschland, und vermutlich auch in Schweden, eine ausführliche Diskussion darüber geführt, wie man mit diesen rechtsextremen Bewegungen umgeht. Sollte man mit ihnen reden, oder sollte man sie ignorieren, sollte man sie bekämpfen und schlagen? Ich bin zunehmend fasziniert von dem Bornhagen-Projekt des *Zentrums für Politische Schönheit*, weil ihre Antwort auf die Frage »Wie sollte man mit Faschisten umgehen?« weder Dialog noch Gewalt lautet, sondern das Errichten von Bauwerken: ein Architekturbauwerk als politisches Statement.

Und damit komme ich zum Ende. Vielen Dank.

> Markus Miessen (MM): Während der Arbeit an diesem Projekt und dessen Ausarbeitung haben wir darüber diskutiert, ob es möglicherweise problematisch sein könnte, die gleiche Art von Werkzeug oder die gleiche Sprache – wie das Produzieren von Listen usw. – zu nutzen wie die Rechtsextremisten oder die Rechtspopulisten. Könntest Du dazu nochmals etwas sagen?

Stephan Trüby (ST): Ganz offensichtlich lieben Faschisten Listen – Listen von Menschen, die sie früher oder später loswerden wollen. Die Frage im Moment ist: Ist es eine Gegenstrategie, auch Listen zu produzieren, sie zu veröffentlichen und etwas mit den aufgelisteten Häusern anzustellen? Ich stehe auf dem Standpunkt, dass die äußerste Rechte das Leben, das sogenannte Privatleben, in eine politische Botschaft verwandelt. Die Botschaft von einer ethnisch gereinigten Gemeinschaft, also das, was die Rechtsextremen mit Hilfe ihrer »Metapolitik« erreichen wollen, ist allein schon ein politisches Projekt. Ich denke, die Gegenüberstellung von »privat contra öffentlich« funktioniert nicht, wenn man über Rechtsextremisten redet. Selbst ein Haus wie das von Björn Höcke ist ein politisches Statement. Daher gibt es meiner Meinung nach gute Gründe, Menschen wie Höcke auch in ihrer vermeintlichen »Privatsphäre« zu attackieren und nicht nur in der Öffentlichkeit – natürlich nicht physisch, sondern auf eine smarte Weise, wie es das *Zentrum für politische Schönheit* getan hat.

Frage: Aus einer schwedischen Perspektive betrachtet sehen Sie rechte Bewegungen als offen und in suburbanen Gebieten verortet an. Sie haben Burgen und Orte präsentiert, in denen die Menschen leben, die die Macht in diesen Bewegungen haben. Was aber ist mit den Anhängern dieser Bewegungen? Haben Sie diese Menschen auch erforscht?

ST: Sie meinen die stummen Wähler in den Vorstädten?

Frage (Fortsetzung): Ja, oder die in Dörfern. Es ist ja nicht so, dass jeder aufs Land in große Anwesen zieht. Viele leben in Apartments, in die sie nach kurzen Phasen im Gefängnis wieder zurückkehren und die sie sich mit anderen teilen. Zumindest trifft das auf Stockholm zu. Das ist auf jeden Fall in den rechten Bewegungen zu erkennen.

ST: Ich denke, sowohl Markus als auch ich sind im Augenblick an einem Punkt angelangt, an dem wir unterscheiden müssen, zwischen Forschung und Aktivismus. Um auf Ihre Frage zurückzukommen, »haben Sie diese Menschen auch erforscht?« Ich habe viel über sie gelesen, aber ich habe keine soziologischen Studien mit ihnen erstellt, etwa mit Hilfe von Interviews usw. Ich kann mir die Probleme vorstellen, und ich kann mir denken, was sie sagen wollen...

MM: Um etwas hinzuzufügen, was Stephan schon gesagt hat: Diese Orte sind allesamt private Orte, aber das, was sie gemeinsam haben und was sie aus dem Diskurs von

Privathäusern und sicheren Orten herauslöst, ist, dass sie strategisch und bewusst als Plattformen genutzt werden. Es sind Privathäuser, aber Menschen kommen zu bestimmten Gelegenheiten dorthin, die nicht in »normalen« öffentlichen Räumen stattfinden können.

Lassen Sie uns die *Antifa*-Liste oder irgendeine Liste von Rechtsextremisten von Orten oder legalen Privatpersonen als ein Beispiel nehmen. In diesem Fall geht es vornehmlich um ein Haus als Territorium, das unter legalen Gesichtspunkten legal ist, aber aus anderen Gründen genutzt wird. Das ist der Unterschied zu einem Haus, in dem drei Personen aus welchen Gründen auch immer gemeinsam leben und sich politisch gegenseitig zu beeinflussen beginnen, dabei keine größere Funktion innerhalb des Diskurses haben.

Frage (Fortsetzung): Trotzdem: Wenn Sie Veränderungen wollen, frage ich mich, auf welche Orte wir schauen sollten?

ST: Kurzzeitige Veränderungen müssen Probleme reduzieren und Einzelpersonen angreifen, und zwar nicht physisch, sondern auf symbolischer Ebene – wie das *Zentrum* es mit Höcke gemacht hat. Ich denke, dass jeder AfD-Politiker nach diesem Ereignis zweimal darüber nachdenkt, ob er das Holocaust-Mahnmal ein Mahnmal der Schande nennt, weil dies nun zu signifikanten Konsequenzen führen könnte. Es ist im Grund eine Warnung, dabei eine schon fast poetische Warnung mit harten Konsequenzen. Die langfristigen Veränderungen, von denen Sie womöglich sprechen, sind ganz offensichtlich ein sehr komplexes politisches und ökonomisches Projekt.

Frage: Kommen wir zum Thema Geschlecht: Vielleicht ist es nur ein Zufall, aber zwei Vorträge über rechte Macht haben meistens Männer erwähnt. Ich frage mich: Wenn wir die Diskussion auf die Klassenzugehörigkeit ausgedehnt haben, wo sind die Frauen in dieser Diskussion, und warum gehen wir nicht näher aus den gewalttätigen Maskulinismus ein?

ST: Ich habe Marine Le Pen und Les Brigandes erwähnt, allerdings glaube ich, dass der Rechtsextremismus hauptsächlich ein männliches Problem ist. Dennoch sind auch ein paar Frauen daran beteiligt – aus Dummheit oder Bequemlichkeit, weil es manchmal einfach praktisch ist, sich unterzuordnen. Manchmal ist es auch Selbsthass, manche Frauen entscheiden sich dafür, aus Gründen einer Teilhabe an patriarchaler Dominanz zu partizipieren. Aber an der Spitze der Macht der Ideologie steht die männliche Maskulinität, und die Rolle der Frau besteht primär in Fortpflanzung, biologischer Fortpflanzung.

MM: Danke, Stephan. Kommen wir nun zur nächsten Sprecherin, Christina Varvia. Christina spricht nun als letzte Rednerin – nicht etwa um den Maskulinismus zu unterstreichen, von dem wir gerade gesprochen haben, sondern weil sie die einzige unserer drei Gäste ist, die über Design als propositionales und produktives Werkzeug reden wird. Wie können Designpraktiken verwendet werden, um bestimmte Wirklichkeiten aufzudecken und zu entschlüsseln, und zwar sogar durch technische, Software-basierte Fragen?

Der Fall NSU

Christina Varvia

Ich bin hier, um die Arbeit von *Forensic Architecture* vorzustellen. Wir sind eine Kunst-, Forschungs- und Rechercheagentur mit Sitz am *Centre for Research Architecture*, *Goldsmiths, University of London*. Wir begannen als akademisches Forschungsprojekt mit finanzieller Unterstützung der Europäischen Union. Wir übernahmen anschließend als Agentur Projekte, bei denen wir Architektur für eine forensische Analyse verwenden.

In welcher Beziehung steht Architektur nun zur Forensik? Die meisten modernen Kriege spielen sich in Städten ab. Während Kriege früher auf offenen Schlachtfeldern geführt wurden, sind heute oftmals Gebäude die Orte, an denen Menschen sterben – häufig, wenn Gebäude über ihnen zusammenstürzen. Daher sind Architekten, die wissen und verstehen, wie Gebäude und Materialien arbeiten und wie Städte funktionieren, besser geeignet, zu bestimmen, was bei einem bestimmten gewaltsamen Konflikt passiert ist. Die erste Stufe in der forensischen Architektur besteht darin, auf der Grundlage der Ruinen ein Gebäude zu lesen und zu verstehen, was geschehen ist. Was ist die Ursache für den Zusammensturz des Gebäudes?

Das Problem ist jedoch, dass wir häufig keinen Zugang zu dem Ort haben. Was wir haben sind Bilder. 2014 haben wir während des Krieges im Gaza-Streifen ein Projekt mit *Amnesty International* durchgeführt. Weder *Amnesty* noch *Forensic Architecture* war es erlaubt, den Gaza-Streifen zu betreten, aber wir hatten Hunderte und Tausende von Bildern und Videos. Einerseits mussten wir die beschädigte Architektur studieren, um herauszufinden, was während der Angriffe passiert war, andererseits jedoch konnten wir den Ort nicht besuchen. Architektur wurde dann durch Fotos und Videos mediatisiert. In Fällen wie diesen sind wir daher nicht nur eine Architekturagentur, sondern auch eine Medienagentur, die untersucht, wie sich gewaltsame Konflikte in den Medien widerspiegeln.

Wir haben uns von einem kleinen Forschungsprojekt zu einem Team von inzwischen 12 Personen entwickelt. Zu unserem Team gehören Architekten, aber auch Künstler, Filmemacher, Programmierer, investigative Journalisten, Wissenschaftler, Schriftsteller usw. Was bzw. wer auch immer nötig ist. Unsere Arbeitsweise besteht darin, mit kleinen individuellen Fällen wie diesem hier zu beginnen und dann das Ganze auf einen größeren Kontext auszudehnen, um einen Zusammenhang zwischen diesem Ereignis und größeren politischen Prozessen herzustellen. Wir führen Architektur- und Medienanalysen durch, die wir dann unterschiedlichen rechtlichen oder politischen Instanzen als Beweis vorlegen. Wir arbeiten mit Menschenrechtsgruppen und NGOs. Dabei geht es uns stets um Menschenrechtsfälle, bei denen Verbrechen des Staates eine Rolle spielen. Wir übernehmen keine Aufträge von Regierungen. Im Gegenteil: Wir arbeiten für gewöhnlich mit Bürgerrechtsgruppen, Menschenrechtsgruppen und den betreffenden Communities, die Opfer von staatlicher Gewalt geworden sind. Die Wissenschaft der Forensik wird normalerweise vom Staat genutzt, um seine Bürger zu untersuchen, doch wir stellen das Ganze auf den Kopf. Wir drehen den forensischen Blick um und überwachen vom Staat ausgehende Verstöße aus der Perspektive der Bürger.

Wir führen sehr unterschiedliche Projekte durch. Das Gaza-Projekt befasste sich mit einem einzigen Kriegstag, dem 1. August 2014, und den Geschehnissen in der Stadt Rafah, die nach der Gefangennahme eines israelischen Soldaten einem schweren Bombardement ausgesetzt war. An diesem einen Tag war die Stadt Hunderten von Luftangriffen ausgesetzt. Im Fall von Miranshah in Nord-Wasiristan [im nordwestlichen Pakistan] hatten wir es nur mit einem einzigen Drohnenangriff zu tun. Wir analysierten einen 43-sekündigen Video-Clip, der der einzige Beweis eines US-amerikanischen Drohnenangriffs war, der Berichten zufolge vier Menschen getötet hatte. Wir untersuchten den Ort des Luftangriffs auf der Grundlage dieser Filmaufnahmen: Der schwarze Raum war das, was von dem Video nicht aufgezeichnet wurde, der weiße Raum waren die uns zu Verfügung stehenden Bilder, und anschließend markierten wir die Schrapnelleinschläge. Indem wir diese Markierungen miteinander verbanden, konnten wir herausfinden, wo die Bombe detoniert war.

In diesem Fall geht es um die 43 verschwundenen Studenten in Ayotzinapa in Mexiko. Es gibt zahlreiche Versionen von dem, was dort passiert sein könnte. Diese wurden in einem unabhängigen Expertenbericht gesammelt, für den wir jede Aussage in Bezug zu Ort und Zeit durch Data-Mining datentechnisch auswer-

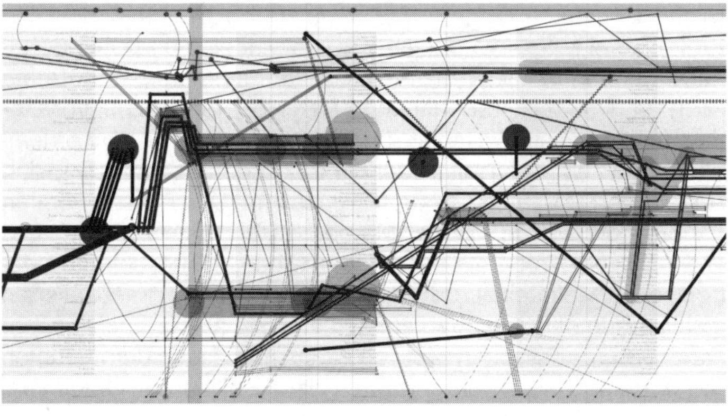

ten und analysieren mussten. Anschließend haben wir all diese Narrative sowohl auf einer Online-Plattform als auch auf dieser Zeitachse graphisch dargestellt, um Widersprüche und Unstimmigkeiten in diesen Aussagen aufzudecken.

Die verschiedenen Farben stehen für verschiedene Berichte: Die offizielle Version der Regierung ist schwarz, die der Studenten rot, die der Polizei blau, die des Militärs grün und die der Kartelle blau. Wir haben damit letztlich ein Recherche-Werkzeug erschaffen, das es sowohl anderen Forschern als auch den Familien der verschwundenen Studenten ermöglicht, die Ereignisse zu untersuchen. Das heißt also, dass sich unsere Arbeit je nach Maßstab, Thema und Methode voneinander unterscheidet.

Im Kontext dieser wundervollen Veranstaltung will ich mich auf die NSU-Untersuchung konzentrieren. Es handelt sich dabei um die Untersuchung der Ermordung des jungen Türken Halit Yozgat durch Mitglieder des NSU. Halit lebte in Kassel und arbeitete im Internet-Café seines Vaters. Er war das neunte Opfer von zehn rassistisch motivierten Morden, deren Ziel in erster Linie Menschen mit einem türkischen Hintergrund waren und die zwischen 2000 und 2007 in ganz Deutschland verübt wurden. Die Morde wurden vom sogenannten NSU ausgeführt, dem Nationalsozialistischen Untergrund, der angeblich aus nur drei Personen besteht. Der NSU ermordete Menschen, die kleine erfolgreiche Geschäfte führten, und benutzte dabei immer dieselbe Waffe. Zwei Mitglieder des NSU, Uwe Mundlos und Uwe Böhnhardt, haben mittlerweile Selbstmord begangen, und Beate Zschäpe, das letzte überlebende Mitglied, steht zurzeit vor Gericht [und ist mittlerweile zu lebenslanger Haft verurteilt worden].

Lange Zeit galten Mitglieder der türkischen Community in den Augen der Polizei als Hauptverdächtige. Die Polizeibeamten nannten die Morde »Döner-Morde«, eine rassistische Art und Weise, diese Taten als das Ergebnis der Machenschaften der türkischen Mafia einzuordnen. Sie verhörten und drangsalierten die Familien der Opfer und betrachteten sie als Verdächtige, anstatt nach rassistischen Motiven zu suchen. Nach dem neunten Mord, dem an Halit, organisierten die Familien der Opfer zwei große Demonstrationen in Kassel und Dortmund. Sie forderten die Regierung auf, diese Morde als eine Serie rassistischer Morde anzuerkennen und sie als deutsch-türkische Bürger zu beschützen. Diese Proteste führten zu einer ganzen Reihe an zivilgesellschaftlichen Initiativen, die die Aufmerksamkeit auf die aufstrebende Neonazi-Szene lenkte. Allerdings wurden die vor Ort von den Bürgern gewonnenen Erkenntnisse ignoriert, und erst als sich der NSU selbst für die Morde verantwortlich zeigte, wurde das rassistische Motiv vom deutschen Staat als solches akzeptiert. Das heißt, es handelte sich um ein komplettes Versagen des Staates, seine Bürger zu beschützen und zu erkennen, worum es bei diesen Morden wirklich ging. Auch bei dem Gerichtsverfahren gegen Beate Zschäpe kommen Fragen hinsichtlich eines strukturellen und infrastrukturellen Rassismus nicht zur Sprache. Die Frage, warum die deutsche Regierung versagt hat, ihre eigenen Bürger zu schützen, ist noch nicht beantwortet. Im Jahr 2015 gründeten einige der zivilgesellschaftlichen Initiativen und Aktionsbündnisse eine Koalition namens »NSU-Komplex auflösen!«. Sie organisierten ein Bürgertribunal und beauftragten uns, den Fall Halit zu untersuchen.

Wir wurden gebeten, den Mord an Halit zu untersuchen, weil sich zum Zeitpunkt des Mordes eine Person in dem Internet-Café aufhielt. Andreas Temme war Mitarbeiter des hessischen Amtes für Verfassungsschutz, der Geheimdienstinformationen über die rechtsextreme Bewegung sammelte. Obwohl er ein Repräsentant des Staates ist, denn er arbeitete innerhalb einer Polizeibehörde, meldete er sich nicht als Zeuge. Er wurde schließlich anhand seiner Internetlogin-Daten erkannt. Er hatte sich in eine Online-Dating-Website namens ilove.de unter dem Codenamen »wildman70« eingeloggt. Folglich wurde er einem Richter vorgeführt und sagte dort aus: »Ich war zur falschen Zeit am falschen Ort, ich habe nichts mitbekommen. Es ist wirklich bedauerlich, es tut mir leid, aber ich kann mich an gar nichts von den Geschehnissen erinnern.« Allerdings hatten die anderen fünf Zeugen in dem Café sehr wohl etwas gehört. Sie erkannten nicht, dass es sich um einen Mord handelte, aber sie hatten ein lautes Geräusch gehört, sie hatten etwas bemerkt.

Als wir 2016 mit den Untersuchungen begannen, war es ein Jahr zuvor zu einem Daten-Leak von Gerichtsdokumenten gekommen, die von einer Gruppe namens ›NSU-Leaks‹ online gestellt wurden. Sie veröffentlichten Fotos vom Tatort sowie Zeugenaussagen und ein wirklich wichtiges Dokument: Ein Video von Andreas Temme selbst, der seinen Besuch in dem Internet-Café für die Polizei nachstellt. Die Polizei bat ihn zu zeigen, wie er sich durch das Internet-Café bewegt und nichts bemerkt haben könne.

Von diesem Video ausgehend, begannen wir mit der Rekonstruktion eines 3D-Modells des Internet-Cafés, basierend auf den uns zu Verfügung stehenden Fotos. Das Internet-Café existiert nicht mehr, es wurde umgebaut und ist nun ein Geschäft, das Honig verkauft.

Wir verwendeten die verfügbaren Fotos, die Maße und die Beschreibungen der Familie, der das Café gehörte, um den Raum sowohl als digitales Modell zu erbauen als auch eine physische Rekonstruktion des Tatorts im Maßstab 1:1 zu erstellen. Für das physische Modell abstrahierten wir das 3D-Modell, bauten ein Gerüst und rekonstruierten die wichtigsten Räume des Tatorts, um eine Reihe von Experimenten durchzuführen. Wir verwendeten lediglich die Oberflächen, die wichtig waren für unsere Untersuchung, wie z. B. Glasscheiben, die das Geräusch von Schüssen reflektiert hätten, Tische, die die Sicht in dem Café versperrt hätten, usw. Wir errichteten das Modell im Haus der Kulturen der Welt [HKW Berlin], das dieses Werk mitfinanziert hat. Bei den Experimenten ging es in erster Linie um die Beantwortung folgender Fragen: War Temme in den Fall verwickelt, war er Zeuge des Verbrechens, und falls ja, warum hat er sich nicht gemeldet?

Dies ist wichtig – wir beschlossen, diesen Fall zu untersuchen, weil es der einzige Fall der zehn Morde ist, bei dem ein Repräsentant des Staates unmittelbar am Tatort war. Indem wir seine Aussage analysierten, also seine Zeugenaussage basierend auf der Nachstellung der Tat, waren wir in der Lage zu beweisen, dass er tatsächlich Zeuge der Ereignisse war. Diese Tatsache führt automatisch zu einer ganzen Reihe weiterer Fragen: Warum hat er gelogen? Warum hat der Staat ihn beschützt? Warum arbeitet er auch weiterhin als Mitarbeiter des Staates? Und schließlich: Inwieweit ist der Staat in die Mordserie verwickelt? Warum ist es ihm nicht gelungen, diese Menschen zu schützen, und was will er vertuschen? Die Anwesenheit des Staates in diesem Raum ist der Schlüssel, mit dem wir diesem politischen Hin und Her auf den Grund gehen wollten.

Wir führten eine Reihe von Tests durch, die sich mit der zeitlichen Abfolge befassten, also: Wann betrat Temme das Café, und wann verließ er es? Hatten ihn seine drei Sinne verlassen? Konnte er die Schüsse gehört haben, konnte er das Schießpulver gerochen haben, konnte er die Leiche von Halit gesehen haben, als er das Café verließ?

Das Interessante an einem in einem Internet-Café stattfindenden Mord ist, dass jeder der dort Anwesenden eingeloggt ist.

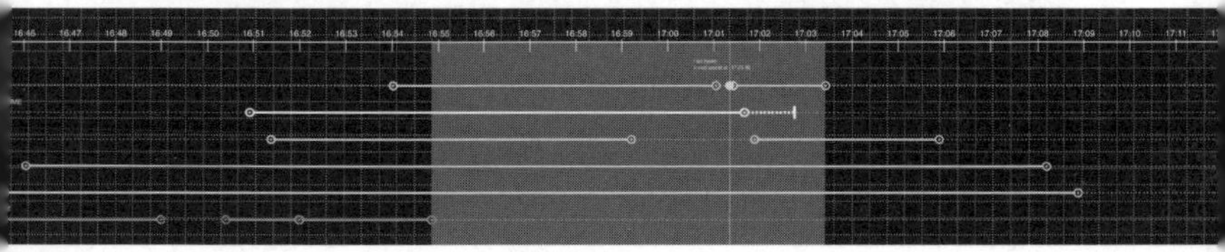

Es gab fünf Zeugen, die wir hier markiert haben. Wir wissen, wann sie sich eingeloggt und wann sie sich ausgeloggt haben. Das ist unser Grundgerüst der Infrastruktur, wenn man so will: unser *Cambridge Analytica*. Zeugenaussagen sind oftmals abstrakt, wenn es um die zeitlichen Abläufe geht. Aber Menschen erinnern sich, was sie während eines Ereignisses getan haben, als sie ein lautes Geräusch gehört haben. So sagte z. B. einer der Zeugen, das sie ein Telefongespräch mit ihrem Bruder führte, und wir wissen, dass es ihr zweites Telefongespräch war. Also wissen wir, dass der Zeitpunkt, an dem sie das laute Geräusch hörte, in dem Zeitrahmen zwischen den beiden Telefonaten gewesen sein musste. Genau dies ist auch die Zeitachse eines weiteren Zeugen, der *Call of Duty* gespielt hat, ein beliebtes Spiel, bei dem die Spieler Nazis erschießen – die Ironie dabei ist nicht zu übersehen. Auch in diesem Fall bildet die Infrastruktur, die sich durch das Raum-Zeit-Narrativ ergibt, für uns die Voraussetzung für die Zeitachse und das Modell.

Temmes Login und Logout ist ganz wichtig, weil er aussagte, er könne das Café verlassen haben, bevor der Mord geschah. Wir haben uns das absolute Zeitfenster angeschaut, in dem dieser Mord hat stattfinden können. Faiz, der einzige Zeuge, der sich im vorderen Teil des Cafés befand, als sich der Mord ereignete, war auch die letzte Person, die mit Halit gesprochen hatte. Faiz betrat zu dem Zeitpunkt die Telefonzelle, und als er herauskam, hatte sich der Mord bereits ereignet. Also ist dies unser absolutes Zeitfenster. Innerhalb dieses Zeitfensters müssen wir nun herausfinden, wo sich Andreas Temme befand und er Zeuge der Ereignisse hätte werden können.

Anhand seines Videos von der Nachstellung der Ereignisse, die wir als Temmes Zeugenaussage betrachten, die er auch mit seiner Körpersprache machte, wissen wir, wie lange er brauchte, um das Café zu verlassen, nachdem er sich ausgeloggt hatte. (Uns fiel bei seiner Nachstellung auf, dass er es tunlichst vermied, auf die Stelle zu schauen, an der man den toten Halit gefunden hatte) Die Frage ist: War er zum Zeitpunkt des Mordes im hinteren oder im vorderen Raum oder hatte er das Café bereits verlassen?

Im ersten Szenario beträgt der Zeitrahmen 39 Sekunden, von dem Zeitpunkt, an dem Temme das Café verlässt, bis zu dem Moment, als der Zeuge Faiz sein Telefonat beendet und die Telefonzelle verlässt. Es wird nun ziemlich technisch: Wir beginnen mit einer Reihe von Nachstellungen, die wir mit freiwilligen Schauspielern in dem maßstabsgetreuen Modell durchführen. Zunächst testen wir, ob 39 Sekunden genügen, damit sich die folgende Reihe an Ereignissen so hätte abspielen können.

Als erstes verlässt Temme das Café, dann kommt Halit zurück. Wir haben versucht, den letzten Augenblick zu inszenieren, an dem sich die Beiden hätten verpassen können. Temme behauptete stets, dass er, als er rausging, niemand am Tresen gesehen habe und dass er Halit nirgendwo finden konnte. Wenn dieses Szenario stimmen würde, würde das folglich bedeuten, dass Halit sich schon nicht mehr im Café befunden hätte. Natürlich gab es nicht einen einzigen Zeugen, der behauptet hätte, dass Halit das Geschäft verlassen hätte, und niemand hat ihn irgendwo draußen gesehen. Um das Szenario trotzdem durchzuspielen, nahmen wir an, Halit habe das Café verlassen. Also musste er irgendwann wieder zurückkommen, der Mörder würde ihm folgen – und hier beginnen wir wieder mit der genauen Messung der einzelnen Schritte. Denn jetzt kommt der Zeuge Faiz, der sich in der Telefonzelle befindet, heraus. Die ganze Sequenz dauert 35 Sekunden, was bedeutet, dass nur vier Sekunden bleiben, damit die beiden sich verpassen. Allerdings spielt sich dies in einer äußerst genau koordinierten experimentellen Umgebung ab, in der wir präzise Instruktionen geben – doch in der Wirklichkeit laufen die Dinge ganz anders ab. Letztlich führt aber eine Zeugenaussage dazu, dass dieses Szenario auszuschließen ist, denn der Zeuge berichtet, dass die Schüsse viel früher gefallen sind.

Nun wenden wir uns gezielt noch einmal den Zeugenaussagen zu und schauen uns an, wann genau die Schüsse nach Meinung der Zeugen abgefeuert wurden. Hier sehen wir eine Zeugin, die sich in dem Raum zwischen den beiden Räumen befindet, direkt neben dem Tresen, an dem er ermordet wurde. Sie hört die Schüsse genau in dem Moment, an dem sie, wie sie sagt, mit ihrem Bruder telefoniert hat. Ein weiterer Zeuge sagt aus, er sei gerade dabei gewesen, die Pinnummer für einen zweiten Anruf einzugeben, als er die Schüsse hörte. Dies ist ein wichtiger Moment, weil wir wissen, dass dies stattfand, kurz bevor der zweite Telefonanruf erfolgte. Und jetzt wird es wieder technisch: Wir haben gestoppt, wie lange man braucht, um acht Zahlen auf einer Tastatur einzugeben. Basierend auf diesen beiden Zeugenaussagen haben wir einen absoluten Zeitrahmen festlegen können und belegen können, dass die Schüsse innerhalb dieses Zeitfensters gefallen sind.

Dies bedeutet, dass Temmes Behauptung, dass er das Café schon verlassen habe, als der Mord geschah (»Szenario 1«), nicht den Tatsachen entsprechen kann, weil die Zeugen aussagen, dass der Mord innerhalb eines völlig anderen Zeitrahmens stattgefunden hat.

Bei dem zweiten Szenario geht es darum, ob sich Temme in dem vorderen Raum befunden haben könnte, als der Mord verübt wurde. Der von uns damals benutzte Datensatz legte nahe, dass dies möglich war, was gleichzeitig bedeutet, dass Temme dem Killer von Angesicht zu Angesicht gegenübergestanden haben muss. Wir fanden später heraus, dass dies nicht der Fall war und dass das einzige, das realistisch war, Szenario 3 war. Das heißt, dass Temme sich im hinteren Raum befand und eingeloggt war, als der Mörder zuschlug. Genau dies ist das Szenario, dem wir bei unserer Untersuchung die größte Aufmerksamkeit geschenkt haben und das drei grundlegende Fragen aufwirft:

Temme behauptet, er habe nichts bemerkt. Er sagte: »Ich habe nichts gehört, ich habe nichts gerochen, ich habe nichts gesehen.« Er sagte sogar: »Für mich ist das überraschend, weil ich mich mit Schusswaffen eigentlich gut auskenne.« Er ist nämlich ein Waffenliebhaber. Schauen wir uns diese Zeugenaussage einmal genauer an. Bei dem Verbrechen, das wir untersuchen, geht nicht notwendigerweise darum, ob er an dem Mord beteiligt war, sondern vielmehr um die Frage, ob er vor Gericht gelogen hat, als er sagte, er habe von alldem nichts mitbekommen. Hatte er also die Straftat eines Meineids begangen?

Wir stellten uns also als Erstes die einfache Frage: Konnte er die Schüsse hören? Für den Mord wurde eine Ceska-83-Pistole mit einem selbstgebastelten Schalldämpfer benutzt. Wir haben mit renommierten Experten für ballistische Waffen zusammengearbeitet, die wir nach Arizona geflogen haben, wo sie auf einem Schießstand diese Waffe sowie drei Waffen gleichen Kalibers abgefeuert haben. Sie haben die Lautstärke gemessen, die diese Waffen verursachten, und haben eine der Waffen mit einem Schalldämpfer versehen und dann abgefeuert und die Geräuschunterdrückung gemessen. Danach erhielten wir also eine ziemlich genaue Tonsignatur der Waffe mit dem Schalldämpfer. Keiner der Schüsse, sogar der mit dem Schalldämpfer abgefeuerte, war mit einer Lautstärke unter 130 Dezibel zu hören.

Anschließend stellten wir in dem 1:1-Modell einen Lautsprecher dort auf, wo sich der Mörder befunden haben musste, und spielten die aufgenommenen Schüsse dort ab. Alle Materialien, die für die Installation verwendet wurden, wurden von herbeigezogenen Akustikexperten geprüft, die sicherstellten, dass alle Akustikkomponenten denen des ursprünglichen Tatorts entsprachen. Dann maßen wir die Tonlevel aus Temmes Perspektive, der am PC2 an der anderen Seite des Cafés saß. Zwischen den beiden Räumen gibt es einen offenen Durchgang, und der Schuss der Waffe erreichte im hinteren Raum eine Stärke zwischen 94 und 99 Dezibel. Der Ton war sehr laut, zum Vergleich: Ein vorbeifahrender Güterzug in 15 Metern Entfernung ist in etwa gleich laut. Wir bestätigten dies mit digitalen Modellen durch die Raytracing-Analyse [ein auf der Aussendung von Strahlen basierender Algorithmus zur Ermittlung der Sichtbarkeit von dreidimensionalen Objekten von einem bestimmten Punkt im Raum aus]. Wir arbeiteten mit den Akustikexperten daran zu erfahren, wie viel von dem Geräusch von dem Raum und der Architektur des Tatorts gedämpft wird, wie die Klangwellen von Oberflächen reflektiert werden und wie die Materialien sie absorbieren und verstärken. Zu guter Letzt erschufen wir ein digitales Modell unserer maßstabsgetreuen Installation und führten dieselben Tests noch einmal durch, um beide Modelle zu untermauern. Dies ist unser Ground-Truth-Modell [Feldvergleich, bezeichnet in der Fernerkundung und Kartografie direkt durch Geländeerkundung am Boden aufgenommene Informationen, die zur Analyse von Fernerkundungsdaten, wie z. B. Luftaufnahmen oder Satellitenbildern, genutzt werden], das unsere digitale Simulation und die 1:1-Installation kalibriert. Wir konnten bestimmen, dass das Geräusch der Waffe für 1/8 Sekunde so laut war wie der Lärm eines Pressluftbohrers, der in Beton bohrt.

Anschließend wendeten wir uns der olfaktorischen Analyse zu. Für diese Geruchsanalyse arbeiteten wir mit einem Experten für Strömungsdynamik vom *Imperial College* in London zusammen. In dem physischen Modell verwendeten wir eine Nebelmaschine, um das Ausmaß an Geruchsstoffen zu visualisieren, die zwei Schüsse mit dieser speziellen Munition produzieren. Wir kopierten Temmes Bewegungen entsprechend seinem Nachstellungsvideo in diese Verteilung von Gasen hinein. Weiterhin führten wir eine digitale Simulation mit unserem Experten für Strömungsdynamik durch, der einen Algorithmus entwarf, der die Bewegung von Partikeln im Raum nachzeichnet. Wir berechneten den Grenzwert der Wahrnehmung von Ammoniakpartikeln, einem der Nebenprodukte beim Abfeuern eines Geschosses. Der Grenzwert der Wahrnehmung ist hier blau markiert.

Es ist interessant, wenn man einem Raum nicht nur aus einem grundsätzlich architektonischen Blickwinkel betrachtet, als den Ort eines Verbrechens, sondern als einen Raum mit einem bestimmten Volumen an Partikeln. Der sensorische Raum wird zu so etwas wie einer Wolke, in der man sich befindet oder eben nicht. Als der Mörder die Tür öffnete und wieder schloss, als er das Café verließ, erzeugte er einen kleinen Wirbel, der die Ammoniakpartikel durchmischte und sie in dem Raum verteilte. Wir versuchten herauszufinden: Hätte Temme diesen Geruch bemerken können? Wir fanden heraus, dass Temme, falls er das Café 20 Sekunden, nachdem der Mörder seine zwei Schüsse abgefeuert hatte, verlassen hat, mitten durch diese Geruchswolke gegangen wäre. Hätte er das Café 20 Sekunden später verlassen, dann könnten wir nichts Genaues sagen, weil wir zu wenig Informationen über die Zusammensetzung der Originalmunition haben. Wir riefen verschiedenen Firmen an, die diese speziellen Kugeln und die Munition für die Kugeln herstellen, aber sie wollten uns keine Auskünfte über die Zusammensetzung geben. Allerdings konnten wir die Ammoniakpartikel als Bestandteile der Munition herausarbeiten, weil sie laut einiger wissenschaftlicher Studien ein Standard-Nebenprodukt von Kugeln dieser Bauart sind.

Das letzte Experiment, das wir durchführten, war ein visuelles Experiment, bei dem wir Temmes Blickwinkel von dem Moment an, an dem er sich aus der Dating-Website ausloggte, bis zu dem Augenblick simulierten, als er das Café verließ – basierend auf seiner eigenen Zeugenaussage. Uns ging es nur darum herauszufinden, ob er, wie er behauptete, die Leiche von Halit übersehen haben könnte. Demzufolge versuchten wir auch herauszubekommen, ob die polizeiliche Untersuchung angemessen gewesen war und ob die Polizei Recht hatte, seiner Zeugenaussage Glauben zu schenken, er habe nichts bemerkt. Wenn man sich Temmes Nachstellung genauer anschaut, bemerkt man, dass er, obwohl er doch nach Halit Ausschau halten müsste, um ihn zu bezahlen, den Blick überhaupt nicht auf die Ladentheke richtet, wo er Halit doch eigentlich finden müsste. Vor allem untersuchten wir den Augenblick, als er eine Münze auf den Tresen

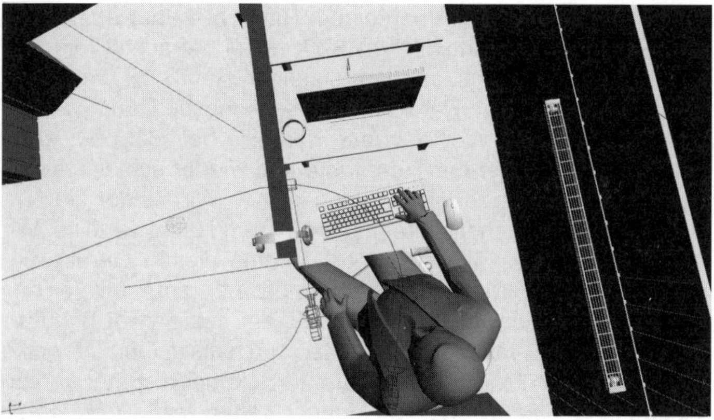

legte, um zu bezahlen, und hinter diesem Tresen liegt der tote Halit.

Wir stellten diese Bewegung mit einem Schauspieler in dem 1:1-Modell nach. Zunächst erzählten wir dem Schauspieler nicht, dass eine Person in Halits Position hinter dem Tresen liegen würde. Der Schauspieler war geschockt, als er jemand hinter der Ladentheke liegen sah. Darüber hinaus testeten wir jede mögliche Körperposition, die Halit eingenommen haben könnte. Halits Vater erzählte uns, wie er seinen Sohn vorgefunden hatte, denn er war schließlich der erste, der den toten jungen Mann gefunden hatte. Wir ließen den Körper allerdings auf verschiedene Weise fallen, um herauszufinden, ob es überhaupt möglich ist, dass Halit so gefallen sein könnte, dass man ihn nicht hätte sehen können, wenn sich jemand über die Ladentheke beugt. Temme ist fast 1,90 Meter groß, und der Tresen war nur 70cm hoch, also war das Ergebnis des Experiments vernichtend: Temme musste Halits Leiche gesehen haben.

Wir führten diese mühsame Arbeit aus, um herauszufinden, ob ein Regierungsbeamter an diesem Verbrechen beteiligt war. In diesem einen Geschäft, diesen 77 Quadratmeter Internet-Café, trafen verschiedene Akteure aufeinander: Ein Neonazi-Killer, ein Mordopfer, ein Mitglied der Polizei und Mitglieder von Immigranten-Communities aus ganz Europa – alle an dem gleichen Ort. Der Tatort wird zu einem Verknüpfungspunkt, durch den wir diese komplexen Verbindungen zu entwirren versuchen und den Staat und sein Versagen kritisieren, seine Bürger zu beschützen.

Ich werde diese Präsentation beenden, indem ich beschreibe, welche Folgen das Projekt in unterschiedlichen Foren nach sich gezogen hat. Wir haben die vorläufigen Ergebnisse zunächst im Rahmen einer Pressekonferenz präsentiert, am 6. April 2017, dem 11. Jahrestag von Halits Tod. Anschließend wurden wir gebeten, unsere vorläufigen Ergebnisse dem Parlamentarischen Untersuchungsausschuss vorzulegen, der zu diesem Fall einberufen worden war. Wir legten unsere Ergebnisse vor, als der Untersuchungsausschuss gerade seine Untersuchung zum Abschluss brachte, also wurden unsere Resultate als Addendum hinzugefügt, das bei einer späteren Überprüfung berücksichtigt werden sollte. Anschließend präsentierten wir unsere Ergebnisse dem Bürgertribunal »NSU-Komplex auflösen!«, das in Köln organisiert wurde. Es handelte sich um eine völlig selbstorganisierte Veranstaltung, die von unterschiedlichen zivilgesellschaftlichen Initiativen ins Leben gerufen worden war, die eine Koalition bildeten. Sie hinterfragten die Morde auf unterschiedliche Weise, indem sie im Besonderen die tief verwurzelte Geschichte des Rassismus untersuchten. Sie waren auch diejenigen, die uns mit unserer Untersuchung beauftragten. Anschließend präsentierten wir das Werk in Form einer Video-Installation während der documenta 14 in Kassel. Dies hatte besondere Bedeutung, dass der Mord war in Kassel verübt worden, und die documenta fand nur wenige Hundert Meter von dem Tatort entfernt statt. So waren wir in der Lage, die ganze Untersuchung wieder an den Ort, wo alles begann, zurückzubringen, und ein großes Publikum anzusprechen. Es ist in der Tat ziemlich schwierig, Leute für ein Thema wie dieses allein durch eine Publikation oder durch eine Art Menschenrechtsbericht zu interessieren, den NGOS für gewöhnlich verfassen. Amnesty International, Human Rights Watch – all diese Organisationen schreiben diese wunderschönen Berichte, und wenn sie sie dann veröffentlichen, verkümmern sie in den Bücherregalen, denn es handelt sich um schwere Lesekost – die einfach nicht genug Menschen lesen. Indem wir unsere Untersuchungsergebnisse während der documenta präsentierten, sorgten wir für eine Präsenz des Werkes im öffentlichen Raum und im Kontext von Kunst. Es zog die Aufmerksamkeit von Tausenden Menschen auf sich, und das wiederum erzeugte politischen Druck. Anschließend veröffentlichen wir auch einen Bericht, der unsere Methodologie analysierte und Danksagungen an das Team und die Experten enthielt, mit denen wir zusammengearbeitet hatten. Darüber hinaus wurden wir eingeladen, die Resultate dem hessischen Untersuchungsausschuss vorzulegen, dementsprechend überreichten wir dem Ausschuss das Video unserer Untersuchung und den Bericht. Am 25. August 2017 wurde unsere Untersuchung dem Untersuchungsausschuss präsentiert, im Beisein von Temme – d. h. er wurde direkt mit diesem Bericht konfrontiert.

Ihm wurde das Video vorgeführt, und er wurde gefragt, was er zu dieser Untersuchung zu sagen habe, die eindeutig beweist, dass er Zeuge des Mordes war. Er sagte: »Nun, das bringt auch keine Erinnerungen zurück. Aber ich bin auf all diesen Filmaufnahmen zu sehen, haben sie das Recht, Bilder von mir zu verwenden?«. Ihm ging es offenbar vor allem um das Urheberrecht.

Am gleichen Tag, an dem der Bericht von der SPD im Beisein von Temme präsentiert wurde, legte die CDU dem Parlamentarischen Untersuchungsausschuss in Hessen einen Gegenbericht zu unserem Gutachten vor. Sie versahen unseren Bericht mit Anmerkungen wie »unberechtigte Anschuldigungen«, »dies ist unklar«, »ungenau« usw. Allerdings war die Kritik der CDU nicht unterschrieben, daher wussten wir nicht, wer dies geschrieben hatte und welche Qualifikation der Autor hatte, um befähigt zu sein, unseren Bericht zu analysieren – einen Bericht, der von einer an einer Universität angesiedelten Forschungsagentur erstellt worden war, die mit zahlreichen anerkannten Experten auf ihrem Gebiet zusammengearbeitet hatte.

Eine politische Partei, die CDU, präsentierte also diesen Gegenbericht und gab keine weiteren Erklärungen ab, keinen Rückhalt für ihre Kritik. Sie versuchten einfach nur, die Arbeit zu diskreditieren. Und nun kam es zu einem wirklich interessanten Moment, dem Moment, an dem das Forschungsprojekt zum Gegenstand einer kritischen Debatte in einem politischen Forum wurde. Ein weiterer Punkt in ihrer Argumentation – abgesehen von den kleinkarierten Bemerkungen an der Sprache des Berichts – war, dass wir eine Künstlergruppe seien, und dass sie demzufolge unsere Untersuchung gar nicht berücksichtigen müssten. Wir antworteten natürlich, indem wir sie auf unsere Referenzen hinwiesen, und fragten zurück, ob wir die Expertise derer sehen könnten, die unseren Report kritisiert und behauptet hatten, die Ereignisse seien ungenau.

Außerdem sagten sie (und das war der für uns nützlichste Teil), dass die Grundlage für einige unserer Ergebnisse ein Datenset sei, dass nicht mehr korrekt sei. Das war nun insofern sehr interessant, da wir mit den geleakten Dokumenten gearbeitet hatten und mit allem, was schon öffentlich zugängig war. Es schien einen zweiten Polizeibericht von einer anderen Polizeieinheit zu geben, der andere Login-Daten enthielt. Es handelte sich um einen Bericht, zu dem nur wenige Leute in der Politik Zugang hatten. Die Zeitangaben waren ein wenig anders. Allerdings bewiesen die neuesten Daten die Tatsache, dass Temme sich im hinteren Teil des Cafés, immer noch eingeloggt, aufgehalten haben muss, als der Mord geschah. Was anhand dieses Hin und Her bei diesem Projekt deutlich wird, ist, dass ein universitäres Forschungsprojekt diesen Backlash, diesen Meinungsaustausch und Dialog erzeugen kann, wenn es in all diesen Foren vertreten ist. Selbst der schmerzliche Moment, als wir zugeben mussten, dass unsere Daten nicht stimmten, war ein für uns nützlicher Moment, denn die Gegenstimme präsentierte uns die Werkzeuge, mit dem wir das Werk überdenken und neu ausrichten konnten. Wir fügten die neuen Daten ein und waren dann in der Lage zurückzuschlagen. Die Frage der Beteiligung Temmes bleibt bestehen. Keines dieser Argumente ändert das Resultat, dass Temme Zeuge eines Neonazi-Mordes war.

Der letzte Kritikpunkt der CDU war der, dass wir »die Psychologie der Wahrnehmung« nicht berücksichtigt hätten. Dies ist auch für uns ein interessanter philosophischer Moment, weil wir alle immer wieder untereinander diskutieren, was Wahrheit wirklich ist. Wir beschäftigen uns immer wieder mit der Konstruktion von Wahrheit und wir problematisieren die Vorstellung, dass jede Art von Beweis so angeordnet sein muss, dass er verstanden werden kann. Andererseits existiert ein eindeutiger Unterschied zwischen Wahrheit und Lüge. Es mag schwierig sein zu sagen, was die Wahrheit ist, aber es ist sehr einfach zu sagen, was eine Lüge ist. Aus diesem Grund beginnen wir unseren Forschungsprozess stets damit, die Unwahrheiten des offiziellen Narrativ zu entlarven.

Wir veröffentlichten einen offenen Brief als Reaktion auf den Gegenbericht der CDU und befassten uns mit dem Argument der »psychologischen Wahrnehmung«. Wir baten um Beweise von Temmes psychologischem Zustand, die belegen, dass er Schüsse, die so laut waren wie diese, nicht bemerkt haben könnte. Über einen bestimmten Level hinaus kann ein Geräusch jemand aus dem Schlaf aufwecken – aus diesem Grund wäre Temme, auch wenn er eingeschlafen sein sollte, von den Schüssen aufgewacht. Wenn die CDU behauptet, Temme hätte das Geräusch der Schüsse aus psychologischen Gründen nicht mitbekommen, dann fordern wir sie auf, Beweise beizubringen, dass Temme psychisch krank war. Dann stellt sich die Frage, warum er weiterbeschäftigt wird, warum er immer noch für den Staat arbeitet – und warum der Staat ihn beschützt? Obwohl dieser Fall beweist, dass er der denkbar schlechteste Geheimagent war! Und trotzdem wird er weiterbeschäftigt. Dementsprechend hat unser letztes Argument etwas mit Inkompetenz zu tun, und wir verlangen nach Rechenschaft für jemanden, den der Staat einsetzt.

Wir spielen ein interessantes Spiel. Manchmal ist es schwierig und mühsam dann wiederum ist rhetorisch und dialektisch. Dieses Beispiel zeigt neben anderen Untersuchungen, die heute präsentiert wurden, Wege auf, wie jeder von uns im Bereich der Politik aktiv werden kann, unabhängig von den Fähigkeiten des

Einzelnen. Es ist nicht so, dass wir über besondere Fähigkeiten verfügen. Es ist ein, aus dem Blickwinkel der Architektur, weit verbreitetes Instrumentarium. Allerdings ist die Wiederaneignung dieser Werkzeuge zum Zwecke eines investigativen Projekts etwas, was unserer Meinung nach ein großes Potenzial hat.

Zum Schluss möchte ich noch einen anderen Neonazi-Fall erwähnen, an dem wir arbeiten. Wir untersuchen im Moment den Mord an Pavlos Fyssas, einem jungen griechischen antifaschistischen Rapper, der von Mitgliedern der neonazistischen Partei Chrysi Avgi [»goldene Morgendämmerung«] in Athen angegriffen und dann hingerichtet wurde. In diesem Fall arbeiten wir direkt mit den Rechtsanwälten der Familie des Opfers zusammen. Das Interessante daran ist, dass durch den Prozess eine ganze politische Partei vor Gericht steht. Chrysi Avgi verfügt über Sitze im Parlament, operiert aber auch als kriminelle Organisation – um dies zu beweisen, gibt es genügend Beweise. Wenn der Prozess belegt, dass sie eine kriminelle Organisation sind, muss Chrysi Avgi das Parlament verlassen. Es handelt sich also um einen wirklich wichtigen Moment, wenn man merkt, dass diese Foren aktiviert werden – sowohl das Forum der Jurisdiktion als auch das der Politik.

Obwohl bekannt war, dass Chrysi Avgi eine rassistische Agenda hat, wäre es im griechischen Parlament nicht zu einer Konfrontation gekommen, wenn dieses Verbrechen nicht geschehen wäre. Im griechischen Parlament kann man nicht gegen Ideologie argumentieren. Man muss gegen Aktionen argumentieren. Obwohl jeder wusste, dass Chrysi Avgi Nazis sind, konnte man nicht gegen eine Ideologie angehen, gegen das, was nach Meinung bestimmter Menschen richtig oder falsch ist. Leider musste es zu einem Mord und einer Reihe an Angriffen kommen, damit der ganze Rechtsmechanismus zu arbeiten begann.

In diesem Fall gehen wir ähnlich vor wie im Fall NSU: Es geht darum, den Moment zu enthüllen, an dem Ideologie und alle Kräfte sich herauskristallisieren. Wir untersuchen die Rolle der Polizei. Wir versuchen das große Ganze zu erfassen, den institutionellen Rassismus und die ganzen infrastrukturellen Netzwerke, die es möglich machen, dass solche Morde begangen werden können. Es waren acht Polizisten anwesend am Tatort, und obwohl sie zugeben, dass sie Zeugen der Tat waren, sagten sie, sie seien zu spät gekommen, sie hätten den Mord nicht verhindern können. Wir wissen, dass die Polizei Sympathien für Chrysi Avgi hegt. Also hinterfragen wir ihre Aussagen. Auch hier fokussieren wir uns auf dieses eine Ereignis, um herauszufinden, was es über die großen Zusammenhänge aussagt.

Und damit komme ich zum Schluss. Vielen Dank.

Markus Miessen (MM): Vielen Dank, Christina. Dies war sehr interessant und ein sehr wichtiger Beitrag und eine anregende Schlussbemerkung hinsichtlich der möglichen praxisbezogenen Herangehensweise an dieses Thema. Wird die Arbeit an dem NSU-Komplex von Eurer Seite fortgesetzt?

Christina Varvia (CV): Immer, wenn die Möglichkeit besteht, versuchen wir, ein Projekt voran zu treiben. In dem offenen Brief, den wir veröffentlicht haben, baten wir darum, vom hessischen Parlamentarischen Untersuchungsausschuss eingeladen zu werden, damit wir das Thema forcieren können. Schließlich kam Kritik an unserem Bericht aus diesen Reihen, und wir würden gerne im selben Forum darüber diskutieren. Das ist das, was im Moment passiert. Wir warten nur auf den nächsten Moment, an dem wir etwas Druck ausüben können.

MM: Gibt es Fragen aus dem Publikum?

Frage 1: Was sind Ihrer Meinung nach die Nachteile, wenn man als Künstlergruppe auf diese Weise arbeitet und Themen wie Politik anspricht?

CV: Das ist eine interessante Frage. Wir sind keine Künstlergruppe per se. Wir sind eine Forschungs- und Recherchegruppe, aber wir haben Künstler als Mitglieder in unserer Gruppe, die

Untersuchungen durchführen. Wir freuen uns über ihre Beteiligung an dem Projekt. Wenn man bedenkt, wie die Umwelt Informationen registriert, dann sind ästhetisch denkende und handelnde Personen am besten geeignet für diese Arbeit. Das einfachste Beispiel kommt aus dem Bereich des Films: Wenn Informationen zwischen den Einzelbildern eines Films fehlen, dann weiß ein Filmemacher, dass ein Film ungefähr 25 Einzelbilder pro Sekunde hat. Es können weniger sein, es können aber auch bis zu 60 sein. Wenn eine Pistolenkugel schneller ist, kann es sein, dass man sie nicht sieht, oder sie ist vielleicht nur auf einem Einzelbild zu sehen. Auf diese Weise kann man das Verhältnis von Zeit und dem Medium verstehen, das das Ereignis aufgenommen hat. Wir betrachten das Repertoire an Fähigkeiten als einen Ausgangspunkt, und wir versuchen herauszubekommen, wie jeder auf seine Weise zu einem Experten werden kann, auch diejenigen, die Wissen verkörpern. Im Fall NSU wussten die Familien der Opfer lange vor dem Staat, dass es sich um eine Serie rassistischer Morde handelte, weil sie eine Betrachtungsweise des Kontextes hatten, die sich von der der Polizei unterschied. Wir betrachten jeden für sich als Experten, und wir verteidigen unser Recht, für die Wahrheit bei Ereignissen auch zu streiten. Der Nachteil ist, das habe ich ja erzählt, dass wir möglicherweise als Künstlergruppe abgetan werden. Aber dann ist der Punkt gekommen, all jene Fälle aufzuzählen, an denen wir gearbeitet haben, und zu erwähnen, dass sie vor den UN und verschiedenen Zivilgerichten verhandelt und von unterschiedlichen Rechtsanwälten verwendet wurden. Ich denke, dass die Glaubwürdigkeit auch immer von bestimmten Beispielen und Präzedenzfällen abhängt.

Frage 2: Vielen Dank für die sehr interessante Präsentation. Ich denke, dass die Legitimität einer Künstler- oder Forschergruppe zum Teil auch auf der institutionellen Verankerung beruht – dass man sagen kann, man ist eine Forschergruppe an einer Universität, legitimiert einen eher, als wenn man ein allein arbeitender Künstler wäre.

Dies führt zu dem Punkt, dass die Produktion von Wahrheit und Wissen oftmals in einem größeren institutionellen Rahmen vonstattengeht, während andere Gruppen ignoriert werden. Daher ist es ziemlich interessant, diese Aspekte zu berücksichtigen, da sie ebenfalls politisch sind. Ich glaube, Sie wären nicht so weit gekommen, wenn Sie eine unabhängig arbeitende Künstlerin wären. Das heißt, Sie sind von der Universität abhängig.

CV: Sie haben zwar zum Teil Recht mit Ihrem Kommentar, aber es gibt erfolgreiche Beispiele von unterschiedlichen Taktiken, die von Menschen angewandt wurden, die keiner formalen Institution angehören. Vielleicht gibt es ihnen größere Freiheiten. Viele Künstler haben Ressourcen und unterschiedliche Möglichkeiten zu investigativem Journalismus oder auf Recherche basierendem Kunstschaffen, zu unmittelbar politischer Arbeit, bei der die Grenze zwischen Kunst und Aktion verwischt ist.

Frage 2 (Fortsetzung): Die Frage ist, in welchem Bereich man vorgehen kann. Es ist eine interessante Diskussion: Man kann auf dem Gebiet der Medien aktiv werden, aber wenn man direkt vor Gericht geht, gewinnt die Frage nach dem institutionellen Kontext an Bedeutung. Die Medien übernehmen in vielen Fällen heute das Gerichtssystem, was problematisch ist.

CV: Wir hätten die gleiche Arbeit durchführen können, ohne an einer Universität beheimatet zu sein, aber vielleicht wäre sie auf eine andere Art wahrgenommen worden.

Frage 3: Sie erwähnten, dass Sie kritisiert worden seien, weil Sie die »psychologischen Aspekte« der Wahrnehmung nicht berücksichtigt hätten. Meiner Meinung nach ist das lächerlich! Ich bin ein Wahrnehmungspsychologe. Das Hören selbst ist auch eine Art Ereignis, über eine bestimmte Schwelle, und Geruch – das Sehen ist eine Ausnahme, man weiß nicht, wohin er blickte – aber man kann seine Ohren nicht schließen und seine Nase auch nicht. Besonders jemand, der den Geruch von Schießpulver kennt. Es ist lächerlich.

CV: Absolut.

Frage 3 (Fortsetzung): All Ihre Nachforschungen geschehen mit einer zeitlichen Verzögerung – sie erfolgen stets nach dem Ereignis, soweit ich weiß. Gibt es in diesem Kontext von Untersuchungen auch so etwas wie eine Möglichkeit proaktiver Forensik?

CV: Das ist eine ziemlich knifflige Frage, genau wie man wahrscheinlich vorhersagende Forensik durch die Polizei als problematisch betrachten würde. Dann landet man schon bald bei der CIA, die eine Liste mit potenziellen Terroristen besitzt und die diese strafrechtlich verfolgt, bevor überhaupt ein Verbrechen begangen wurde. Es gibt einen Augenblick, in dem man innehalten muss und sich sagt, okay, sollte man jemanden im Zweifelsfall nicht eher für unschuldig erklären? Meiner Meinung nach kann man jemand nicht strafrechtlich verfolgen, bevor er ein Verbrechen verübt hat.

Nach Möglichkeit sollte die Untersuchung kurz nach dem Ereignis durchgeführt werden, so wie es bei unserer Arbeit in Syrien der Fall war. Dort hatten die USA eine Moschee bombardiert, doch das Pentagon stritt ab, dass es sich um eine Moschee handelte. Für uns war es eine leichte Übung, zu prüfen, ob es ein religiöses Gebäude war oder nicht. Die Frage war: Wie schnell können wir die Aufgabe erledigen? Wir brauchten nur 2 Wochen. Wir analysierten das Gebäude anhand der Bilder, die das Pentagon von dem Bombenangriff veröffentlicht hatte. Es handelte sich um Aufnahmen einer Drohne, und wir stellten einen Querverweis zu Bildern des Gebäudes her, bevor es getroffen wurde, um zu beweisen, dass es sich tatsächlich um ein religiöses Gebäude handelte. Wir kombinierten dies mit Zeugenaussagen, und schließlich musste das Pentagon die Tatsache akzeptieren, dass sie in der Tat ein religiöses Gebäude anvisiert hatten. Diese Untersuchung geschah nicht vor dem Ereignis, das ist richtig, aber in Anbetracht der zurzeit laufenden aktiven Operationen in Syrien, kann unsere Arbeit die Angriffe überwachen, kurz nachdem sie geschehen. Und so können wir die Politik beeinflussen, und indirekt auch die von ihr inszenierten Angriffe. Es gibt Gruppen wie AirWars, die keine Architekten sind, sondern Journalisten. Sie überwachen Luftangriffe der Russen und der von den USA angeführten Koalition in Syrien und dem Irak. Allein durch das Zählen von zivilen Opfern und der Veröffentlichung von Berichten überwachen sie diese Angriffe und stehen in ständigem Kontakt mit diesen Großmächten, die sich an den Operationen in Syrien und dem Irak beteiligen. Sobald die Zahl der Opfer eine neue Spitze erreicht, machen sie darauf aufmerksam, und dann muss eine Reaktion der Großmächte kommen. Es ist die Rolle eines Wachhundes, immer vor Ort sein, überwachen, registrieren und berichten – darin besteht für uns die Möglichkeit, am nächsten an der Sache dran zu sein, gerade, wenn sie sich entwickelt. Versuchen, sie zu verhindern.

Frage 4: *Sie* beobachten *sie.* Hat es Sie beeinflusst, wenn sie beginnen, Sie zu beobachten? Als Forscherin? Wie wirkt sich das auf Ihren Beruf aus?

CV: Alles, was wir tun, geschieht in der Öffentlichkeit. Wir sind immer noch relativ klein, wir sind kein wirkliches Ziel für Sabotage oder Manipulation. Das heißt nicht, dass wir naiv sind. Wir wissen, dass wir vermutlich überwacht werden, und sie wissen sowieso alles, was wir tun. Beantwortet das Ihre Frage?

Hannes Grassegger (HG): Haben Sie gefragt, ob die Aktionen von *Forensic Architecture* die Handlungsweise der deutschen Polizei, die den Fall untersucht, verändert hat, weil sie diese Aktionen der Forscher antizipiert?

Frage 4 (Fortsetzung): Nein. Ich frage Sie nach Ihrer Entwicklung als Künstlerin. Es ist wirklich beängstigend, Sie habe ja auch von Einschüchterungen gesprochen.

MM: Das ist eine wirklich wichtige Frage, die für alle hier vorgestellten Vorgehensweisen gilt. Haben Sie das Gefühl, durch diese spezielle Art von Arbeit zu einem Ziel zu werden?

CV: Das Gefühl hatte ich bisher noch nicht, aber ich bin sicher, dass es vielleicht bald kommt. Ich glaube, dass die Distanz hilfreich für uns ist, da wir ja von London aus operieren. Der NSU-Fall in Deutschland war die erste Untersuchung, die wir in Europa durchgeführt haben. Das heißt: Bisher war da stets eine Distanz. Wir waren Opfer von Trollen und bestimmter Kritik ausgesetzt, aber nicht bis zu dem Punkt, an dem wir uns bedroht fühlten.

MM: Eine andere, die ich Ihnen allen stellen will, ist die Frage des Mandats. Es scheint zunächst ganz eindeutig zu sein – wenn ich zum Beispiel an Dich denke, Hannes: Dein Hintergrund ist die Wirtschaftswissenschaft, aber dann hast du dich entschlossen, Journalist zu werden. Da ist der Hannes, der bei einer Zeitschrift angestellt ist, und da ist der andere Hannes, der sich mit anderen selbstinitiierten Projekten befasst.

HG: Ich denke, die Frage nach der Gefahr ist im Moment die wichtigste Frage für den Journalismus, und sie ist kompliziert. Ich habe über Todesdrohungen gelacht, sie so etwas wie eine kleine Ehrbezeugung für meine Arbeit, ernst nehmen kann man sie allerdings nicht. Wenn mich jemand wirklich umbringen will, dann kann er auch. Die Zeiten haben sich grundlegend geändert, denn man kann jemand im Prinzip töten, indem man Informationen als Waffe nutzt. Man kann jemand buchstäblich digital terrorisieren, ja, man kann sogar jemand in den Wahnsinn treiben. Indem man alle möglichen Strategien verwendet, und dies geschieht wirklich. Mit dem Zerfall der Institutionen geht auch die strukturelle Unterstützung verloren. Man wird mit einer Kombination aus Falschinformationen und Terrorisierung über das Internet angegriffen, und manchmal sogar mit der Androhung von Gewalt. Manche Menschen fühlen sich berufen zu handeln, das auszuführen, worüber sie etwas gelesen haben.

Wir leben in einer Zeit des Informationskrieges. Das Problem ist, dass »Medien« im Grunde aus Menschen wie mir bestehen. Letztlich gibt es niemand, der einen vor Schaden bewahren kann. Das wird zu einem Problem, sobald man sich mit den Mächtigen anlegt. Es ist nicht so, dass mein Chefredakteur kommen würde und den Trollen sagen würde, sie sollten sich verziehen. Dies ist im Moment tatsächlich eine der wichtigsten Fragen im Journalismus. Wenn man sich dem Ganzen stellen will – die Typen, die einen bedrohen, wissen, dass all diese Zeitungen und Zeitschriften vermutlich innerhalb der nächsten fünf Jahre eingestellt werden. Sie werden nicht in der Lage sein, jemanden beschützen zu können. Also ist man im Prinzip allein.

MM: Ja, das stimmt. Allerdings zeigt eine Veranstaltung wie diese, dass man nicht allein ist. Es besteht ein großes Interesse an diesen Themen, an dieser Arbeit und an den speziellen, unterschiedlichen Herangehensweisen.

Vielen Dank an alle, die an dieser Veranstaltung teilgenommen haben und den ganzen Tag über interessante Gesprächspartner waren.

Template-Kultur: Parameter politischer Design-Themes für das Internet

Konrad Renner

Das *World Wide Web* ist eine Maßanfertigung: Es hat die Wünsche und Bedürfnisse seiner Gatekeeper übernommen. Verstärkt durch den technischen Status quo, hat das freie, anti-autoritäre Netzwerk, das einst von Wissenschaftlern und dem US-amerikanischen Militär errichtet worden war, mit der Zeit visuelle Standards entwickelt. Auf Tasten und Feldern, auf sich wiederholenden visuellen Mustern: <header><nav><main><footer>.

Folglich ist das visuelle Interface des Internets in Form von Templates gestaltet, die in designte und parametrische Interfaces für CMSe[41] wie *Wordpress*, *Drupal* und *Typo3* umgewandelt werden. Diese digitalen Templates können unabhängig vom Content angelegt werden und ermöglichen es dem User, etwas auf einfache Weise auf Websites zu veröffentlichen. Es werden weder Programmierkenntnisse noch komplexe grafische Entscheidungen benötigt: Templates bieten auf den User zugeschnittene Resultate mit einem programmierten Radius, eine Manifestation der visuellen Verbindung zwischen Back-End und Front-End, zwischen Sendern und Empfängern.

Populäre Content-Management-Systeme werden von einer großen Open-Source-Community entwickelt und betrieben. Ungefähr 25% aller Websites weltweit verwenden *Wordpress*, das ursprünglich als Blog-Tool gedacht war, das aber mittlerweile einen potenziellen Markt für ca. 250.000.000 Plugins und Themes ausmacht, mit kommerziellen Anbietern für Erweiterungen, verbesserten Features und zusätzlichen visuellen Templates. Diese werden auf großen Plattformen wie www.themeforest.net zum Download angeboten und können mit Hilfe von technischen

41 CMS: Content Management System, Software für Verfasser von Texten, mit denen Content online veröffentlicht und redigiert werden kann.

Parametern oder Suchbegriffen wie *Bildung, Hochzeit* oder *Politik* gefunden werden.

Die Verwendung von auf Templates beruhenden Websites erfuhr im Zuge der US-Wahlen im Jahr 2016 einen beispiellosen Zuwachs, als eine große Palette an »politischen« Themen für unterschiedliche Parteien und Positionen auftauchten. Ein Sheriff aus Tennessee oder ein Kandidat für den US-Senat konnten das gleiche Website-Template für den gleichen Online-Pool nutzen, mit Kosten zwischen $30 und $59 für die unbegrenzte Verwendung des Designs. Solche Vorlagen, die zum Verkauf und zum Download angeboten und vertrieben werden, befinden sich meistens im Besitz von Firmen aus Indonesien (Theme Warrior) und Bangladesch (Trendy Theme, HasTech, Codeboxr). Die Provider sind nicht ausschließlich Spezialisten für politische Plattformen, sondern erschaffen generische visuelle Interfaces, die aus sich wiederholenden Modulen wie Slideshows, Feeds und Text-Bild-Kombinationen bestehen. Nur die visuelle Sprache selbst verändert sich: Farben, Größen und visuelle Stereotypen werden an entsprechende Themen angepasst und unter anderen Bezeichnungen angeboten. Platzhalter-Texte sind ebenfalls anpassbar an den Content: »Begib dich vom Spielfeldrand mitten ins Geschehen! Sei Teil einer Bewegung und nimm daran teil, eine bessere Zukunft für unser Land aufzubauen! Schließe dich dieser historischen Kampagne an und steh für Werte ein, die ein Land groß machen. Mach du den Unterschied aus.«[42]

Die linguistische Adaption von allseits bekannten populär-patriotischen Statements geht Hand in Hand mit der visuellen Sprache. Templates wie *Elections*, *Senate* und *Frontrunner* sind von einer heroischen Bildsprache dominiert, flankiert von flatternden Nationalflaggen und länderspezifischer Heraldik. Porträts von Einzelpersonen vor verschwommenen Hintergrund suggerieren einen direkten Kontakt zu den Kandidaten – einen ungefilterten Blick. Farbpaletten sind reduziert auf die jeweiligen Natio-

---

42 tbdemos.org/?theme=Campaign.

nal- oder Parteifarben und überbetont dargestellter kultureller Zugehörigkeit. Das verwendete typografische System greift auf bekannte traditionelle Typefaces zurück und ist auf Kernaussagen in der Kürze und Prägnanz von Tweets reduziert. Soziale Kanäle sind als Module eingebettet und ihrer ursprünglichen visuellen Identität beraubt. Kleine Animationen von Statistiken und Daten verbinden den technischen Status quo[43] und die vernetzte Aktion: *Wir sind viele! Sei Teil dieser (virtuellen) Bewegung!*

Vor allem aber bieten solche Website-Templates verschiedene Funktionen, die eine direktere, privatere Kommunikation zwischen Sendern und Empfängern ermöglichen sollen. Das Template *Frontrunner* verwendet seine Module, um sicherzustellen, dass erstmalige Besucher der Website direkt zum Newsletter-Abo weitergeleitet werden, bevor sie auch nur den Content erreichen. Die Website der deutschen national-konservativen Politikerin Beatrix von Storch bietet zwölf Optionen auf den allerersten Pixeln ihrer persönlichen Website (mit dem *Campaign*-Theme von *Wordpress*), um mit ihr auf anderen Kanälen in Verbindung zu treten. Andere Partizipationsoptionen sind: »Lerne unser Team kennen«, »Event Management« und verschiedene Möglichkeiten zu spenden. All dies bedient das elementare Bedürfnis, Besucher der Seite direkt, sofort und persönlich mit politischen Akteuren in Kontakt zu bringen. Persönliche Portfolios und Kampagne-Websites bieten nur einen ersten Ansatzpunkt für Kontakte, einen zentralen Netzknoten für Google und andere interessierte Parteien. Besucher werden daher schnell zu nichtöffentlichen, persönlichen Kommunikationskanälen weitergeleitet. Auf diese Weise können sie durch geschlossene Facebook-

---

43 Früher wurden Animationen mit *Adobe Flash* als gerenderte Filme erstellt, die mit dem User-Input interagieren konnten. Heutzutage ermöglichen es Code-Bibliotheken wie *jQuery*, Animationen und Interaktionen zu kreieren, die direkt mit Live-Daten verbunden sind und in einem Webbrowser gerendert werden. In diesen billigen politischen Templates sind sie jedoch lediglich Symbole für *zeitgemäßes* Webdesign ohne weitergehende technische Funktionen.

Politic.

CAMPAIGN

CANDIDATE 2016

USED BY POLITICAL CANDIDATES WORLDWIDE

STATE ELECTIONS CALIFORNIA

BATTLEGROUND

CANDIDATES

POLITICAL WORDPRESS THEME

Pölitist

DEMOCRACY

Candidate

RightWay

PoliticalPress

POLITICIZE

ULTIMATE WORDPRESS THEME

ELECTION

FRONTRUNNER

POLITICAL WORDPRESS THEME

ELVOTICS

NOMINEE

VOTE CANDIDATE

The Political

AGENDA

LIBERTY

POLITICA

WORDPRESS THEME

ELECTIONS

POLITICAL

WeStand

MCKINNEY'S POLITICS

BE THE CHANGE

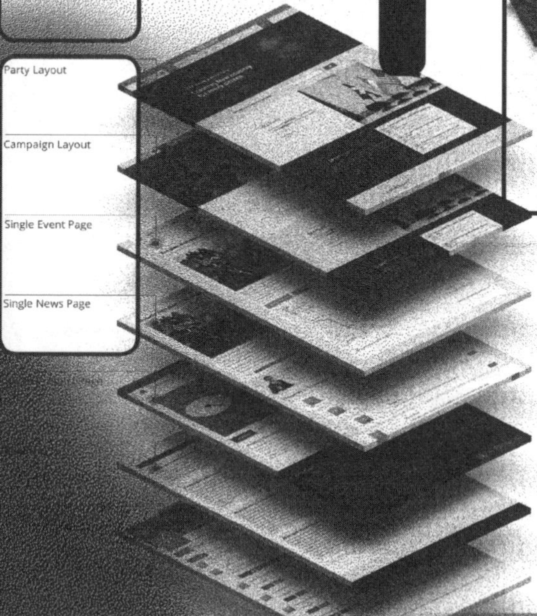

A POLITICAL SITE FOR EVERY...

CANDIDATE, SUPER PAC, POLITICAL PARTY, ORGANIZATION, CAMPAIGN OR GROUP

True Values Never Fade
VOTE
Hey! We are National Party
Creating New country for every citizen
WE WILL MAKE HISTORY TOGETHER.
Ideological Leader For Youth Generation
Our Progress
VOTE

Gruppen und private Accounts direkt an einer politischen Bewegung partizipieren. Dies ermöglicht die Zunahme eines gefährlichen Trends, dessen Auswirkungen in der populistischen Politik von Trump bis zur AfD deutlich wird: Identifikation durch Partizipation.[44]

Dennoch: Trotz ihrer inhärenten Rigidität erzeugt die visuelle Kultur von Templates eine verschwommene Unschärfe. Klare Zuordnungen zu politischen Parteien, Personen und Organisationen werden vermieden, weil andernfalls die universelle Applikation nicht mehr möglich wäre und der wirtschaftliche Aufwand beträchtlich steigen würde. Hinsichtlich visueller Sprache und Content sind solche Seiten stets äußerst durchdacht. Generische Website-Designs haben Vorrang auf Seiten der Provider, weil sie inhärent sind für die Recyclingkette von Design-Templates. Sie sollen profitabel arbeiten, Selektionen einschränken und die Dinge einfacher und weniger komplex machen – für Provider, Designer und User. Radikale Positionen maskieren sich auf diese Weise als normales Internet. Auf den ersten Blick sind die Websites von rechten und rechtsextremen Gruppen visuell nicht von denen anderer Parteien oder irgendeinem innovativen IT-Start-up zu unterscheiden. Sie alle verwenden dieselben leicht zugänglichen Pools, entweder bewusst oder einfach aus wirtschaftlichen Gründen.[45]

Das visuelle Verflachen der Digital-Kultur durch Templates und vorgefertigte ästhetische Lösungen impliziert Langeweile und eine zunehmende Lethargie. Dies bedeutet, dass das Grafik-Design signifikante Unterschiede wieder deutlich machen sollte. Politische Gegensätze sollten greifbar, lesbar und für ein größtmögliches Publikum zugänglich sein, um rechte Propaganda und Hassrede innerhalb des visuellen Mainstreams zu demaskieren.

---

44 Schmidt, Klaus, »Identifikation durch Partizipation«, FAZ, 5. Jan. 2004.

45 Kundenspezifische, von Grund auf implementierte Websites würden vermutlich ungefähr $5.000 und mehr kosten.

Sich den Terror ausmalen: Propagandakunst von heute

Jonas Staal

1. Propaganda des Krieges gegen den Terror

Der mittlerweile 17 Jahre andauernde Krieg gegen den Terror hat nie dagewesene Auswirkungen auf die gegenwärtigen globalen Verhältnisse nach sich gezogen. Dies ist zum Teil das Resultat von etwas, was ich als den »erweiterten Staat« bezeichne: das Verschmelzen von öffentlichen und privaten Infrastrukturen, von staatlichen Einrichtungen und Unternehmensorganisationen, die weitgehend außerhalb der demokratischen Kontrolle operieren.[46]

Der erweiterte Staat hat es privaten Militärunternehmen ermöglicht, die öffentliche Außenpolitik zu beeinflussen. Er hat es zugelassen, dass eine neue Art Kriegsgefangenenlager entsteht (wie Guantanamo Bay), in dem die Rechtsstaatlichkeit von einer paranoiden Militärordnung ersetzt worden ist. Er hat sogar etwas gebilligt, was Jeremy Scahill und Glenn Greenwald als »Tod durch Metadaten« bezeichnet haben: die Möglichkeit, durch einen Drohnenangriff getötet zu werden, nur weil das Smartphone oder die Internetnutzung darauf hindeutet, dass man eventuell indirekten Kontakt zu einem Terrorverdächtigen hat.[47]

Terror beginnt meiner Meinung nach in dem Moment, wenn sich Regierungssysteme in einen Bereich außerhalb von Kon-

---

46 Laut dem Künstler und Geografen Trevor Paglen besteht die Komplexität der Kartierung des erweiterten Staates im Krieg gegen den Terror darin, dass dessen Infrastrukturen per definitionem als »geheime Geografie« betrachtet werden, die nicht nur vom Staat verborgen werden, sondern »die so angelegt sind, dass sie außerhalb der Legalität existieren«. Trevor Paglen: *Blank Spots on the Map: The Dark Geography of the Pentagon's Secret World*, London 2010, S. 140.

47 Jeremy Scahill und Glenn Greenwald, »The NSA's Secret Role in the U.S. Assassination Program«, in: *The Intercept*, 10. Februar 2014, firstlook.org/theintercept/article/2014/02/10/the-nsas-secret-role/.

trollinstanzen begeben, außerhalb von jeglicher Form rechtlicher und demokratischer Kontrolle. Dies ist der »Terror« des Kriegs gegen den Terror. Warum ist es dem Krieg gegen den Terror gelungen, eine so ungeheuer große politische, wirtschaftliche und juristische Macht über unser aller Leben zu erlangen? Wann hat er diese Macht für sich in Anspruch genommen, bzw. wann haben wir Bürger ihm diese Macht einfach ausgehändigt?

In seinem Buch *Theater of Operations* behauptet der Anthropologe und Sozialwissenschaftler Joseph Masco, dass man sich, wenn man den Krieg gegen den Terror verstehen will, das Erbe des Kalten Krieges genau anschauen muss, das er wie folgt beschreibt:

> Im Weißen Haus wurde die Angst vor nuklearer Zerstörung sofort nicht nur als Grundlage amerikanischer Militärmacht verstanden, sondern auch als ein Mittel, eine neue normative Realität in den USA einzurichten, die die politische Macht auf Bundesebene konsolidieren konnte, indem sie bis tief in das Leben der Bürger hineinreichte. [...] Indem sie die Aufmerksamkeit der Amerikaner auf das bevorstehende Ende des Nationalstaats lenkten, mobilisierten die Bundesbehörden die Bombe, um den Kalter-Krieg-Konsensus von Antikommunismus, Kapitalismus und militärischer Expansion zu erzeugen.[48]

Masco hebt die Bedeutung von Angst auf kollektiver landesweiter Ebene hervor. Angst hat eine politische und eine affektive Funktion, denn sie ermöglicht es Machtregimen, die Idee einer Gemeinschaft oder einer Nation zu formen, die vereint ist angesichts einer gemeinsamen Bedrohung, über völlig unterschiedli-

---

48 Joseph Masco, *The Theater of Operations*, Durham NC, London 2014, S. 48. Die Auswirkungen auf die physische, psychologische, politische, ökonomische, technologische, ökologische und letztlich auch geografische Landschaft des Kalten Krieges wird im Detail diskutiert in Mascos Buch *The Nuclear Borderlands: The Manhattan Project in Post-Cold War New Mexico*, Princeton, Woodstock, 2006.

che Gruppen und Klassen hinweg. Angst ist auch das, was uns dazu bringt, unsere Handlungsmacht unserer Regierung auszuhändigen: Das ständige Bild der bevorstehenden Selbstzerstörung unserer Familien, Freunde und Gemeinschaften durch eine nukleare Bedrohung oder Terroraktionen paralysiert unsere Fähigkeit zu kritischer Prüfung. Sie ruft das Gefühl hervor, wir müssten sofort handeln, ohne genau zu wissen, gegen wen bzw. für wen wir denn eigentlich kämpfen.

Das Herbeiführen dieser Kultur der Angst ist eminent wichtig für die Errichtung einer normativen Realität, in der Bürger die Vorgehensweise ihrer Regierung gegen einen vermeintlichen Feind akzeptieren, ohne dies zu hinterfragen. Dieser Prozess ist letztlich das, was der Kapitalismus- und Globalisierungskritiker Noam Chomsky und der Medientheoretiker Edward Herman Ende der 1980er Jahre als Mechanismen moderner Propaganda bezeichneten, die fiktionale Bedrohungen einsetzt, um Machtmonopole im Bereich von Staat und Unternehmensorganisationen zu vergrößern.[49] Im Grunde genommen akzeptieren, dass wir *nicht länger Bürger* sind, sondern zu einer Art »Bürgerwehr« gegen vermeintliche Bedrohungen geworden sind – zunächst im Kalten Krieg, und nun im Krieg gegen den Terror, zum Wohle der Aktionäre von Angst und Krieg. Allerdings hat ein Krieg gegen fiktive Feinde, die einst wie das Regime von Saddam Hussein oder die Taliban vermeintlich Alliierte des Westens waren, zu tatsächlichen Feinden in Form von Al-Qaida und dem Islamischen Staat geführt.

2. Propagandakunst des Krieges gegen den Terror

Damit eine fiktionale Bedrohung Realität wird, muss man sich diese Bedrohung vorstellen und sie bis zu dem Punkt visualisieren, an dem sie Realität wird. Kunst und Kultur sind unverzichtbare Mittel, um aus einem fiktionalisierten Krieg einen echten zu

---

49 Noam Chomsky und Edward S. Herman, *Manufacturing Consent: The Political Economy of the Mass Media*, New York 1988.

machen. In dieser Hinsicht war der Film schon immer ein maßgebliches Mittel. Im Kontext des Kinos in der Ära des Kalten Krieges kommen einem Zeichentrickfilme wie *Duck and Cover [Ducken und Schützen]* (1951) oder der Fernsehfilm *The Day After [Der Tag danach]* (1983) in den Sinn. Durch das Kino des Kalten Krieges wurden Bürger dazu aufgefordert, Zeuge ihrer eigenen Zerstörung als auch der bevorstehenden Zerstörung des amerikanischen Traums zu werden – der Vernichtung ihrer Konsum-Utopie und der gesellschaftlichen Ordnung, die sie repräsentiert. Interessant an diesen Filmen ist, dass Frauen im Augenblick des Angriffs für gewöhnlich Pflegedienste ausführen, während Männer stets für das wirtschaftliche Wohlergehen ihrer Familien arbeiten. Das Bild von Zerstörung sollte gleichzeitig jedoch die Ordnung untermauern: So sollte das Leben sein.

Film und Fernsehen sind eminent wichtige Mittel, um das Bild einer bevorstehenden Bedrohung zu verankern und die ständige Angst und Instabilität zu kultivieren, die uns dazu bringt, freiwillig unsere politische Handlungsmacht an eine herrschende Ordnung abzutreten. Augenzeugen der Angriffe vom 11. September auf die Twin Towers erlebten einen ungeheuren, schrecklichen Schock; Zeugen, die nicht unmittelbar vor Ort waren, erlebten den gleichen Horror in mehrfacher Wiederholung auf dem Fernsehschirm, mit dem merkwürdigen Gefühl, dies alles sei schon einmal passiert. Hatten wir nicht bereits im Kino in hoher Bildauflösung den Zusammenbruch unserer politischen Ordnung in Form von Kometen in *Armageddon* und *Deep Impact* oder sowjetischen Atomangriffen, Aliens, Vulkanen und Tsunamis erlebt? Der Zwiespalt, den das Fernsehpublikum durchlebte, bestand darin, dass der fiktive Angriff in gewisser Hinsicht an die Stelle des tatsächlichen Angriffs getreten war: Der echte Terrorismus war nur noch eine Fußnote der zahllosen Stunden kinematografischer Zerstörung, die die Zuschauer bereits verinnerlicht hatten.[50]

---

50 Für eine weitergehende Analyse der Schnittstelle von vermeintlichem und tatsächlichem Terror vgl. Terence McSweeney, *The ›War on Terror‹ and American Film: 9/11 Frames Per Second*, Edinburgh 2016.

Anstatt nach dem 11. September das Ausmaß an filmischer Apokalypse zu reduzieren, hat die Darstellung unserer eigenen Zerstörung mittlerweile einen planetarischen Maßstab erreicht. Der 11. September war ein Kinderspiel im Vergleich zu hochauflösenden Katastrophenfilmen wie Roland Emmerichs *2012* (2009) oder Zack Snyders Superman-Film *Man of Steel* (2013) – wobei Letzterer durch das Pentagon Liaison Film Office in Los Angeles mit Militärgütern finanziell unterstützt wurde. Im Gegensatz dazu wirkten vor dem 11. September produzierte Katastrophenfilme wie *Deep Impact* und *Armageddon* schon beinahe wie Normalität.[51]

Die Propagandakunst des Krieges gegen den Terror dient daher dazu, den Krieg gegen den Terror selbst als etwas Normales darzustellen. Verglichen mit dem planetarischen Ausmaß der spektakulären Katastrophenfilme wirkt der Krieg gegen den Terror wie ein eher bescheidenes, begrenztes und beinahe rationales Unterfangen. Allerdings kann man bereits auf eine lange Geschichte von Theateraufführungen und Performances zurückblicken, in denen Bürger nicht nur Zeuge ihrer eigenen Zerstörung werden, sondern diese sogar proben, als Vorbereitung darauf, die Frontlinie der Zivilverteidigung zu werden.

Man denke nur an die im Kalten Krieg exerzierten zahlreichen Probeläufe fiktionaler Atomexplosionen, Evakuierungen ganzer Städte und sogenannte Duck-and-Cover-Übungen, wie das 1955 vom Staat entwickelte Szenario namens »Operation Alert« [»Operation Alarmbereitschaft«].

Hintergrund dieser landesweiten Übung war ein Planspiel, bei dem 60 Städten von zahlreichen Atom- und Wasserstoffbomben getroffen wurden, was zum sofortigen Tod von über acht Millionen Menschen und zu weiteren acht Millionen Strahlenopfern führte. »Operation Alert« ging weit über alles hinaus, was sich progressive Theaterautoren und Regisseure wie Antonin Artaud, Bertolt Brecht oder Augusto Boal ausgedacht hatten, deren Wer-

---

51 Nähere Informationen zur Arbeit des Pentagon Liaison Film Office vgl. David L. Robb, *Operation Hollywood: How the Pentagon Shapes and Censors the Movies*, Amherst 2004.

ke die Beziehung zwischen Schauspieler und Zuschauern hinterfragten. Die Übung verwandelte 60 Städte in eine Theaterbühne und ihre Bewohner in Schauspieler und hinterfragte dabei nicht nur die Inszenierung von Realität, sondern erschuf eine ganz neue Wirklichkeit durch ein spektakuläres Massentheater.

Die Propagandakunst des Krieges gegen den Terror hat die Strategien weiterentwickelt und perfektioniert, bei denen Bürger ihre eigene Zerstörung und ihr Überleben aufführen. Ein Beispiel hierfür sind die heute alle zwei Jahre stattfindenden Massentheaterspektakel TOPOFF (Top Officials), bei denen fiktionale Angriffsszenarios durchgespielt werden, mit vermeintlichen Massenvernichtungswaffen, die von Terroristen verwendet werden. Am TOPOFF-2-Spektakel, das 2003 stattfand, waren z. B. in Seattle 8.000 Mitwirkende beteiligt.[52]

Die Theatertheoretikerin Michelle beobachtete das TOPOFF2-Spektakel aus nächster Nähe und fragte sich, wer denn nun eigentlich das Publikum in diesem bizarren spektakulären Theater ist: »Die virtuellen Bürger von Seattle? Die Regierungsbeamten als Akteure? Die Echtzeit-Medien? Die angeblichen Terroristen?«[53]

Die Antwort lautet scheinbar: sie alle, zur gleichen Zeit – und nicht nur als Zuschauer, sondern gleichzeitig als Schauspieler. Sie sind »Spect-Actors«, wie Boal es formuliert, die neue Realitäten des Krieges gegen den Terror erschaffen, indem sie kollektiv ihre Zerstörung durch diesen aufführen.[54]

---

52 US Department of State: »Top Officials« (TOPOFF) Informationsseite, 2001-2009.state.gov/s/ct/about/c16661.htm.

53 Michelle Dent, »Staging Disaster: Reporting Live (Sort of) from Seattle«, in: *The Drama Review*, Band 48, Nr. 4 (Winter 2004): S. 109-134, Zitat auf S. 126.

54 Das Konzept des »Spect-actor« ist Teil von Boals berühmter Theorie des *Theater der Unterdrückten* (1974). Der Kerngedanke des Konzepts besteht darin, dass die Teilnehmer ihre eigenen inneren und äußeren Umstände der Unterdrückung inszenieren, d. h. ihre Unterdrückung aufführen [act out], während sie gleichzeitig Zuschauer [Spectators] sind. Boal schreibt: »Die Mitglieder des Publikums müs-

Die neue Normalität wird durch die kontinuierliche Produktion von Bedrohungen erzeugt: Die Propagandakunst des Krieges gegen den Terror verleiht diesen Bedrohungen visuelle Gestalt. Was wir aufführen, wenn wir uns mit der Propagandakunst des Krieges gegen den Terror durch seine Filme oder Theaterstücke befassen, ist, dass wir zu dem »Wir« in der »Wir/Die«-Dichotomie werden, die die ideologische Grundlage des Krieges gegen den Terror ist.

Das Paradoxe an der heutigen Realität ist, dass wir tatsächlich mit echten Bedrohungen konfrontiert sind in Form von massiver wirtschaftlicher Benachteiligung und Ungleichheit, Einschränkung von Bürgerrechten und demokratischer Kontrolle, strukturellem Rassismus und extremer Ausgrenzung und der Gefahr für unseren Planeten durch den Klimawandel. Die Propagandakunst des Krieges gegen den Terror zwingt uns, diese tatsächlich existierenden Bedrohungen zu vergessen, indem sie unsere Aufmerksamkeit auf eine vermeintlich bevorstehende Bedrohung lenkt.

3. Stephen K. Bannon: Eine Fall-Studie

Propagandakunst in verschiedene Disziplinen zu unterteilen – in unterschiedliche Bereiche wie Film oder Theater – wirkt letztlich

---

sen zu der Figur werden: von ihr Besitz ergreifen, ihren Platz einnehmen – ihr nicht gehorchen, sondern sie leiten, ihr den Weg zeigen, den sie für richtig halten. Auf diese Weise ist der Spectator, der zum Spect-actor wird, demokratisch den anderen Mitgliedern des Publikum entgegengesetzt; er ist frei, die Szene zu betreten und die Macht des Schauspielers in Besitz zu nehmen.« Boal bezeichnet seine Methodologie daher als transgressives Theater, was im Kontext der Propaganda des Krieges gegen den Terror komplett ins Gegenteil verdreht wurde. Hier sollen Spect-actors eine Katastrophe inszenieren und Zeuge deren Auswirkungen sein, um ihre Handlungsmacht dem Staat zu übergeben, anstatt sie selbst für sich zu beanspruchen. Vgl. Augusto Boal, *Theater der Unterdrückten*, Frankfurt am Main 1979, S. XXII.

ihrer Interdisziplinarität entgegen: Propagandakunst will überall sein, mit allen nur erdenklichen Mitteln der Verbreitung. Die Errichtung einer neuen normativen Realität erfordert die Wiederholung auf sämtlichen möglichen Kanälen, ohne Unterbrechung oder Zögern.

In diesem Kontext wenden wir uns nun einem modernen Propagandakünstler zu, der Kunst mit Film, Populärkultur, Medien, Politik und Aktivismus verbindet: Stephen K. Bannon. Seine Karriere umfasst höchst unterschiedliche Interessensgebiete: Nachdem er Karriere in der US-Navy gemacht hatte, fing er bei der Investment-Bank Goldman Sachs an, bevor er schließlich Herausgeber von Breitbart News wurde.

Seit der Gründung im Jahr 2007 ist Breitbart zur selbsternannten Plattform der »Alternative-Right« oder kurz »Alt-Right« geworden, obwohl die Autorin Angela Nagle die Meinung vertritt, dass die Website eher zur europäisch-nationalistischen Agenda von »Alt-Light« passt.[55] Seitdem hat Breitbart Millionen von Lesern durch aggressive Artikel mobilisiert, die sich gegen progressive und linke Politik, Immigranten, Flüchtlinge, die LGBTQI+-Community und Feministinnen richtet. Bannons Erfolg mit Breitbart verhalf ihm zum Posten als Leiter von Trumps Wahlkampagne und später zum Chefstrategen im Weißen Haus im ersten Jahr von Trumps Präsidentschaft. Obwohl er sich gezwungen sah, das Weiße Haus wegen seiner Verbindungen zu Alt-Right zu verlassen und später nach der Veröffentlichung von Michael Wolffs *Fire and Fury* als Herausgeber von Breitbart zurücktrat, bleibt sein großer organisatorischer Einfluss auf die internationale Alt-Right-Bewegung bestehen. Dazu zählt z. B. eine jüngste Vortrags- und Lesereise durch Europa für die italienische Lega Nord, der französische Front National und die deutsche Alternative für Deutschland.[56]

55 Angela Nagle, *Die digitale Gegenrevolution. Online-Kulturkämpfe der Neuen Rechten von 4Chan und Tumblr bis zu Alt-Right und Trump*, Bielefeld 2018.

56 Laut Joshua Green ist diese jüngste Reise durch Europa das Produkt

Weniger bekannt ist, dass Bannon auch ein erfolgreicher Filmemacher ist. Er begann in den 1990er Jahren als Produzent für Hollywood-Filme wie Sean Penns *The Indian Runner* (1991) und *Titus* (1999) mit Anthony Hopkins. Zwischendurch war er von 1993-1995 Stellvertretender Direktor des *Biosphere-2*-Forschungsprojekts in Oracle, Arizona (die »erste« Biosphäre ist natürlich die Erde selbst): das größte je errichtete geschlossene Ökosystem, wo er die Folgen des Klimawandels untersuchte. Ende der 1990er Jahre schrieb er mit der Drehbuchautorin Julia Jones ein »Rap-Musical« mit dem Titel *The Thing I Am*. Das Werk, das im Kontext der Rodney-King-Unruhen in South Central Los Angeles spielte, war eine Interpretation von Shakespeares letztem Werk *Ende gut, alles gut*.[57]

Obwohl seine Arbeit an dem *Biosphere-2*-Projekt zeigt, dass Bannon sich für die Entwicklung von gesellschaftlichen Ökosystemen interessierte, und obwohl sein »Rap-Musical« bestimmte Klischees der Kultur der Schwarzen aufgriff, kann man ganz allgemein sagen, dass er in dieser Zeit immer noch von einer eher liberal-progressiven Hollywood-Umgebung beeinflusst war.[58]

---

eines seit Langem bestehenden internationalen Alt-Right-Netzwerks, das Bannon aufgebaut hat und das von »Nigel Farage und UKIP, Marine Le Pens Front National, Geert Wilders und der Partei für die Freiheit bis hin zu Sarah Palin und der Tea Party reicht«. Joshua Green, *Devil's Bargain: Steve Bannon, Donald Trump, and the Storming of the Presidency*, New York 2017, S. 207.

57 Eine Leseprobe des Drehbuchs wurde 2016 von *Nowthis* als Online-Fernsehaufführung präsentiert, vgl.: nowthisnews.com/steve-bannon-hip-hop-rap-musical.

58 *The Washington Post* bemerkt hierzu: »The Thing I Am« zeigt Los Angeles während der Unruhen als eine Kriegszone, die der entspricht, die durch den Kampf zwischen den Römern und den Volskern [ein italienischer Volksstamm] entstanden war. Und Coriolanus' Aufstieg und Fall in »The Thing I Am« zeigt ihn als jemand, der die Gewalt in seiner eigenen Gemeinschaft stoppen könnte, der aber von seinem Temperament her unfähig ist, die Kompromisse einzugehen und so energisch aufzutreten, wie es nötig wäre, dies zu errei-

Dies alles änderte sich nach dem 11. September, nach dem sich Bannon in einen der einflussreichsten Propagandisten und Propagandakünstler der heutigen Zeit verwandelte. Von da an begann er seine eigene Version von Dokumentarfilm-Pamphleten zu entwickeln, von denen er insgesamt zehn zwischen 2004 und 2018 produzierte.

Bannons erster Film ist eine Filmbiografie mit dem Titel *In the Face of Evil: Reagan's War in Word and Deed* (2004). Der Film präsentiert die verklärte Lebensgeschichte des republikanischen Präsidenten, in der Reagan als einsamer, aber entschlossener Held porträtiert wird, der sich dem Bösen der Sowjetunion entgegenstellt. Im letzten Teil des Films werden die Angriffe auf die Twin Towers gezeigt, was Bannons Ansicht unterstreicht, dass die westliche Zivilisation einmal mehr mit einer existenziellen Bedrohung konfrontiert ist. Diesmal ist es nicht der Kalte-Kriegs-Kommunismus, sondern der Krieg gegen den islamistischen Terror. Bannons Botschaft ist unmissverständlich: Ein neuer Reagan wird benötigt, um angesichts der zyklischen Wiederkehr des Bösen einen unbarmherzigen Krieg gegen dieses zu führen.

Neben Bannons Obsession für einen starken Führer sind abstruse Verschwörungstheorien ein weiteres Merkmal seines Werkes. *The Fourth Turning*, ein Buch von William Strauss und Neil Howe aus dem Jahr 1997, behauptet, dass sich Zivilisationen in vier Zyklen entwickeln: Von ihrem Aufstieg zur Größe bis zu ihrem Nieder- und Untergang.[59] Bannon, der in seinem Werk

chen. Diese Ideen habe eine verblüffende Ähnlichkeit mit der Art und Weise, wie Präsident Trump über amerikanische Städte und die afroamerikanischen Communities spricht.« Alyssa Rosenberg, »Stephen Bannon wrote a movie about the 1992 L.A. riots. Now, you can finally watch it«, in: *The Washington Post*, 1. Mai 2017.

59 Mit den Worten von Strauss und Howe: »Der Zyklus erfolgt in vier Wendungen. Jeder Zyklus hat in etwa die Länge eines langen menschlichen Lebens, als ungefähr 80 bis 100 Jahre, eine Zeiteinheit, die in der Antike als *Saeculum* bezeichnet wurde. Zusammen ergeben die vier Wendungen des Saeculums den wiederkehrenden Jahreszei-

immer wieder auf diesen Text zurückgreift, legt eine paradoxe Ansicht an den Tag, was »Größe« bedeutet. Er ist ein konservativer Christ, der sich für die freie Marktwirtschaft einsetzt, der aber gleichzeitig die »Zerstörung des Verwaltungsstaates« fordert. Dann wiederum spricht er sich für einen »ökonomischen Nationalismus« aus, in dem die Regierung für die Aufrechterhaltung eines freien Marktes innerhalb der Staatsgrenzen verantwortlich ist. Das Ganze wird geschützt durch ein starkes Militär und umfangreiche Grenzkontrollen, was zu etwas führt, was wir wohl als »weißen christlichen ökonomischen Nationalismus« bezeichnen würden.[60]

The Fourth Turning war der Ausgangspunkt von Bannons Film *Generation Zero* (2010), der eine deterministische Sicht auf Geschichte skizziert. Seiner Ansicht nach erlangten die USA nach dem 2. Weltkrieg Größe durch einen heimischen freien kapitalistischen Markt, starke religiöse und familiäre Werte, militärische Macht und ein stolzes Nationalbewusstsein. In der Nachkriegsgeneration jedoch unterstützten die Flower-Power-Bewegung und der Feminismus das Entstehen einer säkularen und individualistischen Konsumkultur, die schließlich den Niedergang der USA herbeiführte, indem sie die Herrschaft einer liberalen globalen Elite etablierte, bzw. von etwas, das Bannon als die »Davos-Partei« bezeichnete, womit er auf das jährliche Treffen von Wirtschaftsführern beim World Economic Forum in Davos (Schweiz) anspielte. Nach Ansicht von Bannon besteht eine direkte Verbindung zwischen den gesellschaftlichen Bewegungen der 1960er und 1970er Jahre und der hedonistischen und individualistischen Kultur, die zur Wirtschaftskrise von 2008 geführt hat und nichts weiter ist als eine Kultur der liberal-globalistischen Habgier. Dieser Niedergang kündigt das »Fourth Tur-

---

ten-Rhythmus der Geschichte: Wachstum, Reifung, Entropie und Zerstörung.« William Strauss und Neil Howe, *The Fourth Turning: An American Prophecy*, New York 1997, S. 3.

60 Max Fisher, »Stephen K. Bannon's CPAC Comments, Annotated and Explained«, in: *New York Times*, 24. Februar 2017.

ning« an, die »vierte Wendung«: ein großer Krieg zwischen seinem Ideal eines weißen christlichen ökonomischen Nationalismus gegen den inneren Feind in Gestalt der Davos-Partei und den äußeren Feind in Gestalt des islamischen Terrorismus.

Formal behält Bannons Werk klare stilistische Konventionen des Dokumentarfilms bei. Voiceover-Aufnahmen [Stimmen aus dem Off] von häufig ungenannten »Experten« führen durch etwas, was wie historische Dokumente aussieht, die eine These eines zyklischen Aufstiegs und Niedergangs von Zivilisationen stützen sollen. Dieses Narrativ wird verstärkt durch weniger informative Filmaufnahmen wie das Ticken von Uhren, verfaultes Obst, brennende Tanks und Waffen, die allesamt ein Gefühl der Unausweichlichkeit bekräftigen.

Bannons Narrativ lässt sich nicht anhalten oder zurückspulen, sondern rast von einem Zyklus zum nächsten. Jede dieser Phasen wird von aufrüttelnder Musik untermalt, die dem Film in den Augen des Betrachters, der den Aufstieg und Fall seiner Gesellschaft erlebt, eine emotionale und affektive Dimension verleihen. Der Zuschauer soll sich machtlos und allein fühlen: Sich wiederholende Zyklen können nicht umgekehrt oder gestoppt werden, wir sind passive Zeugen unseres eigenen Aufstiegs und Falls und haben keine Kontrolle über unser Schicksal.

Befragt zu seinen Ambitionen, sagte Bannon: »Ich habe die Filme von Michael Moore genau studiert, und die von Eisenstein oder Riefenstahl. Wenn man die Politik ausklammert, so kann man von diesen alten Meistern lernen, wie sie ihre Ideen zu kommunizieren versuchten.«[61] Dies ist ein ziemlich ambitioniertes Statement: Bannons schnell produzierten Filmen, mit ihrem zahlreichen Archivmaterial, mangelt es an der Originalität von Moore oder der künstlerischen Innovation von Eisenstein oder Riefenstahl – das heißt aber nicht, dass sie keine Wirkung entfalten würden. Er hat seinen Stil als »Kinetisches Kino« bezeichnet, das üblicherweise wiederholte Narrative neben einem Bombar-

---

61 Adam Wren, »What I Learned Binge-Watching Steve Bannon's Documentaries«, in: *POLITICO*, 2. Dezember 2016.

dement von Bildern platziert, bis zu dem Punkt, an dem es, wie er es selbst ausdrückt, »das Publikum fast überwältigt«.[62] An einem solchen Gipfelpunkt induzierter Angst und Furcht kommt Bannons Antwort ins Spiel. In seinem ersten Film war Reagan die Antwort, der sich der Bedrohung durch den Kommunismus entgegenstellt; die Intention seiner nachfolgenden Filme besteht darin, nach einem Reagan für das 21. Jahrhundert zu suchen, der dem zweiköpfigen Feind, der Davos-Partei und dem islamischen Terrorismus, die Stirn bietet. Oder wie Bannon es ausdrückt: »Ich habe versucht, Film zur Waffe umzuwandeln.«[63]

In *The Undefeated* (2011) porträtiert Bannon die frühere Vizepräsidentschaftskandidatin Sarah Palin als seine neue Favoritin. In Kombination mit Bildern von Reagan wird Palin als Heldin des Volkes dargestellt: eine Ikone des freien Westens, eine Kämpferin für wirtschaftlichen Nationalismus und gleichzeitig eine hingebungsvolle Mutter, die die Werte der Familie hochhält und die christliche Doktrin verteidigt. Liberal-demokratische Führer wie Barack Obama hingegen werden in seinem Film *The Hope & The Change* (2012) als Symptome der degenerierten säkularen und individualistischen Kultur der Beschwichtigung porträtiert. Bannon erkennt darüber hinaus eine direkte Verbindung zwischen der Obama-Regierung und der Occupy-Bewegung, die er als inszenierten Protest betrachtet, der von Obamas Regierungsbeamten, den Gewerkschaften und dem Hacker-Kollektiv Anonymous organisiert wurde. In der Story seines Films *Occupy Unmasked* (2012) sind die globalen Eliten (die von Obama repräsentiert werden) und die radikale Linke oder auch »Alt-Left« (deren Vertreter Occupy ist) Teil eines »kulturmarxistischen« Umsturzversuchs, der den Staat von innen her übernehmen und kollektivieren will.[64] Obama und Occupy sind von innen kommende

---

62 John Patterson, »For haters only: watching Steve Bannon's documentary films«, in: *The Guardian*, 19. November 2016.

63 Keith Koffler, *Bannon: Always the Rebel*, Washington DC 2017), S. 48.

64 Der Ausdruck »Cultural Marxism« [»Kulturmarxismus«] bezieht sich ursprünglich auf ein Modell der Kulturkritik an der Massenstandardi-

Bedrohungen, der islamische Fundamentalismus die äußere Bedrohung. Um beide zu besiegen, bedarf es eines starken Führers.

Torchbearer (2016), Bannons paranoide und apokalyptische Darstellung einer westlichen Zivilisation am Rande des Zusammenbruchs, nimmt die extremste Haltung ein. Es ist gleichzeitig auch sein eindeutig religiösester Film: Nur die Rückkehr zum christlichen, nationalistischen, der freien Marktwirtschaft verschriebenen Ideal der amerikanischen Gesellschaft – die majestätische »erste Wendung« – liefert einen Ausweg aus der unvermeidbaren Apokalypse. Mit diesem Film, der von der erzkonservativen Galionsfigur Phil Robertson – einem prominenten Schwulen- und Frauenhasser und Anti-Abtreibungsaktivisten, der aus der Reality-TV-Show *Duck Dynasty* bekannt ist – als Sprecher erzählt wird, will uns Bannon nicht nur mit Bildern von Gewalt, Chaos und Dekadenz überwältigen. Vielmehr zeigt er uns einen Ausweg auf, beispielhaft dargestellt durch die letzten Szenen des Films: Robertson tauft diejenigen, die scheinbar die Zuschauer eben jenes Films sind. Im friedlichen und ruhigen ländlichen Amerika werden sie von ihrem religiösen Führer feierlich in die Zivilverteidigung von Bannons weißem christlichen ökonomischen Nationalismus eingeweiht.

Torchbearer kam in dem Jahr in die Kinos, als Bannon sich der Trump-Kampagne anschloss. Allerdings kann man sich Trump nur sehr schwer als Symbol des weißen christlichen ökonomi-

---

sierung und Massenkommodifizierung, das im Kontext der Philosophie- und Soziologietheorie der Frankfurter Schule entwickelt worden war. In unter dem Label Trumpismus zusammengefassten Bewegungen hat der Begriff mittlerweile die Bedeutung einer Verschwörungstheorie erlangt, die behauptet, dass die radikale Linke, bzw. mitunter auch die Allianz aus Linken und Juden, die Populärkultur dazu nutzt, die Regierungsgewalt zu ergreifen. Das Hauptziel ist der jüdisch-amerikanische Autor und Community-Organisator Saul Alinsky (1909–72) und sein Buch *Rules for Radicals* (1971). Sowohl den Clintons, Obama als auch der Occupy-Bewegung wird von Bannon und anderen rechten Ideologen vorgeworfen, sie würden unter dem anhaltenden Einfluss von Alinskys Ideologie vorgehen.

schen Nationalismus vorstellen, angesichts seines Sexismus, seiner Playboy-Persönlichkeit und seiner zahlreichen Heiraten, seiner früheren finanziellen Unterstützung der Demokraten und der fortgesetzten Verwendung von staatlichen Mitteln für seine immer wieder scheiternden Casino- und Immobilien-Unternehmungen. Bannons Kampagne sicherte Trump jedoch die Unterstützung von Evangelikalen und christlichen Gemeinschaften, die diesem zur Macht verhalfen. Bannon schrieb das Drehbuch und inszenierte Trump genauso, wie ihn seine Unterstützer sehen wollten. Was Bannon mit Palin nicht gelang, schaffte er mit Trump: Er erschuf seinen eigenen Reagan.

Sein ganzes filmisches Werk hindurch kann man Bannons Kernaussagen und seine wichtigsten Strategien leicht erkennen. Sein »kinetisches Kino« wurde zu einer kinetischen politischen Kampagne, die die Realität bis zu einem Punkt verdrehte und manipulierte, an dem nur Trump uns retten konnte. Ungeachtet der Anschuldigungen von Sexismus, Rassismus oder anderer Kontroversen – Bannon inszenierte und verfälschte die Realität, um Trump hervorzubringen. Dies ist die Macht der Propagandakunst des Krieges gegen den Terror, bzw., im Falle von Stephen Bannon, irgendetwas zwischen der Propagandakunst des Krieges gegen den Terror und der Propagandakunst der Alt-Right-Bewegung.[65] Nachdem er 15 Jahre lang durch sein Werk das Narrativ eines neuen Kampfes der Kulturen kultiviert hatte, verwandelte Bannon schließlich eine künstlerische Vorstellungswelt in politische Realität.

Die heutige Aufgabe von Künstlern und Kulturschaffenden besteht darin, die Prozesse zu untersuchen und zu verstehen,

---

65 Der Journalist David Neiwert schildert in einer detaillierten Rekonstruktion die gegenseitige Annäherung früherer und gegenwärtiger rechtsextremer Bewegungen (von den Patriot-Milizen bis zur Tea Party und Alt-Right), die zur Errichtung eines »Alt-America« führte und sehr nahe an das Propagandaziel von Alt-Right heranreicht, mit allen gemeinsam eine neue Parallelrealität zu erzeugen. Vgl.: David Neiwert, *Alt-America: The Rise of the Radical Right in the Age of Trump*, New York 2017.

mit denen Propaganda und Propagandakunst unsere gegenwärtige Realität erschaffen. Propaganda ist im Wesentlichen die Performance, die Aufführung bzw. Durchführung von Macht, die Verwendung von verschiedenen Infrastrukturen auf den Gebieten der Politik, der Wirtschaft, der Medien und des Militärs, um eine neue normative Realität zu konstruieren.[66] Angesichts der Tatsache, dass es keine Realität ohne Macht gibt, muss man sich fragen, ob es überhaupt eine Politik ohne Propaganda gibt. Allerdings sind nicht alle Kräfte gleich, und dementsprechend könnten sich *Propagandas* (im Plural) voneinander unterscheiden und einander widersprechen. Die Kräfte des Krieges gegen den Terror und Bannons internationale Alt-Right unterscheiden sich grundlegend von denen populärer Massenbewegungen, von Occupy bis hin zu Black-Lives-Matter, von paneuropäischen Plattformen wie DiEM25 bis hin zur staatenlosen Demokratie der Rojava-Revolution in Nord-Syrien. Sie mögen vielleicht nicht ohne Propaganda auskommen, aber ihre Propaganda unterbreitet ein egalitäres Narrativ der Realität, in der wir leben, und der Welt, die wir alle zusammen erschaffen können.[67]

---

[66] Diese Definition bezieht sich auf das bereits erwähnte Werk von Chomsky und Herman, die von der »Performance« der Massenmedien sprechen, die zu einer neuen normativen Realität beiträgt, die die Interessen ihrer Eigentümerschaft verfolgen. Im Gegensatz zu Chomsky und Herman schlage ich im Kontext der gegenwärtigen Propaganda-*Kunst* vor, den Begriff Performance sowohl als formale Analyse der »Inszenierung« von Macht, aber auch als theatralisches Mittel zu verstehen, das benötigt wird, um eine Choreographie zu entwerfen und Realität »aufzuführen«. Außerdem schlage ich ein Propagandamodell vor, das progressive und emanzipatorische Formen wachsender Macht nicht ausschließt – anders als Chomsky und Herman mit ihrem ausschließlichen Fokus auf »monopolisierte« Macht. Mit diesem Modell könnte man mögliche alternative Formen »emanzipatorischer« Propaganda in populären Massenbewegungen, in nicht vom Staat gelenkten Aufständen und dergleichen analysieren.

[67] Vgl. auch: Jonas Staal, »Assemblism«, in: *e-flux*, Nr. 80, März 2017.

Als Künstler und Kulturschaffende sollten wir alles daran setzen, neue Narrative zu entwickeln, wo wir herkommen, wer wir sind und vor allem wer wir noch werden können – und zwar nicht einfach in Form einer Gegenpropaganda, sondern indem wir die Möglichkeit einer emanzipatorischen Propagandakunst ausloten.

Dieser Aufsatz wurde in einer früheren Form als zwei Lesungen gehalten: Eine mit dem Titel *Art Against the War on Terror* während der Konferenz *Public Calling* am 1. Nov. 2016 im Nationaltheater Oslo, die von der *Fritt Ord Foundation* und *KORO-Public Art Norway / URO* organisiert wurde; die zweite mit dem Titel *Imagining Terror: Propaganda Art Today* wurde am 30. Nov. 2017 im *Het Nieuwe Instituut* in Rotterdam.

Steve Bannon: A Propaganda Retrospective, 2018, Jonas Staal
Produziert von: Het Nieuwe Instituut, Rotterdam
Szenenfotos aus Steve Bannons Film *Generation Zero* (2010)
Bild: Remco van Bladel und Jonas Staal

The Disappearance of Steve Bannon, 2018, Jonas Staal
Produziert von: Het Nieuwe Instituut, Rotterdam

Negativer Internationalismus und Scham als Strategie

Nina Power

Welche Vorstellung haben wir heute von unserer Menschheit? Sind »wir« post-human (oder sind es »einige von uns«? Die Frage, wer »wir« ist, ist hier das Problem), die wir unser Leben in Gleichgültigkeit gegenüber dem leben, was uns als Spezies vereint, und die wir uns fragen, ob wir von Technologie, vom Kapitalismus oder von Geografie als unterschiedlich wiedergegeben werden? Verläuft die neue globale Trennungslinie nicht zwischen Nord und Süd, Reich und Arm, Imperium und Peripherie, Bourgeoisie und Proletariat, sondern vielmehr zwischen denjenigen, die Menschlichkeit transzendiert haben (sei es durch die Befriedigung von Bedürfnissen, durch Technologie und Fantasie oder durch Apathie und Gleichgültigkeit), und denjenigen, die gezwungen sind, innerhalb deren Definition fest gefangen zu bleiben? Was meine ich hier mit Menschheit? Ich beziehe mich nicht notwendigerweise bzw. direkt auf die biologischen Substrate, die uns einen, obwohl dies eine Möglichkeit ist, das gemeinsame Wesen der Menschheit auf der Ebene von Spezies zu verstehen. Ich berufe mich auch nicht auf eine Reihe an »Rechten«, die manche besitzen und andere nicht, die aber im Prinzip universell sein sollten (obwohl dies wiederum auch ein möglicher politischer Weg ist, wenn auch mit historisch gesehen begrenztem Erfolg).

Trotz all der konzeptuellen Ansätze von Vorstellungen, wie man die Menschheit auf eine globale Weise betrachten kann – die Bilder von der Erde vom Weltraum aus oder die »Globalisierung« von Kapitalismus, dessen Auswirkungen dafür sorgen, dass wir uns eine »globale Menschheit« vorstellen können – sind wir der Überwindung von Fiktionen wie Nation, Rasse oder dem Sieg über den Faschismus noch keinen Schritt näher gekommen. Vielmehr sind wir kaum in der Lage, das schleichende, individualisierende Gefühl zu überwinden, dass »alles falsch ist«.

Der neoliberale Individualismus hat sich zu einem schreckenerregenden kollektiven Argwohn verformt – etwas das Thomas Curran und Andrew Hill »sozial auferlegten Perfektionismus« nennen:

> … das Gefühl von Paranoia und Angst, das von der ständigen – und nicht gänzlich unbegründeten – Empfindung hervorgerufen wird, dass jeder nur darauf wartet, dass du einen Fehler machst, so dass sie dich für immer abschreiben können. Diese übersteigerte Wahrnehmung der unmöglichen Erwartungen anderer erzeugt soziale Entfremdung, neurotische Selbstbetrachtung und Gefühle von Scham und Unwürdigkeit.[68]

Post- und trans-humanistischen Fantasien und dem Wunsch, dass das Cyberspace eine grenzenlose menschliche Freiheit freisetzen wird, scheint nur das menschlichste aller Gefühle im Weg zu stehen: Scham. Es handelt sich dabei nicht um diejenige Scham, von der Marx glaubte, sie sei an sich schon eine Art »Revolution« – die Scham, die aus dem kollektiven Versuch erwächst, dem, was falsch läuft, gemeinsam ins Auge zu sehen, jene Scham, die sich zusammenrollt wie ein Löwe, der dabei ist, zuzuschlagen. Vielmehr geht es dabei um eine Scham, die Freud 1933 mit der Weiblichkeit in Verbindung brachte: »Die dem Weib konstitutionell vorgeschriebene und sozial auferlegte Unterdrückung seiner Aggression begünstigt die Ausbildung starker masochistischer Regungen, denen es ja gelingt, die nach innen gewendeten destruktiven Tendenzen erotisch zu binden.«[69]

Es besteht kein Zweifel, dass wir in Angst ertrinken. Wir bemühen uns angestrengt, uns als Kollektiv zu betrachten, und wir verbringen die meiste Zeit mit dem Versuch, mit »einem Gefühl zurechtzukommen, überwältigt zu sein von einer pathologischen

---

68 jacobinmag.com/2018/01/under-neoliberalism-you-can-be-your-own-tyrannical-boss

69 Sigmund Freud, »Neue Folge der Vorlesungen zur Einführung in die Psychoanalyse, Kapitel 5, 33. Vorlesung: Die Weiblichkeit« [1933], in: *Studienausgabe Band I*, Frankfurt am Main 1969, S. 84.

Sorge und der Furcht vor negativer sozialer Beurteilung, für die ein Fokus auf persönliche Defizite und eine Empfindlichkeit für Kritik und Versagen kennzeichnend sind«, wie Curran und Hill es formulieren.[70]

Können wir die Scham umkehren? Das Gegenteil von Scham, so könnte man mit Recht sagen, ist Stolz: Ein Stolz, der Kräfte im Kampf für Menschenrechte mobilisiert, insbesondere für die Chancengleichheit der Geschlechter und Rassen. Heute wird Stolz mehr denn je von den Rechten vereinnahmt; Stolz auf »das eigene Land«, »die eigene Rasse«, »das eigene Geschlecht«. Nicht umsonst gehen Maskulinität (und Frauenfeindlichkeit), Nationalismus und rassische Überlegenheit Hand in Hand. Wenn es schon schwierig ist für die Linke, Stolz für sich zu reklamieren, können wir dann vielleicht bestimmte Formen von Unzulänglichkeit oder Schwäche zulassen? Wir sind es gewohnt, Schwäche als *schwach* zu betrachten, d. h. sie negativ zu bewerten. Aber was könnten wir mit einem schwachen Widerstand ausrichten? Die Philosophin Ewa Majewska argumentiert:

> [Die] Logik des politischen Handelns der Schwachen macht es möglich, die heute Ausgeschlossenen als diejenigen zu begreifen, die – selbst wenn sie »nicht sprechen« können – Einfluss auf die Politik haben, ja diese sogar verändern, ohne dass sie dies geplant hätten. Dieses Szenario – ein neuer Anfang von einem Ausgangspunkt von Furcht und Unsicherheit – ähnelt den Voraussetzungen für das Auftreten eines Territoriums, wie es Deleuze und Guattari in ihrem *Anti-Ödipus* beschrieben haben. Was noch viel wichtiger ist: Der Kern künstlerischer Kreativität ist an eben jenem Ort zu finden: einem Ort der Furcht und Schwäche, und nicht der Macht. Das politische Handeln der Schwachen – der schwache Widerstand – ist daher weitaus eher als traditionelle Formen des Widerstands geeignet, künstlerische

70 jacobinmag.com/2018/01/under-neoliberalism-you-can-be-your-own-tyrannical-boss.

> Antworten auf die mikro-faschistische Übernahme von Wünschen und Seelen zu diskutieren.[71]

Faschismus in all seinen Ausprägungen feiert Maskulinität, Stärke und Dominanz und verabscheut Frauen und jede andere Gruppe (Homosexuelle, Minderheiten, Behinderte), die keine Macht besitzen. Hat das heutige faschistische Revival etwas Neues vorzuweisen? Ja und nein. Was bleibt ist die Fetischisierung von und das Verlangen nach Macht und Vorherrschaft. Majewska drückt dies so aus:

> Was ist das Neue am modernen Faschismus? Es scheint, als seien Faschisten nicht ausschließlich auf den Staat und seine Institutionen fixiert. Es ist keine Top-down-Bewegung. Es ist eine Art rechter Aufstand, der von unten organisiert ist. Diese molekulare Bewegung verdrahtet die früheren Artikulationen des Faschismus neu, bei denen hierarchische Formen der Organisation eine große Rolle spielten. Natürlich bleib der Staat das hauptsächliche Ziel im Verlangen der Faschisten nach Macht. Allerdings begann die polnische Version des hausgemachten Faschismus schon lange, bevor die Recht-und-Gerechtigkeit-Partei die Macht übernahm. Aufkommender Staats-Faschismus ist eng verbunden mit Faschismen-von-unten, d. h. mit dem, was Deleuze und Guattari als Mikrofaschismen bezeichnen.[72]

Es ist zu beobachten, dass diese im Zangenangriff manövrierende Bewegung, dass der Staat und der Aufstand von unten in verschiedenen Teilen Europas (z. B. in Polen) zunehmend zueinander finden. Es ist ebenfalls zu beobachten, dass eine gewisse Art von respektlosem, ›subversivem‹, gewalttätigem, ironischem Stil zur Domäne der Neuen Rechten online und später auch auf den Straßen – in Charlottesville in den USA, in Macerata in

---

71 www.e-flux.com/journal/76/71467/so-far-so-good-contemporary-fascism-weak-resistance-and-postartistic-practices-in-today-s-poland/

72 Ebd.

Italien, überall an Grenzen – geworden ist und auch die Politik erreicht hat mit Figuren wie Marine Le Pen, Norbert Hofer oder Frauke Petry. Der Faschismus-von-unten trifft auf den Faschismus-von-oben, und die, die schon immer »als fremd bezeichnet wurden«, werden jetzt noch weiter ausgegrenzt, auf zunehmend gewalttätige Weise. Inwiefern sich der Kapitalismus mit dem Faschismus überschneidet, ist eine komplizierte Frage, auf die ich hier nicht eingehen will – außer, dass (in den Worten von Walter Benjamin) der, der nicht vom Kapitalismus reden will, auch vom Faschismus schweigen sollte. Man kann den Status quo des heutigen Faschismus nicht analysieren, ohne auch vom Markt zu reden und die Art und Weise, wie der Kapitalismus uns voneinander trennt, die Erde ausplündert und eine Zerstörung unerhörten Ausmaßes hervorbringt.

Der Faschismus wird die Taktiken und die Verlockungen der Opferrolle nutzen, um seine Anhänger davon zu überzeugen, dass sie angegriffen werden – von Migranten, von Flüchtlingen, von Farbigen, von Frauen. Wir müssen vorsichtig sein, dass jeder Versuch, eine kollektive Schwäche, eine Scham oder ein Mangel nicht dem Faschismus in die Falle geht, der versucht, diesen Mangel mit einem Feind auszufüllen, dem die Schuld zugeschrieben wird. Dieser Mangel, den ich hier als die Basis eines Internationalismus verteidigen will, ist ein grundlegend menschlicher Mangel, ein existenzieller Zustand und keine ›Leere‹, unter der nur wenige leiden und die mit Märchen und falschen Narrativen ›ausgefüllt wird‹.

Also: Was ist mit »negativem Internationalismus« gemeint, dieser Art von Solidarität, die den Zustand von Scham und Schwäche ernst nimmt? Es ist die Erkenntnis, dass wir alle verletzbar sind, dass jedoch einige von uns im Moment verletzbarer sind als andere – und dass, die die in der Lage sind zu helfen, die beschützen, die die Mittel zum Überleben benötigen. Es ist eine Art Humanismus, der nicht auf dem basiert, was wir gemeinsam haben, sondern auf dem, was uns allen möglicherweise fehlen könnte – die Mittel zum Überleben. Er gründet auf der Annahme, dass wir alle verletzlich und voneinander abhängig sind.

Wenn der Kapitalismus meint, wir seien nicht in der Lage, die menschlichen Beziehungen hinter den Waren zu erkennen, während der Faschismus gezielten Hass basierend auf Lügen hervorbringt, gelingt es dem negativen Internationalismus hingegen, uns an unsere gemeinsame Humanität zu erinnern – trotz allem, das damit droht, dafür zu sorgen, dass wir nur die Unterschiede sehen.

Solidarität ohne Gleichförmigkeit

Patricia Reed

Die Frage, was es bedeutet, ein Mensch zu sein, was Menschlichkeit heute bedeutet, stellt sich wieder als Folge des Anthropozäns – jener geologischen Epoche, die von Menschenhand entfesselt wurde, in der wir Menschen uns anschließend zu einem ›Wir‹ weiterentwickelt haben, als kollektive Subjekte der Naturgeschichte.[73] Diese missliche Lage deutet gleichzeitig auf unsere Herrschaft über die Welt hin, während sie uns bescheiden als gewöhnliche Spezies-Kreaturen mit anderen Lebensformen umschmeichelt, die durch unsere eigene Kraft in einem Zustand potenter Impotenz bedroht sind. Hinzu kommt etwas, das zum Teil mit dem Anthropozän zusammenhängt: Technologisch-computergestützte Entwicklungen haben begonnen, unsere biologisch-physischen Grenzen zu verschieben, und sind darüber hinaus angetreten, die Konturen anthropomorpher Intelligenz, die wir einst als nur uns definierende Eigenschaft betrachteten, zu verwischen. Alles zusammengenommen scheint es, als lebten wir in der Vorgeschichte von etwas radikal Anderem, bei dem das menschliche Selbstverständnis instabil ist, ständigen Veränderungen unterworfen ist, und eine neue, unbekannte Welt an der Schwelle ist, Realität zu werden.[74] Die Bandbreite theoretischer und praktischer Reaktionen auf diesen Zustand ist so vielfältig und polarisiert wie ein Twitter-Krieg – von denen, die blindlings die Überwindung des Menschlichen durch maschinelle ›Perfektion‹ um jeden Preis verfechten, bis hin zu denen, die den Verlust unserer ›lebenswichtigen Menschlichkeit‹ beklagen, wobei die von uns begangenen Gräueltaten aus dem Gedächtnis gelöscht werden. Wo immer man sich auch in diesem Spektrum

---

73 Tristan Garcia, *Wir*, Berlin 2018, S. 51.

74 Eine ausführliche Studie über die Veränderung menschlicher Intelligenz durch computerbasiertes Rechnen hat Reza Negarestani vorgelegt, *Intelligence and Spirit*, Falmouth/New York 2018.

verortet: Diese Turbulenzen, Unsicherheiten und Risiken, die daraus hervorgehen, lassen sich nicht wegdiskutieren. Was allerdings strittig ist und sein muss, ist, *wie* wir damit umgehen. Diese Frage beinhaltet jedoch zumindest, dass wir uns mit diesen Umständen befassen und versuchen, sie zu verstehen und zu beurteilen. Diese generische menschliche Existenzkrise ist wie alle Krisen sowohl Verheißung als auch Bedrohung. Diese Verhältnisse zu ignorieren und so zu tun, als würden sie nicht existieren, wäre bei Weitem das größte Risiko, insbesondere weil diese Veränderungen auf dem gesamten Planeten vonstattengehen.

Das Ausmaß der gemeinsam erlebten Krisen, mit denen wir konfrontiert sind, macht trotz der kontinuierlichen Bestrebungen, von einer Expansion der Menschheit auszugehen, diese allgemeinen existenziellen Fragen dringend notwendig – nicht nur in philosophischer, sondern auch in ethischer und pragmatischer Sicht. Welche Formen von Konzepten können wir entwickeln, um ›Menschheit‹ zu begreifen, und wie können wir lernen, *in* eben diesen Konzepten zu *existieren*? Der letztgenannte Punkt, *existieren in* Konzepten, hat dabei entscheidende Bedeutung. Zu behaupten, alle Menschen gehörten zum ›wir‹ der Weltgeschichte, ist z. B. eine Sache, eine ganz andere ist, diesen Satz in Verhaltensmaßnahmen umzusetzen. Die Gattung, die wir ›menschlich‹ nennen, hat zahllose Unrechtstaten begangen. Diese Traumata verschwinden nicht einfach auf magische Weise wegen historischem Belieben oder der gegenwärtigen Krisen, die dringend höchste Solidarität erfordern. Viele dieser besagten Traumata sind im Namen des Kosmopolitismus zugefügt worden, der nichts weiter ist als eine brutal aufgeblähte eurozentristische Eigenart, die der Welt oktroyiert wurde, um sie zu beherrschen und die Menschheit in ein homogenes Modell von sich selbst zu verwandeln – d. h. in ein vertrautes Bild. Bis wir uns endlich mit dieser historischen Exklusivität der Kategorie ›menschlich‹ auseinandersetzen, bleibt die Hoffnung, dass wir Menschen uns angesichts der Bedrohung durch das Anthropozän zusammentun, ein ahistorischer Idealismus, der uns als Wunschdenken zur Untätigkeit verleitet. Wir können die historische Realität nicht ignorieren, aber wir können deswegen trotzdem unsere Wege und die damit einhergehenden Epistemologien abändern. Wir können auch nicht zulassen, dass diese historische Realität uns völlig gefangen nimmt, jetzt da wir uns mit der Aufgabe konfrontiert sehen, für unser Überleben und unsere potenzielle Entwicklung eine Menschlichkeit globalen Ausmaßes zu generieren.

Vor einem Jahrzehnt, am Abgrund der globalen Finanzkrise, hat sich Mark Fisher Gedanken über die Notwendigkeit gemacht, ein kollektives Subjekt zu gestalten, das sich mit den unpersönlichen, abstrakten Systemen messen kann, die unsere Beziehungen zueinander und zur Welt beherrschen. Dabei kam er zu dem Schluss, dass es unmöglich ist, unsere Welt allein dadurch entscheidend zu verändern, dass diese komplexen strukturellen Kräftespiele auf personalisierte, moralische Bezugsgrößen reduziert werden.[75]

Ein solcher Anspruch besteht auch weiterhin, denn wir beobachten seit dem Crash im Jahr 2008 das weitverbreitete ideologische Desinteresse an einer *unilateralen* Globalisierung.[76] Diese hat sich leider nicht in möglichen Modellen einer progressiven Koexistenz manifestiert, sondern in Form des anachronistischen Nationalismus der extremen Rechten.

Die alten Fiktionen einer Nation haben trotz der grundlegend veränderten und sich verändernden technologisch-materiellen Umstände diese Vorstellungen Vieler wieder geweckt, wie Nina

---

75 Mark Fisher, *Kapitalistischer Realismus ohne Alternative?*, Hamburg 2013, S. 70.

76 Ich übernehme den Ausdruck »unilaterale Globalisierung« von Yuk Hui, unter dem er die Erhöhung von Epistemologien, die typisch sind für regional begrenzte, auf die eurozentristische/Anglo-atlantische Allianz ausgerichtete Systeme, zu globaler Metaphysik versteht. Vgl. Yuk Hui, »Cosmotechnics as Cosmopolitics« in: *e-flux Journal* Nr. 86, Nov. 2017. www.e-flux.com/journal/86/161887/cosmotechnics-as-cosmopolitics/

Power festgestellt hat.[77] Die Vereinnahmung der Unzufriedenheit mit der unilateralen Globalisierung durch die Rechtsextremen basiert, wie Power schreibt, auf rassistischen Strategien der Schuldzuschreibung und der Abgrenzung von anderen. Hinzu kommt die Manipulation der heiklen Lage, in der sich viele befinden, hin zu einer äußerst unrealistischen Politik, die sich weigert, den tatsächlichen Krisen und den Ursachen für diese Prekarisierung entgegenzutreten. Die extreme Rechte bedient sich beängstigender Bilder einer vereinfachten Welt – eines Weltbilds, das einem auf trügerische Weise die falsche Option nahelegen will, sich hinter der isolierten Sicherheit einer nationalen Vertrautheit zu verstecken, und das zum Zwecke der Verleugnung und der konzeptuellen Eliminierung der nicht auf einen Ort beschränkten, miteinander verflochtenen und komplexen Realität. Wir sollten uns daran erinnern, dass ein solches Weltbild Wurzel allen Faschismus ist – nämlich ein Weltbild, bei dem man denkt, man habe die Wahl, mit *wem* man lebt.[78] Diese Ablehnung von Unterschiedlichkeit, die durch gesäuberte Weltbilder zum Ausdruck kommt, weist grundsätzlich die politische Frage von sich, wie wir zusammenleben wollen – und zwar dadurch, dass sie mit einer destruktiven, reduzierenden Vorstellungswelt ausgestattet ist, die gewillt ist, all das, was fremdartig ist, beiseite zu verschieben, so als würde es nicht existieren.

Der erste Schritt zu einem kollektiven Subjekt ist, sich entschieden dem Glauben zu widersetzen, man könne entscheiden, mit wem man lebt – d. h. das Zusammenleben ist eine Domäne des *Nichtauswählens*.[79] Der nächste, mühseligere Schritt besteht darin, sich mit der Frage zu befassen, wie man auf eine äußerst konstruktive Weise miteinander existieren kann. Ein solches kollektives Subjekt widersetzt sich nicht nur der bösartigen

---

77 Nina Power, S. 175ff. in diesem Buch.

78 Bonnie Honig, *Political Theory and the Displacement of Politics*, Ithaca 1993, S. 83.

79 Judith Butler, »Seminar on Hannah Arendt: Eichmann Trials«, European Graduate School, (Saas Fee, Schweiz), August 2009.

Prämisse, ein Reinigungsprozess stünde im Zentrum der Entscheidung, ›mit wem wir leben‹, sondern kann sich auch in einer komplexen, gemeinsamen Welt zurechtfinden. In dieser Hinsicht kann das kollektive Subjekt nicht auf dem Prinzip der Gleichförmigkeit, der Vertrautheit basieren. Es erfordert vielmehr eine Art von Solidarität ohne Homophilie, ohne Gleichartigkeit. Vor allem aber ist dieses kollektive Subjekt bewusst unrein und überwindet seine teilweise Komplizenschaft mit gesellschaftlichen und wirtschaftlichen Strukturen, die überhaupt erst den Anstieg faschistischer Tendenzen ermöglichen. Sven Lütticken hat dies in seinem Statement für das Projekt »Propositions for a Non-Fascist Living« [Vorschläge für ein nicht-faschistisches Leben«] so ausgedrückt: Man kann Faschisten nicht einfach zu etwas völlig Fremdem erklären, zu etwas völlig und auf eine verachtenswerte Weise Anderem als ›uns‹, als ob wir dadurch immun werden würden gegen ihren ansteckenden Hass.[80] Sich solchen Tendenzen entgegenzustellen und sie zu bekämpfen, bedeutet, dass es keinen Ausstieg, keine völlige Loslösung auf persönlicher Ebene gibt, solange diese unpersönlichen, systemischen Voraussetzungen für Gewalt und Ungleichheit bestehen. Um Judith Butlers Frage zu spezifizieren, die sie in ihrer Adorno-Preis-Rede gestellt hat:[81] Ist es möglich, ein wahrhaft nicht-faschistisches Leben unter den gesellschaftlichen Umständen zu führen, die den Faschismus ermöglichen? Ich würde sagen: Nein.

Das kollektive Subjekt verschiebt die Grenzen unseres individuellen Seins in das Reich des Fremdartigen, des nicht Vertrauten. Wie Fisher bin ich der Meinung, dass es eine Art des unpersönlichen Subjektseins ist, die einen gerechten, oftmals abstrakten systemischen Wandel bewirken kann, der durch

---

80 Sven Lütticken, »Fascists Like Us«, Video-Statement für *Propositions for Non-Fascist Living*, BAK: Basis voor actuele kunst, 2017, vimeo.com/238275125.

81 Judith Butler, »Can One Lead a Good Life in a Bad Life?«, Rede zum Adorno-Preis, 2012. Abdruck in *Radical Philosophy* Nr. 176. www.radicalphilosophy.com.

bloßen Moralismus oder individuelle Verhaltensentscheidungen nicht zu erreichen ist. Seiner Ansicht nach existiert ein derartiges Subjekt noch nicht, es muss erst gestaltet werden – weder wird es uns einfach gegeben, noch wartet es darauf, entdeckt zu werden. Es muss errichtet werden. Es benötigt Zuneigung und kognitive Hinwendung zu als Bindemittel wirkenden Kräften, die es zu kollektiver Materialisierung drängen. Wie können wir also diesen scheinbaren Widerspruch entschärfen, der sich aus der obigen Formulierung ergibt: Einerseits benötigt man ein konzeptuelles ›Bindemittel‹, um als kollektive Subjekte ein Ganzes zu bilden, und andererseits soll dies eine Art des Zusammenhalts ohne die Imperative von Vertrautheit, Gleichartigkeit und Homogenität sein? Anders ausgedrückt: Können wir uns einen Universalismus vorstellen, ohne die Unterschiede zu verwischen, und was würde es bedeuten, in so einem Konzept zu leben?

Mit ihrem ›negativen Internationalismus‹ leistet Power einen wichtigen Beitrag in diesem Dilemma. Sie tut dies nicht, indem sie einen prägnanten Slogan der gemeinsamen Identifikation vorschlägt, sondern für ein ›Bindemittel‹ plädiert, der auf der gemeinsamen menschlichen Verletzlichkeit und auf dem basiert, was uns allen (zu einem bestimmten Zeitpunkt) fehlen könnte: »die Mittel zum Überleben«, die Erkenntnis, dass diese Verletzlichkeit äußerst ungleichmäßig verteilt ist.[82] Man könnte diese Liste noch um andere Lebensformen erweitern, das Menschen weder als unschuldig bezeichnet werden können noch die einzigen verletzbaren Kreaturen sind. Ihr negativer Internationalismus verortet Fürsorge im Zentrum einer denkbaren, ineinandergreifenden Ordnung – einem Unterfangen, das dem Ethos des neoliberalen Internationalismus entgegentritt, dass der Gewinner alles bekommt; ein Ethos, das wir seit Jahrzehnten miteinander wetteifernd unter der Annahme kultivieren, wir führten eine vereinzelte unabhängige Existenz. Wie viele Feministinnen hat auch Power zurecht behauptet, dass Fürsorge und Reproduktionsarbeit schon immer das Rückgrat der Gesellschaft gebildet

---

82 Nina Power, S. 179 in diesem Buch.

haben, egal wie sehr sie auch unterbewertet waren. Ihr negativer Internationalismus hebt diese Unterbewertung auf, indem er sich für Fürsorge als primäre Voraussetzung ausspricht, die Mitgefühl und nicht auf Wettbewerb ausgerichtete Beziehungen untereinander ermöglichen können. Falls der Kapitalismus auf der Grundannahme basiert, dass wir nur an Eigeninteresse und Eigennutz interessiert sind, wie können wir uns da die strukturellen Konsequenzen ausmalen, die eintreten würden, wenn Fürsorge/Verletzlichkeit die wichtigste Voraussetzung wäre, unter der Beziehungen und Interaktionen gelebt werden? Welche Art von Welt könnte sich aus diesen hypothetischen Annahmen entwickeln?

Wenn man Verletzlichkeit als einen denkbaren Mangel an ›Mitteln zum Überleben‹ definiert, muss man diese Frage noch komplizierter stellen, indem man sie an die vielschichtigen Anforderungen unserer Zeit anpasst: Inwiefern sind wir für die ›Mittel zum Überleben‹ auf der Ebene eines einzelnen Menschen *und* auf der der Menschheit als Spezies verantwortlich? Dieser Maßstab der Vielschichtigkeit hinsichtlich der Fürsorge beruht auf der Tatsache, dass Fürsorge nicht auf die Intimität von interpersonalen Beziehungen beschränkt werden kann, wenn es doch um das Leben und die Lebensqualität von über sieben Milliarden Menschen geht. Die Fürsorge unter Menschen und Nicht-Menschen muss sich auch auf die Biosphäre ausdehnen, die uns eigentlich erst am Leben erhält. Dies deutet darauf hin, dass ›Fürsorge‹ mit einem starken epistemologischen Streben verwoben werden muss. Power hat dies so ausgedrückt: Emotionalität gepaart mit Mitleid und Verstand sind »keine Todfeinde«.[83] Wir können nicht angemessen für etwas sorgen, wenn wir nicht über bessere Erkenntnisse der Realität verfügen,[84] die uns zeigen,

83 Nina Power, »Philosophy, Sexism, Emotion, Rationalism«, in: Katarina Kolozova und Eileen A. Joy (Hg.), *After the Speculative Turn: Realism, Philosophy and Feminism*, Brooklyn 2016, S. 18.

84 Donna Haraway, »Situated Knowledges: The Science Question in Feminism and the Privilege of Partial Perspective«, in: *Feminist Studies*, Band. 14, Nr. 3. (Herbst, 1988), S. 575-599.

wie wir für etwas sorgen können. Wir können nicht direkt für jeden und für Alles sorgen, aber wir sollten für die sorgen, die Fürsorge dringend benötigen. Dieses Insistieren, dass das Bild von Fürsorge erweitert werden muss, steht in ethischem und epistemologischem Widerspruch zur Logik der extremen Rechten, die auf einem gefährlichen Weltbild des Isolationismus beharrt, das gestützt wird durch auf Vertrautheit basierenden Beziehungen. Dies ist nicht nur ein moralisch verkommenes, sondern auch ein unter epistemologischen Gesichtspunkten falsches Weltbild, da es sich weigert, die Realität unserer gemeinsamen Lebensumstände anzuerkennen. Ihre Welt ist, wie sie fälschlicherweise glauben, eine kleine Welt.

Um eine größere Fürsorge an den Tag zu legen, muss unser Weltbild den Proportionen der heutigen Welt entsprechen, das heißt: Man muss lernen, sich um ungewohnte Beziehungen zu kümmern, und man muss wissen, wie man auf der Ebene der Anonymität füreinander sorgt. In Anlehnung an Powers Hinweis auf den gemeinsamen Mangel als Bindemittel zwischen Menschen könnte man hinzufügen, dass das kollektive Subjekt letztlich ein Entwurf für Solidarität ohne Gleichförmigkeit ist.

Interview mit Wolfgang Tillmans

23. Januar 2018, Berlin

In den letzten Jahren hat der deutsche Künstler Wolfgang Tillmans Projekte durchgeführt, die sich unmittelbar mit der öffentlichen Politik und dem politischen Diskurs beschäftigen. Dazu zählen die laufende Werkgruppe *Truth Study Center*, mit der er 2005 begonnen hatte, und die Poster-Serie aus dem Jahr 2016, die sich gezielt gegen den Brexit richtete und sich Kampagnen für den Verbleib Großbritanniens in der EU zuwandte. Das 2017 begonnene Projekt *Jahresring*, oder auch *Was ist anders?*, ein Kunst-Jahrbuch, das vom Kulturkreis der deutschen Wirtschaft veröffentlicht und von Tillmans als Gastherausgeber betreut wurde, ist das zentrale Thema dieses Interviews.

> Zoë Ritts (ZR): Ich möchte Sie zu *Was ist anders?* befragen. Wie kam es zu diesem Projekt?

Wolfgang Tillmans (WT): Es entstand aus dem Wunsch heraus, die problematische Situation, in der wir uns befinden, nicht mehr nur zu beschreiben, sondern zu analysieren und zu erklären, warum sich die Dinge verändert haben, und es uns durch dieses Verstehen zu ermöglichen zu erkennen, wie wir mit dem Aufkommen einer autoritären Politik umgehen können. Von zentraler Bedeutung für das Phänomen, das wir jetzt beobachten, ist, dass autoritäre Menschen und autoritäre Tendenzen im Westen in den letzten 50 Jahren in Schach gehalten wurden. Es gab sie zwar immer noch, aber ab den 1960er Jahren war der Autoritarismus auf dem Rückzug.

Frauenrechte waren auf dem Vormarsch, und die Gleichstellung war auf dem Vormarsch – zwar nur marginal, aber natürlich war es zu jeder Zeit auch dramatisch. Über 50 Jahre lang hatte progressive Vernunft, wie ich sie bezeichnen würde, gesiegt, aber es gab und es gibt immer autoritäre Menschen. Irgendwann einmal habe ich sie als Arschlöcher bezeichnet. Sie stehen der Vorstellung von Chancengleichheit diametral entgegen.

Es ist wichtig zu erkennen, dass der autoritäre Impuls eher ein persönlicher Charakterzug als eine Frage von links- oder rechtsorientiert ist und dass er eng verbunden ist mit einem Charakter, der auf Konfrontationen aus ist – es sind Menschen, die überhaupt nicht an einem Konsens interessiert sind.

Ich bin zu der Erkenntnis gelangt, dass dies eine Stimmung ist, ein Gefühl von »Lasst uns diesen Konsens zerschlagen!«. Warum haben sie ihn von vornherein nicht gemocht? Sie mussten ihn in den 1970er, 80er, 90er und 00er Jahren schlucken. Sie nehmen ständig Anstoß an Dingen, die eigentlich eher marginal sind, wie genderspezifische Toiletten oder Gender Studies, was zeigt, dass diese Themen emotional besetzt sind.

> ZR: Politische Subjekte sind psychologisch geformt. Letztlich geht es bei *Was ist anders?* darum mit der Hilfe von Psychologen, Neurowissenschaftlern und anderen Experten zu verstehen, wie diese emotionalen Fragen unsere Identitäten und politischen Überzeugungen formen.

WT: Es geht nicht darum, bessere Arbeitsbedingungen für Millionen Menschen herzustellen. Es geht um das Gefühl von Verlust. Es gibt das wunderschöne deutsche Wort *Deutungshoheit*, die Macht bzw. die Hoheit über die Interpretation. Autoritäre Charaktere haben das Gefühl einer permanenten Krise, und dass alle anderen das Falsche tun – sie sind die Einzigen, die die richtige Antwort haben. Sie betrachten sich selbst als die rechtmäßigen Führer der Menschen und haben Probleme damit, dass sie z. B. in Deutschland nur 13% der Stimmen bekommen haben. In einer geheimen, freien Wahl, nach mittlerweile einigen Jahren beachtlicher Immigration, Propaganda, Trump und Populismus haben nur 13% der Deutschen in einer Wahlkabine, in der sie durchaus die AfD hätten ankreuzen können, dies getan. Schlimm genug, aber dies zeigt die charakteristische Behauptung, die sie immer anführen, sie brächten ihr *Volk* zurück. *Was ist anders?* Untersucht die hier aktuell vorherrschende Psychologie. Ich habe mit Leuten gesprochen, die sich mit der Erforschung des Gehirns beschäftigen, mit Psychologen und Neurowissenschaftlern, die wissenschaftlich zu verstehen versuchen, was tatsächlich vorgeht, wenn man die Wahrheit sagt und wenn man lügt.

ZR: Könnten Sie die Psychologie beschreiben, die mit Wahrheit und Lügen verbunden ist?

WT: Der erste Ansatz befasst sich konkret mit dem »Backfire-Effekt«. Es handelt sich dabei um einen psychologischen Effekt, der beschreibt, dass, wenn Menschen, die an etwas Falsches glauben, mit Beweisen konfrontiert werden, die ihrer Meinung widersprechen, sie ihre Meinung nicht ändern. Es lässt sie nicht unberührt, sondern verstärkt sogar noch ihren Glauben an das Falsche. Es scheint für das Gehirn unglaublich schwierig zu sein, zu akzeptieren bzw. zuzugeben, dass man falsch liegt.

ZR: Es ist eine Art neurologischer Verteidigungsmechanismus, mit dem man sich schwieriger bzw. gegensätzlicher Informationen erwehrt. Ein Team von Wissenschaftlern, mit dem Sie zusammengearbeitet haben, kommt zu dem Schluss: »Menschen ignorieren häufig Beweise, die ihren festen Überzeugungen widersprechen.« Sie verwendeten Neuro-Imaging, um die neuralen Systeme zu untersuchen, die daran beteiligt sind, »eine Überzeugung beizubehalten angesichts von Gegenbeweisen«, um ihre Behauptungen zu bestätigen.[85] Könnten Sie das etwas näher erläutern?

WT: Ja. Zuzugeben, dass man falsch liegt, scheint für das Gehirn und das Ego, das Selbst schwierig zu sein; so gefährlich, dass das Gehirn dem Ego vielmehr dabei hilft, die [Wahrheit] in eine Lüge zu verwandeln, und umgekehrt. Als ich von diesem Effekt und seiner vollen Tragweite hörte, wurde mir klar, dass dies die

---

85 Jonas T. Kaplan, Sarah I. Gimbel, Sam Harris, »Neuronale Korrelate«, in: *Jahresring* 64, hg. von Wolfgang Tillmans, Berlin: 2018, S. 78.

Existenz von Verschwörungstheoretikern erklärt, die es schon immer gab, die aber eigentlich äußerst marginal sind. Wenn man aber plötzlich 30% der Bevölkerung nicht mehr mit Fakten erreichen kann, können diese 30% bei einem bestimmten Wahlergebnis die Mehrheit im Parlament ausmachen und das Land in eine Diktatur verwandeln. Dieser Effekt tritt nicht zwingend unter allen Umständen zutage. Fakten können Menschen erreichen und tun es auch, aber nur – und das ist der Punkt – wenn sie von Menschen verbreitet werden, die auf ihrer eigenen »Seite« stehen oder denen man irgendwie vertraut.

ZR: Ist damit der digitale Tribalismus gemeint, der in der Neigung resultiert, »nur die Informationen aufzunehmen und ernst zu nehmen, die zu dem eigenen Weltbild passen, und alles andere abzublocken, zu ignorieren oder rundheraus abzuleugnen?«

WT: Ja. Allerdings haben sie im Rahmen der »Backfire-Effekt«-Forschung herausgefunden, dass dieser nicht immer gleich effektiv ist und dass sich Meinungen ändern können. Aber in erster Linie muss der neurale Schutz des Egos gesichert sein. Das heißt, man kann mit Sicherheit sagen, dass ein Trump-Anhänger, der damit konfrontiert ist, dass SkyNews behauptet, es gäbe wirklich einen Klimawandel, kein Problem hätte, dies zu akzeptieren.

ZR: Der Konsens zwischen Psychologen, Wissenschaftlern und politischen Akteuren hinsichtlich der Erkenntnisse von *Was ist anders?* besteht also darin, dass die Zurückweisung von Fakten – auf der Ebene des Individuums – zum Katalysator für das Denken einer Gruppe wird, wenn es durch besonders schwierige aktuell gesellschaftliche Umstände verschärft wird. Einige Ihrer Mitwirkenden erwähnen einen Verlust an Vertrauen in politische Eliten nach der weltweiten Wirtschaftskrise des Jahres 2008, andere verweisen auf die zunehmend problematisch werdende gesellschaftliche Mobilität im Zuge dieser Krise und bereits bestehender ökonomischer Faktoren. Stephan Lewandowsky, der Kognitionspsychologe, mit dem das Buch beginnt, spricht vom Rückgang gesellschaftlichen Kapitals und von der gesellschaftlichen Polarisierung: »Die Polarisierung ist natürlich ein Nährboden für Post-Truth. Wenn Leute sich unversöhnlich gegenüber stehen und immer weiter auseinanderdriften, dann ist man bereit, so ziemlich alles über sein Gegenüber zu glauben.[86] Was sind Ihrer Meinung nach die hervorstechendsten umweltpolitischen Bedingungen, die die Neigung eines Individuums zu Extremismus oder Autoritarismus verstärken?

WT: Zusammengefasst bedeutet dies: Wenn man mit Statistikern, Sozialwissenschaftlern und Wirtschaftswissenschaftlern spricht, wird jeder sagen, dass die Welt ein besserer Ort geworden ist. Mehr und mehr Krankheiten sind heilbar, in den entwickelten Ländern ist die HIV/AIDS-Krise nicht mehr so schlimm, die Sicherheit am Arbeitsplatz hat sich gebessert, die Säuglingssterblichkeit hat sich im Vergleich zu vor 25 Jahren deutlich verringert. Es stimmt einfach nicht, dass alles schlimmer geworden ist. Die Fakten widersprechen ganz deutlich solchen pessimistischen Behauptungen der Rechten.

Allerdings herrscht auch bei den Linken der Glaube vor, dass alles ungerechter und ungleicher geworden ist. Und natürlich bin ich mir bewusst, dass es in den letzten 25 Jahren zu einer Umverteilung von Reichtum von wenig wohlhabenden Menschen zu wohlhabenderen Menschen gekommen ist. Wenn man sich aber die Einkommensungleichheit in Europa anschaut, so ist sie nicht so extrem wie in den USA oder übrigens auch in China. Es gibt soziale, politische und wirtschaftliche Probleme, aber sie sind bei weitem nicht so groß.

Was stärker geworden ist, ist das Gefühl der Nutzlosigkeit, des Ausgeschlossenseins und der Machtlosigkeit – durch eine

---

86 Wolfgang Tillmans, »Interview mit Stephan Lewandowsky«, ebd., S. 14.

Medienlandschaft, die einem ständig erzählt, dass man sich ermächtigt fühlen sollte, dass man die Fiktion der Partizipation in Sozialen Medien, des Einflusses und der Unmittelbarkeit aufrecht hält, obwohl man sich in Wirklichkeit mit dem gleichen öden Leben und der gleichen öden Arbeit konfrontiert sieht, die sich in den letzten 20 Jahren nicht verändert haben.

Es ist das Gefühl, den Sinn des Lebens verloren zu haben, weil die Gesellschaft immer kapitalistischer geworden ist und es an einer alternativen gesellschaftlichen und wirtschaftlichen Ordnung mangelt. In den letzten 25 Jahren ist alles individualistischer geworden, es geht nur noch um die Optimierung des Selbst und des Egos. Diese Veränderung führte dazu, dass die Menschen das Gefühl der Sinnhaftigkeit verloren haben, im Sinne eines gemeinsamen Lebenszwecks. Die Frage, warum die Linke diese Lücke nicht ausgefüllt hat, warum sie nicht versucht hat, Antworten für diese Emotionen zu finden, ist der eigentliche Kern des Problems. Was sind wir, alle gemeinsam?

Ich habe das Clubbing und die Utopie des Nightlife als eine starke politische Bewegung in den 1990er Jahren betrachtet. Dieses Gefühl des Enthusiasmus, dieses Gefühl, dass alles einen Sinn ergibt, das war diese neue Musik. Neue geistige Freiräume und der Zusammenbruch von Barrieren zwischen Europäern. Wir hatten das Gefühl, dass nach dem Fall der Mauer in Berlin »alles besser werden« würde, erst recht nach der Krise des Kapitalismus in den 1980er Jahren, der in den 1990er Jahren, wie sich herausstellte, nur eine Pause einlegte. Es war nur so ein Gefühl, und die Menschen hatten keine Angst. Sie blickten ganz allgemein auf eine bessere Zukunft. Es war ein Gefühl der Partizipation. Und aus diesem Grund waren die Menschen auch bereit, tolerant und offen für politisch korrekte Entwicklungen zu sein, von denen ich immer dachte, sie wären genau das – korrekt.

ZR: Dies bringt uns zu der Aussage, die Caroline Emcke gemacht hat hinsichtlich der Räume, in denen man ohne Gefahr leben kann, und hinsichtlich der gesellschaftlichen Räume, die sich nach und nach auflösen und in denen die

Einschüchterung im öffentlichen Raum wächst. Überdies teilen die autoritären Bewegungen in Deutschland, aber auch in Polen und Ungarn, den Wunsch, »dass die Rechte derjenigen, die außerhalb der Heteronormalität leben, eingeschränkt werden. Diese Feindseligkeit hat es schon immer gegeben, aber nicht so selbstbewusst und offen, wie sie heute im öffentlichen Raum zu finden ist.« In welchem Zusammenhang steht das zu Ihren Bemerkungen zur Clubkultur als gemeinschaftliche Räume des Andersseins, als erfolgreiche gesellschaftliche Mikrokosmen?

WT: Ja. Ich habe letztes Jahr anlässlich meiner Ausstellung in der Tate Modern ein kleines Symposium ausgerichtet, bei dem es um eben jenes Verschwinden von öffentlichem Raum in der Jugendkultur ging. Die Zentren der meisten Städte des Westens sind längst keine Nightlife-Zonen mehr. Es gibt keine Freiräume, sondern eine zunehmende Überwachung des Nachtlebens. In den noch verbleibenden Clubs beobachten die Security-Mitarbeiter alles genau, alles wird kontrolliert – der Kapitalismus will das. Er will genau dieses Modell eines attraktiven, pulsierenden Nachtlebens. Doch die Realität einer Arbeitnehmerschaft, die vielleicht einen Kater hat oder sich Mitte der Woche krankschreiben lässt, ist vollkommen inakzeptabel. Alles muss gesund sein.

ZR: Das bringt uns zu den Auffassungen von Reinheit und Abscheu, wie Philipp Hubl sie vertritt – dass das moralische Prinzip von Reinheit von Konservativen mehr geschätzt wird als von Progressiven.[87]

WT: Ja. Es gab manche, die Anstoß genommen haben an diesem Aspekt des Projekts. Es besteht ein Unterschied zwischen dem amerikanischen Verständnis von konservativ und z. B. dem deutschen Begriff *konservativ*, doch die Idee bestand darin, dass

87 Philipp Hübl, »Die Macht politischer Gefühle«, ebd., S. 36.

es bestimmte Charakteristika gibt, die mit bestimmten politischen Präferenzen übereinstimmen.

Was dieser [politisch konservative] Typus braucht, ist die ständige Atmosphäre der Krise und das Gefühl, dass die Zukunft in Gefahr ist, und die Angst vor der Zukunft, vor einer Zukunft, die schlimmer ist als das Heute. Leider hat der »zügellose Kapitalismus« diese Situation hervorgebracht. Die kapitalistische Gesellschaft hat zu einer Atomisierung der Menschen auch in ihren Gefühlen geführt und eine Unterschicht von Dienstleistern und Deliveroos [Mitarbeiter von Liefer- und Kurierdiensten] entstehen lassen, die vor 30 Jahren vielleicht noch ungelernte Arbeitskräfte waren...

ZR: Aber zumindest waren sie damals wahrscheinlich alle gewerkschaftlich organisiert.

WT: Ja, und jetzt müssen sie mit der Lüge leben: »Ich bin selbstständig, ich habe mir das ausgesucht.« Ich denke, man kommt an einen wichtigen Punkt, an dem dieses sich selbst Belügen seinen Preis fordert. So viele Menschen müssen mit der Illusion leben, »dass wir die Wahl haben«, wenn das de facto nicht der Fall ist. In Großbritannien wird einem ständig mit Durchsagen in Zügen gedankt, »Danke, dass Sie sich für South West Trains entschieden haben«, obwohl man genau genommen keine andere Wahl hat, wenn man in verschiedenen Landesteilen von Großbritannien lebt. Das ist ein täglicher Schmerz, ein täglicher Preis, den das Gehirn und das Ego zu zahlen hat. Wir werden ständig gepusht, uns wird erzählt, wir hätten Optionen, [während es in Wirklichkeit] keine Optionen mehr gibt. Dies ist Betrug und eine Sprache des Betrugs, die der Kapitalismus kreiert mit dem Anschein von Wahlmöglichkeiten und Optionen, die letztlich gar keine Optionen sind.

Viele Menschen haben kein eigenes Handlungsbewusstsein, das ihnen sagt, wie sie ihr Leben gestalten können. Man wird sehr respektlos behandelt von Bank, von Mobilfunkunternehmen – das ist alles Kapitalismus. Jedes Mal wird dem Gehirn erzählt

»Ich bin frei«, was aber eindeutig nicht stimmt – und plötzlich kommt jemand daher und sagt, deine Rasse ist besser, oder dein Volk ist besser, oder deine Religion ist besser, und vermittelt ein Gefühl der Stärke – es ist etwas, was man besitzt, was man nicht wegnehmen kann, das andere aber nicht haben.

> ZR: Okay, aber eine Ermächtigung von Stärke basierend auf fundamentaler Ungleichheit, die das Bedürfnis nach sozialer Hierarchie befriedigt – die grundlegende Ideologie der Ungleichheit ist nun mal eine Gemeinsamkeit des Rechtsextremismus.[88]

WT: Ja, und das war vor 15 oder 20 Jahren noch weitaus weniger aktuell, als noch ein Gefühl vorherrschte, dass sich alles hin zu einer besseren Gesellschaft bewegt. Dieses Narrativ ist gestoppt worden, letztlich wegen der Globalisierung, obwohl das so auch nicht ganz stimmt.

Die Globalisierung hat auch etwas Gutes, weil ich glaube, dass alle Menschen grundsätzlich gleich geboren werden. Nur weil du in China geboren bist, heißt das nicht, dass du kein Recht auf ein Auto hast, weil die USA sagen, dass eine Milliarde Chinesen kein Auto haben dürfen, weil das schädlich für das Klima ist. Wir behandeln alle gleich, und eine indische Familie kann davon träumen, einen Geschirrspüler zu bekommen oder was auch immer. Alles, was wir hier in Deutschland wollen und für selbstverständlich erachten, müssen wir auch allen anderen zugestehen. Ich denke, es musste so kommen. Das bedeutet allerdings auch, dass es Millionen bzw. Milliarden Mitbewerber für ansonsten europäische oder US-amerikanische Jobs gibt, und das ist beängstigend.

> ZR: Wenn man Macht als das Potential definiert, mögliche zukünftige Wirklichkeiten zu kontrollieren und so einen Rückschritt zum Rechtspopulismus zu machen,

---

88 Wolfgang Tillmans, »Interview mit Bianca Klose«, ebd., S. 59.

muss ich an das denken, was Sie zu Autonomie gesagt haben. Es herrscht natürlich Frustration, eine Frustration, die entsteht, wenn man der Macht über die eigene Zukunft beraubt wird – wie Sie schon sagten: Man sieht, dass andere die Möglichkeit oder eine Art Freiheit besitzen zu wählen, man selbst hat diese Chance aber nicht. Angesichts dieser emotionalen Frustration reagieren Menschen, die mit den komplexen Widersprüchen in einer globalisierten, kapitalistischen Welt konfrontiert sind, mit dem Gefühl der Bedrohung, das sich in Fremdenhass, Rassismus, Sündenbock-Denken, und Gewalt äußert.

WT: Ganz genau. Ich denke, das rührt von der Frustration her, die Sie beschrieben haben, von einer Fiktion einer ständigen Selbstentfaltung und Selbstdarstellung, einem Diktat. Ein Beispiel: Indem freie kommunale Räume geschlossen oder an den Rand gedrängt werden und mehr 24/7-Arbeit und Öffnungszeiten rund um die Uhr eingeführt werden, sorgen wir letztlich dafür, dass Menschen und Familien weniger Zeit miteinander verbringen. Wir werden des Gefühls der Zusammengehörigkeit und der Seelenverwandtschaft beraubt. Der Kapitalismus ist an unkontrollierter Freizeit ohne Auftrag und Produktivität nicht interessiert.

Linke Kräfte oder linksliberale Kräfte haben sich diesem Prozess der Reduzierung des Gemeinschaftssinns nicht zugewandt. Die Rechte bietet nur Sport, Kirche, Militär, Konsum und Familienwerte, die gemeinschaftliche Erfahrungen bereitstellen, wohingegen Solidarität, Gewerkschaften, freies Clubbing und Freiräume nicht verteidigt wurden.

Hat die Kunstwelt irgendeinen Einfluss? Das ist die große Frage. Allerdings glaube ich andererseits sicherlich auch nicht daran, das System in die Luft gehen zu lassen. Vielleicht bin ich auch zu ängstlich, aber weiß z. B., dass mein Leben von einer funktionierenden pharmazeutischen Industrie und einem funktionierenden Gesundheitssystem abhängt. Ich benötige jeden Tag bestimmte Medikamente, und wenn sie alles in die Luft jagen, wie mancher Hardcore-Linker sagt, dann bin ich bestimmt ganz.

ZR: Lange vor *Was ist anders?* und vor den Postern, die Sie für die Unterstützung der »Remain«-Kampagne gemacht haben, könnte man Ihr Werk als etwas betrachten, das sich mit der Erforschung der Gesellschaft befasst, und zwar sehr intim sowohl im privaten als auch im öffentlichen Raum. Was meinen Sie hinsichtlich der gesellschaftlichen Verantwortung von Künstlern bzw. welche Rolle sollten diese in der Gesellschaft übernehmen?

WT: Ich denke, dass Kunst per definitionem keinen nutzlos ist. Mit diesem provokanten Satz meine ich natürlich, dass sie keinen Zweck erfüllt, keinen Nutzen hat. Ohne einen ausgewiesenen Zweck bzw. Nutzen ist. Das Wesen der Kunst besteht darin, dass sie keinen Sinn ergeben muss. Es ist keine zielgerichtete Forschung, es ist ziellose Erforschung. Diese Ausdrucksfreiheit und Zwecklosigkeit und Nutzlosigkeit von Kunst besteht darin, dass sie nicht verwendet werden muss, im Gegensatz zum Design, das einen Nutzen hat. Ich verteidige das Recht von Künstlern, sich politisch nicht zu engagieren, obwohl ich selbst eher ein Aktivist bin und mich als Kritiker eher direkt und unverblümt äußere. Ich kann das von meinen anderen Künstlerfreunden ebenso wenig verlangen wie vom Bäcker oder von Automechaniker. Allerdings habe ich erkannt, dass die Künstler insgesamt sich in den letzten Jahren immer feiger benehmen und die große Macht, die Kunst eigentlich hat, außer Acht lassen. Kunst hat eine ungeheure Macht. Wenn Künstler keine Angst haben, zu Menschen zu sprechen, werden sie auch gehört. Die meisten Künstler sind viel zu verlegen, und sie schauen nur auf die Reaktionen der anderen Künstlerinnen und Künstler. Keiner will dabei ertappt werden, sich auf einem allgemein verständlichen Level zu äußern. Jeder versteckt sich hinter dem Fachjargon und bleibt stumm und verhält sich in der Gesellschaft insgesamt viel zu neutral. Für viele Intellektuelle, selbst erklärte Linke bzw. Linke, die sich selbst als linke, oppositionelle kritische Kreise betrachten, ist der Graswurzel-Aktivismus etwas völlig Fremdes, sie kommen nicht von ihrem hohen Ross des Status als Beobachter und Kommentatoren herunter.

ZR: Anstatt sich mit dem alltäglichen Leben zu befassen.

WT: Ich hingegen will direkt durch mein Werk zu anderen sprechen, ohne es gleich dem Massengeschmack anzupassen. Komplexität und Eindeutigkeit können zugleich Teil des Vokabulars oder der Strategie des gleichen Künstlers sein. Ich verspüre eine Sorge um und ein Interesse für Ehrlichkeit und für die Analyse der Bildsprache, für die Aufrichtigkeit und Gewissenhaftigkeit der Abbildung. Was passiert, wenn wir ein Bild von uns durch Kleidung präsentieren oder wenn z. B. die Architektur die Fassade von Gebäuden präsentiert und dabei die Absichten hinter ihren Gebäuden und Städten verbirgt? Die Architekturfotos, die ich [für *Book for Architects*, mit Rem Koolhaas] gemacht habe, beschäftigen sich allesamt damit, das Auge zu schärfen, um Betrug und Täuschung offenzulegen. Wir müssen eingestehen bzw. akzeptieren, dass wir alle mit Irreführung spielen. Es ist wichtig, sie bei uns selbst zu entdecken inklusive des Vergnügens, das sie mit sich bringt. Wir müssen die gutartigen Formen von Täuschung erkennen und gleichzeitig die destruktiven Formen, auf die autoritäre Menschen oder autoritäre Formen des Kapitalismus zurückgreifen.

ZR: Was halten Sie von der Idee, dass die Fotografie ein Werkzeug ist, mit der man vielfältige und zahlreiche gesellschaftliche und politische Realitäten gestalten kann? Insbesondere hinsichtlich der Ausrichtung bzw. Neuausrichtung von Informationen – etwas, mit dem Sie sich bei *Truth Study Centre* beschäftigt haben, als sie wahre News und Fake News Seite an Seite präsentiert haben.

WT: In den 1990er Jahren, als ich so langsam bekannt wurde, gab es einen Trend zur Wertschätzung der Authentizität in der Fotografie. Das Gleiche galt für die Modefotografie – Nan Goldin wurde als authentisch gefeiert, ebenso Corinne Days Fotos von Kate Moss. Ich hingegen bin völlig anders vorgegangen und dachte, nun ja, natürlich ist in der Fotografie nichts authentisch.

Authentizität ist lediglich ein absoluter Begriff, der im Vergleich zur Intention des Urhebers des Fotos verwendet wird. So wurde z. B. das Foto von Lutz und Alex [*Lutz & Alex sitting in the trees*, 1992] irgendwie als authentisches Bild meiner Generation betrachtet. In dem Moment, in dem man diese Annahme auf den Prüfstand stellt, wird einem klar, dass Menschen natürlich nicht halbnackt in Bäumen sitzen. Damit meine ich nicht, dass es kein authentisches Bild ist, weil es authentisch ist hinsichtlich der Intentionen von mir als Urheber, der eine Wirklichkeit in Form eines Fotos einer gleichberechtigten, ebenbürtigen geschlechtlichen Beziehung porträtieren wollte und dabei auf eine spielerische Verwendung von Sexualität zurückgegriffen hat. Genau das wollte ich mit diesen Fotos vermitteln, und wie es scheint, ist mir das auch gelungen. Deswegen sind diese Fotos authentisch. Allerdings halte ich nichts davon, dass Fotos gefeiert werden, die die Sprache der Authentizität verwenden, um authentisch zu wirken – damit will ich nichts zu tun haben. Ich habe schon immer an die Konstruktion des Selbst, unseres vielschichtigen Selbst geglaubt und war immer davon fasziniert. Ich bin mir sicher, dass die Menschen das auch in den vergangenen Jahrzehnten gespürt haben müssen, aber vielleicht ist das auch nur eine postmoderne Erfahrung. Dass wir mehr als nur ein Individuum sind.

> ZR: Dank der sozialen Technologien existieren wir sogar zunehmend simultan als Versionen von uns selbst, als Social-Media-Abbildungen von uns selbst, als Smartphone-Bilder von uns selbst. Was betrachten die, die an dem Projekt beteiligt waren, als psychologische Konsequenzen dieser Entwicklungen auf unser politisches Selbstverständnis.

WT: Heute handelt es sich um technologische Hyperrealität, aber das Konzept an sich existierte schon vor 25 Jahren in meinem Kopf und dem meiner Freunde. Man ist nicht nur ein Hippie; man kann Techno lieben und gleichzeitig Hippie sein, die Umweltverschmutzung hassen und doch von der Concorde fasziniert sein. Widersprüchlichkeit war nicht wirklich erlaubt, aber sie war da. Die Aussöhnung damit, dass in einem selbst widersprüchliche Teile von sich koexistieren, ist problematisch. Dass man ständig Teil des Problems ist und darin verwickelt ist. Das schien mir das zu sein, was damals mit mir und meinem Selbst passierte, besonders hinsichtlich der konträren Positionen im Hinblick auf Fotografie und Authentizität.

ZR: Das führte zu einer Reaktion gegen Komplexität, die manche als politische Subjektivität betrachten, die auf eingeschränkten bzw. vereinfachten Informationen und Wahrheiten beruht – zu einem Autoritarismus als psychologisch hilfreiche Reaktion auf komplexe Identitäten in einer komplexen Welt.

WT: Ja und mit diesem Statement kommen wir auch zum Schluss. Ich bin froh, dass Sie darauf zurückkommen. Bei den Interviews zu *Was ist anders?* habe ich gelegentlich gefragt, wie man Komplexität attraktiver machen kann. Mein Werk feiert genau diese Komplexität, in ihrer größten Eindeutigkeit, und es verwendet Bestätigung und Bejahung, anstatt auf Verkomplizierung, Kritik und mit-dem-Finger-auf-etwas-Zeigen zurückzugreifen. Ich denke, dass die Komplexität immer gewinnen wird. Bis jetzt ist noch jede Diktatur und jede Theokratie gescheitert. Die Komplexität und die Realität, dass die Menschen unterschiedlich sind, werden gewinnen.

ZR: Das heißt, wir können optimistisch sein!

WT: Ja, das müssen wir. Denn damals war längst nicht alles nur gut. Und jetzt unterhalte ich mich mit 25-jährigen, die die 1990er Jahre durch die rosarote Brille sehen, und natürlich war damals nicht alles besser. Doch damals hatten wir gemeinsame Zielvorstellungen, die meiner Meinung nach heute fehlen. Das muss nicht sein, denn auch heute gibt es viele Ziele, für die man auf die Straße gehen und zusammenkommen kann!

Zusätzlich zu dem, was sich geändert hat und was letztlich diese Reaktionen auslöst, gibt es etwas, was mir aufgefallen ist und was ich als Gewalttätigkeit der Werbung bezeichnen möchte. Man kann ihr nicht entrinnen, und sie wird nicht hinterfragt. Die Marke Tag Heuer z. B. sagt in ihrer Werbung so etwas wie »Don't get to the breaking point.« [»Gehen Sie nicht an die Grenze der Belastbarkeit«]. In London ist sie überall, und die Menschen dort sind aber an der Grenze der Belastbarkeit – und sehen ständig »Gehen Sie nicht«. Mit diesem Luxusprodukt kommt man nicht an die Grenze der Belastbarkeit. Es handelt sich um eine Art Gewalttätigkeit, dass einem ständig Ungleichheit oder Unerreichbarkeit dessen, was man angeblich unbedingt haben muss, vorgehalten wird – und genau das erzeugt Unzufriedenheit. Vielleicht müssen sich diejenigen, die all diese Botschaften entworfen haben, und all diejenigen, die diese Botschaften in Auftrag gegeben und bezahlt haben, für alle diese Unzufriedenheit rechtfertigen, die sie mit diesen Bildern von Verlangen und der Verbreiterung von Verlangen ausgelöst haben.

Reden wir über Faschismus

Hito Steyerl

Ich meine es so, wie ich es sage. Nicht über Psychologie oder das Böse als solches. Nicht über Wahnsinn oder ein plötzliches, unvorhersagbares Verhängnis. Sie versuchen, dem Thema aus dem Weg zu gehen. Das Thema ist Faschismus.

Eine ähnliche Vermeidungsreaktion haben wir nach den Attacken in Oslo und Utøya erlebt. Als wollten Gesellschaften ihren Augen und Ohren nicht trauen. Der Täter hat seine neofaschistischen Überzeugungen ausführlich dargelegt. Doch die Leute versuchen, dieser Tatsache aus dem Weg zu gehen. Seine Tat wird nicht als Terrorakt bezeichnet, sondern als Akt des Wahnsinns. Sie wir entpolitisiert und als eine private Abweichung repräsentiert, die das Land so unerwartet wie eine Naturkatastrophe heimsuchte. Damit wird sie von der politischen Dimension entkoppelt und zu einer privaten, individuellen Handlung gemacht.

Diese Vermeidungsreaktion hat uns noch etwas anderes zu sagen. Sie deutet auf eine Lücke in der Repräsentation selbst hin. Sie hat ihren Ursprung in sehr ernsten epistemologischen und politischen Problemen, die tief ins Gewebe des zeitgenössischen Faschismus und sein Wiederaufleben in ganz Europa und darüber hinaus eingearbeitet sind. Mehr noch: Sie sind ganz grundlegend in der Art und Weise verankert, mit der wir die heutige Wirklichkeit wahrnehmen.

Das Grundproblem ist jedoch kein Mangel an Moral. Es ist auch keine Frage von Gut oder Böse, Gesundheit oder Krankheit. Es ist das Problem der Repräsentation. Einerseits politische Repräsentation; andererseits kulturelle Repräsentation; und eigentlich, drittens, wirtschaftliche Partizipation. Was hat all dies mit den öffentlichen Reaktionen auf das Massaker zu tun?

Worin bestehen nun die politische und die kulturelle Repräsentation? Genauer: Worin bestehen die Unterschiede zwischen diesen Begriffen und innerhalb von ihnen? Sie beruhen auf unlösbaren Widersprüchen; und der Sprung zum Faschismus scheint einem gewissen Bestreben, diese verschiedenen Aporien zur Explosion zu bringen, gerade recht zu kommen.

Beginnen wir mit dem Anfang. Politische Repräsentation wird in einer liberalen Demokratie hauptsächlich durch die Teilnahme an Wahlen erreicht. Diese setzt Staatsbürgerschaft voraus. Wahre politische Repräsentation ist daher in allen europäischen Demokratien unzureichend verwirklicht.

Das ist bekannt. Aber es gibt jetzt weit allgemeinere und drängendere Probleme. Die politische Macht wird zunehmend ausgehöhlt. Immer weniger kommt es darauf an, wer politische Repräsentation erreicht oder nicht erreicht. Selbst Menschen mit vollumfänglichen politischen Privilegien, Mitglieder von Parteien und selbst von Parlamenten werden zunehmend ignoriert. Denn: egal, was die Menschen wollen, egal, wer sie sind und unabhängig davon, wer sie vertritt – die heutigen Souveräne sind primär die »Märkte«. Die Märkte und nicht die Menschen müssen von der politischen Klasse beschwichtigt, zufriedengestellt und beglückt werden. Auf dem Gebiet der Wirtschaft gibt es ebenfalls Repräsentation. Die Partizipation an Wirtschaftsprozessen bemisst sich an den Fähigkeiten, Kredite zu erhalten, Eigentum zu besitzen und zu konsumieren. Das erklärt auch die heutige Wut auf das, was im Wesentlichen wirtschaftliche Ausgrenzung oder Ausschließung von Verbrauchern ist. Viele Aufstände der Gegenwart haben keine politischen Ziele – warum sollten sie auch, da sich politisches Handeln in vielen Fällen ohnehin als machtlos erweist? –, sondern streben nach wirtschaftlicher Partizipation: der geballteste Ausdruck davon ist die Plünderung von Einkaufszentren.

Diese Erosion politischer Macht ist das Ergebnis einer jahrzehntelangen Umverteilung von Wohlstand, Chancen und wirklicher Macht von den Armen hin zu den Reichen. Solange es möglich war, wurden die Armen mit Krediten und Treuepunkteshopping besänftigt. Jetzt, da dies nicht mehr zu funktionieren scheint, ist die wirtschaftliche Partizipation zu einem Schlachtfeld geworden.

Aber was hat all das mit Faschismus zu tun? Oberflächlich betrachtet, nichts. Aber alle diese Phänomene sind Symptome dessen, was man versuchsweise als Postdemokratie bezeichnen könnte. In einer Postdemokratie wird die Politik als Mittel zur Gestaltung des Raums des Gemeinsamen, des Commons, sukzessive aufgegeben.

Die Postdemokratie lässt sich auch innerhalb politischer Institutionen spüren. Die Bürger der Europäischen Union sehen sich beispielsweise einer Reihe von Institutionen gegenüber, die nicht demokratisch legitimiert sind (darunter wiederum Finanzinstitutionen, die keinerlei politischer Kontrolle unterliegen). Die Stimmen der Bürger haben in Abhängigkeit von ihrer Staatsangehörigkeit nicht dasselbe Gewicht und erzeugen so verschiedene Kategorien politischer Repräsentation. In und außerhalb Europas sind Oligarchen aller Art auf dem Vormarsch. Wo Bürokratien sich zurückziehen, rücken autoritäre Herrschaft, nepotistische Betrügereien und organisierte Selbstjustiz nach. Das sogenannte Gewaltmonopol wird zunehmend privatisiert, an Privatarmeen, Sicherheitsfirmen und outgesourcte Gangs übergeben. Kräfte, die demokratisch kontrolliert werden könnten, werden schwächer, während Staaten und andere Akteure ihre Programme durch Notfallbefugnisse oder allgemein »die Notwendigkeit« aufzwingen wollen. In den letzten Jahrzehnten gab es dafür so viele Beispiele, dass ich nicht einmal anfangen will, sie aufzuzählen.

All diese Symptome verstärken Gefühle des Unbehagens, wenn es um die Vorstellung von politischer Repräsentation als solche geht. Wurde uns nicht Gleichheit versprochen? Ja, durchaus. War nicht der Grundgedanke der Demokratie, dass wir alle repräsentiert werden würden? Sind wir aber nicht. Zur politischen Repräsentation gehören eine gewisse Willkürlichkeit und Wahllosigkeit – bis zu einem gewissen Grad sind sie ihr inhärent, aber gerade jetzt scheinen sie in ungeheurem Maß forciert zu werden.

Die Folgen sind Instabilität, Unvorhersagbarkeit und eine große Portion Aussichtslosigkeit.

Kulturelle Repräsentation

Und wie steht es um die kulturelle Repräsentation? Worin besteht sie überhaupt? Kulturelle Repräsentation ist (häufig visuelle) Repräsentation im öffentlichen Raum: Durch Texte, Werbung, Populärkultur, Fernsehen – was auch immer. Man muss hier gar nicht groß ins Detail gehen, es genügt, wenn Sie sich umsehen. Hier scheint die Situation eine ganz andere zu sein. Es herrscht ein Überfluss von Repräsentation von fast allem und von fast jedermann – in den kommerziellen wie in den sozialen Medien. Diese Repräsentationslawine ist mit den Digitaltechniken stark angeschwollen. Dass Dinge und Menschen kulturell repräsentiert werden, bedeutet allerdings nicht viel. Es bedeutet nur, dass eine Menge von Bildern herumwabert und um Aufmerksamkeit buhlt.

Was ist dann aber das Verhältnis zwischen politischer und kultureller Repräsentation? Zwischen Darstellung und Vertretung oder zwischen Proxy und Porträt, wie Gayatri Spivak es formulierte?

Es gibt ein solches Verhältnis. Aber es ist nicht dasjenige, dessen Existenz traditionell vorausgesetzt wurde. Vor etwa dreißig, vierzig Jahren begriffen die Kulturwissenschaften, beeinflusst von Gramsci, die kulturelle Repräsentation als eine Art visuelle Demokratie. Die Annahme lautete ungefähr so: Wenn die Menschen kulturell in positiver Weise repräsentiert wären, würde politische Gleichheit wahrscheinlicher werden. Weite Teile der 1980er Jahre waren gekennzeichnet von leidenschaftlichen Auseinandersetzungen um die Idee einer Politik der Repräsentation (die vielerorts noch viel länger anhielten).

Uns wird jedoch langsam klar, dass irgendetwas an dieser Gleichung nicht aufging; oder, um es neutraler auszudrücken, sich etwas drastisch änderte. Während die kulturelle Repräsentation von allem und jedem eine massive Inflation erfährt (und die meisten individuellen Bilder, Texte und Klänge zugleich entwertet und herabgesetzt werden), ist die politische Repräsentation nicht nur ungleich verteilt, sie ist auch immer weniger relevant. Die beiden Bereiche scheinen zudem vollkommen aus dem Lot zu fallen. Die Zeit des exponentiellen Wachstums sämtlicher repräsentierter Dinge, das Zeitalter der massenhaften Ausbreitung umlaufender Bilder und Daten ist zugleich die Zeit der Radikalisierung von einwanderungsfeindlicher Politik, der Einrichtung immer schärferer Grenzkontrollen, des Wachstums neofaschistischer Bewegungen und Parteien (manche sprechen lieber von Rechtspopulismus) und eines allgemeinen Autoritätsschwunds von Politik.

Wollte man die These zuspitzen, könnte man zu dem Schluss gelangen, dass es beinahe ein umgekehrt proportionales Verhältnis zwischen politischer und kultureller Repräsentation gibt. Je mehr Menschen kulturell repräsentiert werden, je mehr sie einander mit ihren Handys knipsen und sich den Überwachungssystemen von Facebook beugen, umso weniger spielen sie politisch eine Rolle. Aber das mag nur zum Teil stimmen. Die eigentliche Verbindung besteht vielleicht darin, dass beide Repräsentationstypen vollkommen erratisch und regellos funktionieren. Beides sind eher Porträts als Proxys, und dabei nicht unbedingt gute Porträts.

Der Zusammenbruch der Repräsentation

Damit nun wird die Weigerung, den Faschismus anzuerkennen, obwohl er öffentlich proklamiert und durch Gräueltaten gestützt wird, wie im Fall der Attacken in Oslo und Utøya, deutlicher – weil dieses Vermeidungsverhalten auf einen blinden Fleck verweist, der das Problem der Repräsentation mit dem Faschismus verknüpft.

Warum ist das so? Weil im Faschismus die Repräsentation zusammenbricht. Er setzt alles daran, sie ins Leere laufen zu lassen, indem die ihr eigenen Komplikationen vermieden werden und Repräsentation als ein fremdartiges und wesensfernes Konzept verkauft wird. Der Faschismus behauptet, das Wesen der Menschen auszudrücken, indem er einen Führer an die Spitze setzt und die kulturelle Repräsentation durch Karikaturen ersetzt, die als schlichte Wahrheit ausgegeben werden. Er versucht, sich der Repräsentation überhaupt zu entledigen.

Und tatsächlich gibt es viele Gründe, der heutigen Repräsentation gegenüber argwöhnisch zu sein. Sowohl hinsichtlich der politischen als auch der kulturellen Repräsentation scheint der Zusammenhang zwischen Repräsentiertem und Repräsentation in den letzten Jahren erheblich komplizierter geworden zu sein, und sehr oft löst er sich völlig auf. Die Repräsentation, wie wir sie kennen, droht gegen die Wand zu fahren – oder vielmehr, unkontrollierbar trudelnd abzustürzen.

Bei der kulturellen Repräsentation wurde das Konzept der Wirklichkeit beispiellos überbeansprucht. Viele Regeln und Konventionen der visuellen Repräsentation sind mit der jüngsten digitalen Revolution so gut wie obsolet geworden. Was Bilder betrifft, wurde die sogenannte indexikalische Bindung der Fotografie (die seit jeher zweifelhaft war) durch Copy-und-Paste-Techniken, forcierte Nebelkerzen-Taktik und bis dahin ungekannte Möglichkeiten zu Betrug, Falschinformation und Täuschung zerstört. Bislang geltende Verfahren, um Informationen – journalistische, juristische und bis zu einem gewissen Grad auch wissenschaftliche – auf ihren Wahrheitsgehalt zu überprüfen, wurden durch Internet-Gerüchte, verbreitete Deregulierung, das Gesetz der Nachfrage und durch Crowdsourcing erzeugtes »Wissen« nach Wikipedia-Art ersetzt. Natürlich war kulturelle Repräsentation schon immer heikel. Aber die Entstehung des Faschismus 2.0 passt zu einer Zeit, in der digitaler Hass sich wie ein Lauffeuer ausbreiten kann, befeuert durch Avatare, die kaum noch mit realen Menschen verknüpft werden können. So wie die Repräsentation als solche von der institutionellen Kontrolle entkoppelt wurde, so ist auch ihr Inhalt inzwischen vielfach von der empirischen Wirklichkeit losgelöst. Verstehen Sie mich nicht falsch. Ich bin nicht der Auffassung, dass die digitale Revolution etwas Schlechtes ist. Im Gegenteil, sie hat eine Menge großartiger Fortschritte bei der freien Zirkulation von Informationen ermöglicht. Jedoch zum Preis gesteigerter Ungewissheit und Instabilität. Auch das kann nicht geleugnet werden.

Hinsichtlich der politischen Repräsentation besteht eine der wichtigsten Einsichten der letzten Jahre darin, dass selbst diejenigen, die politisch repräsentiert werden, sich ohnmächtig fühlen, da Macht heute eher ökonomisch als politisch kodiert zu sein scheint. Deshalb scheint die politische Repräsentation ironischerweise mehr und mehr der kulturellen Repräsentation zu gleichen. Sie ähnelt mehr einem Porträt als einem Proxy, ist mehr Abbildung als Stellvertretung, während ihre inneren Widersprüche zunehmen. Es wird also immer komplizierter, sowohl bei der politischen als auch bei der kulturellen Repräsentation.

Finanzwesen und Epistemologie

Vielleicht ist der gemeinsame Nenner all dieser Abweichungen und Verschiebungen der Repräsentation der Begriff der Spekulation. Die Spekulation ist sowohl ein finanzielles als auch ein epistemologisches Instrument. Im Finanzwesen bedeutet Spekulation, einen Schritt zu unternehmen, dessen Konsequenzen nicht sicher vorhergesagt werden können. Nicht alle Informationen sind (oder können) zum Zeitpunkt der Entscheidung verfügbar (sein). Das Risiko erhöht sich dadurch, ebenso wahrscheinlich auch die Chancen. Spekulation bedeutet außerdem, dass der Wert zunehmend von dem Gegenstand losgelöst wird, auf den er sich bezieht. Er bezieht sich nicht mehr auf den jeweiligen Gegenstand, sondern auf den Kontext seiner Zirkulation und die mit ihm verbundenen Emotionen. Er repräsentiert Stimmungsschwankungen um Derivate von Derivaten. Er gleicht eher dem Video-Feedback des Datenzulaufs einer heftig bewegten Handkamera als einer herkömmlichen Standbildillustration (und damit meine ich nicht, dass letztere wahrheitsgetreuer ist als ersteres – sondern nur vorhersagbarer).

Es ist nicht schwer zu erkennen, was das mit Spekulation als Instrument der Beobachtung und Forschung zu tun hat. *Speculari* bedeutet als Lateinisch beobachten. Es wird als lateinische Übersetzung des griechischen *theoria* verwendet und beschreibt die Suche nach dem Wesen oder den Ursprüngen der Dinge hinter ihrer empirischen Existenz. Zugleich verweist es auf einen Sprung in den Nebel des reinen Scheins, wie Augustinus' Überlegungen zur Erkenntnis Gottes in einem dunklen Spiegel nahelegen. Hans Reichenbach zufolge kennzeichnet die Spekulation Übergangsphasen in der Philosophie, wenn die Fragen die möglichen rationalen Mittel ihrer Beantwortung übersteigen. Die philosophische Spekulation bietet also ebenfalls Risiken und Chancen zugleich. Sie bietet die Möglichkeit, außerhalb gewohnter Bahnen zu denken, und dabei auch die Gefahr, sich dort völlig zu verirren.

Spekulation kennzeichnet jedoch auch viele gängige Vorgänge der Repräsentation. All die Dinge, die man nicht weiß, aber vermutet. All die Gerüchte, die keine Grundlage haben. All die Komplexität, die bis zur Unkenntlichkeit heruntergebrochen wurde. Virale Videos, deren Zirkulation sich in Repräsentationsblasen vervielfacht, von denen in zähen Schichten der Affekt tropft. Unscharfes, abstraktes Filmmaterial aus Kriegsgebieten. Die Gier nach Notsituationen und Katastrophen und ihre anschließende Aufblähung auf sich exponentiell vervielfachenden Bildschirmen. Der Vertrauensverlust gegenüber Bildern und allen anderen Referenzwerten und ihrem Bezug zu dem, wovon sie handeln.

Viele der Prozesse, die die Spekulation im Allgemeinen charakterisieren – vor allem ihr riskanter und ungestützter Bezug zur Wirklichkeit –, sind wesentliche Bestandteile digitaler Repräsentationspraktiken. Die Repräsentation als solche wird von der Spekulation bis ins Extrem dynamisiert. Im Ergebnis wird die Beziehung zwischen Referent und Zeichen, zwischen Person und Proxy unvorhersagbar – wie viele andere zeitgenössische Phänomene. Die Spekulation ist der Turbolader der Repräsentation; sie beschleunigt die Trudelbewegung, die wir heute durchleben.

Das sind nicht nur schlechte Nachrichten. Spekulation als Methode eröffnet neue Freiheiten des Ausdrucks und Denkens, die, das ist die Kehrseite, leicht zu furchtbaren Zwecken eingesetzt werden können. Chancen ergeben sich im Minutentakt – und Realitäten werden zur gleichen Zeit vergeudet und zerstört. Dadurch eröffnen sich neue Horizonte des Denkens, die sich oftmals als völlige Trugbilder erweisen. Die Spekulation ist ein Herold des Möglichen und des Erkundens, und genauso spielt sie Fanatismus und Vorurteilen in die Hände.

An dieser Stelle kommt der Faschismus ins Spiel. Wenn die Repräsentation zusammenbricht oder durchdreht oder in jähen Schleifen und Rückkopplungen endet, bietet der Faschismus scheinbar einfache Antworten. Er ist der Notschalter, um lästige Wirklichkeitsreste abzublocken.

Indem er sich den Anschein gibt, mit den Komplikationen der Repräsentation aufzuräumen, gelingt es dem Faschismus zu verschleiern, dass er die höchste Ausprägung der zeitgenössischen spekulativen Repräsentation ist: der Punkt ihres Zusammenbruchs oder ihres Auftreffens. Der Zusammenstoß selbst wird gleichermaßen überrepräsentiert und unterrepräsentiert. Ein blinder Fleck, gefüllt mit Verblendung und Tod. Der unwiderrufliche Abschied von der empirischen Wirklichkeit.

Die gute Nachricht für Faschisten ist, dass ihre Ideologie so kompatibel mit den heutigen ökonomischen Paradigmen ist – weil sie vollkommen im Einklang mit einer Ideologie steht, in der die Gesellschaft nichts ist und die Gier des Individuums und sein Wille zur Macht alles. In der Stamm und Sippe das letzte Wort haben und verflachte Stereotypen hyperventilieren. Gerade in einer Zeit von Ego-Shooter-Spielen und Online-Fanatismus scheint der Faschismus die ideale Ergänzung zum »übersteuerten Kapitalismus« zu sein: ein eingebauter Wettbewerbsvorteil für Arier. Er verspricht nicht nur die Wiedereinführung eines (völlig spekulativen) Referenten für den Wert, nämlich – der Einfachheit halber – Rasse oder Kultur, sondern er verspricht seinem Zielpublikum auch, dass es in der Klassentrennung den oberen Rang einnehmen wird, weil schmutzige und schlecht bezahlte

Jobs den »Untermenschen« aufgedrückt werden. Er präsentiert eine scheinbare Alternative zur brutalen Gleichheit der liberalen Demokratie, wo von jedem erwartet wird, »es zu schaffen« oder zu scheitern, indem er sich als selbstverständliche »Wahrheit« ausgibt. Der Faschismus schafft die abstrakte Gleichheit des kapitalistischen Liberalismus ab, indem er die Klasse zur Rasse kollabieren lässt. Er ist eine perfekte Ideologie für faule Arier: Man genießt alle Vorteile des Kapitalismus, ohne wirklich arbeiten zu müssen.

Wir erkennen an dieser Stelle, dass die Wörter »Arier« und »Rasse« durch andere Copy-und-Paste-Floskeln ersetzt werden können, die ähnliche Prämissen teilen. Die meisten Terroranschläge des letzten Jahrzehnts wurden in der Tat von Rechtsextremen initiiert, die wollen, dass ihre jeweiligen Kulturen »rein« und exklusiv bleiben, die Frauen, Kommunisten und die meisten Minderheiten (d. h. Minderheiten aus ihrer Perspektive) hassen und sich eine Ideologie rund um eine testosterongetriebene Männlichkeit zusammenlügen. Nicht alle dieser Ideologien sind faschistisch, und es bringt nichts zu versuchen, alle auf diesen Begriff herunterzukochen. Aber sie alle versuchen, Gleichheit durch Uniformität zu ersetzen – wie auch immer sie letztere bestimmen.

Worauf es nun ankommt, ist Folgendes: Nichts von dem, worüber ich geschrieben habe, führt notwendig zum Faschismus. Es bildet den Kontext, der sein Aufkommen erleichtert, ohne jedoch unweigerlich zu ihm zu führen. Dafür gibt es einen einfachen Grund. Menschen haben die Wahl. Jeder kann sich entscheiden, Faschist zu werden oder nicht. Und bislang haben sich die meisten Menschen zum Glück entschieden, es nicht zu werden.

Und man kann sich auch dazu entscheiden, das Problem nicht zu ignorieren. Anstatt diese Herausforderungen zu leugnen, sollten wir uns ihnen stellen. Wir sollten uns der Tatsache stellen, dass die Wirklichkeit völlig aus den Fugen geraten ist – indem wir das System der Gewaltenteilung und gegenseitigen Kontrolle neu einführen, indem wir Wert und Informationen neu aushandeln, indem wir beharrlich an Repräsentation und menschlicher Solidarität festhalten. Dazu gehören auch das Eingeständnis und der Widerstand gegen den real existierenden Faschismus und seine unzähligen Derivate und Ableger. Die Leugnung seiner Existenz ist gleichbedeutend mit der Kapitulation gegenüber einem neuerdings entstehenden Paradigma von Post-Politik und Postdemokratie; gegenüber einer völligen Abkehr von der Wirklichkeit

Dieser Aufsatz ist ein Nachdruck von Kapitel 13: »Reden wir über Faschismus«, in: Hito Steyerl, *Duty Free Art: Kunst in Zeiten des globalen Bürgerkriegs*, Zürich 2018.

DER STEIN

Markus Miessen & Zoë Ritts

Wir haben zufällig von ihm gehört. In einem schwedischen Steinbruch wurde während des Dritten Reiches Granit für eines der letzten Projekte des Architekten Wilhelm Kreis abgebaut, die nicht fertiggestellte *Soldatenhalle*, Teil des *Oberkommandos des* Heeres. Nach dem Krieg wurde der Lagerüberschuss verlegt und an andere Steinbrüche umverteilt – darunter auch einer, der auch heute noch in Betrieb ist und den wir zu erreichen versuchten.

Die Architekten des Dritten Reiches hatten ursprünglich Steine in Auftrag gegeben, die während des Krieges in Zwangsarbeitersteinbrüchen in Norwegen abgebaut wurden. Nachdem sie die Unternehmung nach Schweden verlegt hatten, orderten die Nazis roten Bohus-Granit, der für riesige Friese und dekorative Säulen für Projekte wie die *Soldatenhalle* gedacht war. Gemäß der üblichen Vorgehensweise wurden alle geschnittenen Granitteile markiert, datiert und von einem Offizier des Dritten Reiches freigegeben.

Wie Björn Nordenhake, der Geschäftsführer des Steinbruchs, uns erklärte, hatte er vier Granitteile erhalten, die von der Nazi-Regierung zu Kriegszeiten wegen kleinerer Fehler in ihrer Bohrmarkierung beanstandet und zurückgewiesen worden waren. Diese Blöcke, zu denen auch ein gemeißelter, rechteckiger Stein von über 200cm Länge und ein Teil einer Säule mit einer Höhe von 150cm und einem Durchmesser von 120cm gehörten, waren grob geformt mit Bolzen und Keilen und anschließend per Hand mit einem Spitzmeißel fein bearbeitet worden. Der Stein ist schwarz, weiß und rot. Er wirkt recht unscheinbar, bis auf das gelegentlich Glitzern einer Reflexion – und natürlich seiner geschichtsträchtigen Bedeutung.

Der Stein war für uns ein perfektes Beispiel für die Transformation von Politik in Architektur. Dadurch repräsentierte er das grundlegende Konzept des gesamten »Designpolitik«-Projekts, auf dem dieses Buch fußt: dass das Material an sich nicht neutral ist, dass Design auch immer von Politik beeinflusst ist. In einem einzigen Rechteck aus Granit kristallisiert sich durch seine Herkunft, seine Herstellung und auch seinen geologischen Ursprung das haptische Material eines die Welt verändernden historischen und politischen Augenblicks. Das Dritte Reich hat seine Politik durch gedruckte Symbole und monolithische, repräsentative Architektur und Design im menschlichen Körpermaß und darüber hinaus zum Ausdruck gebracht.

Ob wir den Stein aus dem Steinbruch in Schweden bekommen würden, war erst einmal unklar. Wir hatten zunächst vor, Teile des Granits für die Bar des *Para-Platforms*-Symposiums zu nutzen, das wir im November 2017 in Göteborg als Teil des Design Festivals organisierten. Praktische Überlegungen im Hinblick auf Zeit und Transport schränkten diese Möglichkeit ein, und letztlich modifizierten wir unser Design dahingehend, ein einziges, kleineres Stück Granit als Türschwelle am Eingang der Bar und des Symposium-Raumes zu nutzen. Statt Drinks auf dem Granitdach der Bar abzustellen, würde der Stein nunmehr als Schwelle dienen. Als das Symposium immer näher rückte, war noch keine Spur von dem Stein zu sehen, den der Steinbruchmanager freundlicherweise versandt hatte. Als wir endlich das schwedische Transportunternehmen Post-Nord erreichten, erfuhren wir, dass das Frachtstück in einem LKW irgendwo zwischen Sibbhult und Göteborg festsaß und nicht rechtzeitig eintreffen würde – also führten wir das Symposium ohne den Stein durch. In den Wochen danach war der Verbleib des Steines immer noch ein Rätsel, und nach und nach wurde dieses Stück Granit fast schon so etwas wie ein Mythos. Angeblich war er mittlerweile in der Stadt angekommen, angeblich war er in eine Lagerhalle transportiert worden. Nach immer skurrileren Telefonanrufen und Versuchen, ihn zu finden, gelang es schließlich einem Kollegen von der HDK, den Stein aufzuspüren. Fast zwei Monate, nachdem Björn ihn an uns für das Symposium verschickt hatte, öffneten wir die Sendung in der Poststelle der HDK und konnten den sagenumwobenen Stein endlich das erste Mal betrachten – nur um festzustellen, dass er in drei Teile zerbrochen war.

Diese seltsame Saga inspirierte eine Serie von Studio-Fotografien von Enric Duch und später auch ein neues Werk von Liam Gillick, das wir für dieses Buch in Auftrag gegeben haben.

Auch für unser Studio in Berlin – einer Stadt aus Stein, in der die physischen Spuren einer langen materiellen Geschichte überall zu finden sind, auch wenn sie oftmals versteckt, ausgelöscht oder rekonstruiert sind – ist die Bedeutung dieses Objekts eine wichtige Erinnerung daran, dass Politik immer auch einen Bezug zum Raum hat und dass Raumdesign immer politisch ist.

Aus diesem Grund ist jeder heutige Designer genauso sehr von der Frage nach der Beziehung zwischen Design und Politik betroffen, wie es seit jeher der Fall ist, was ja auch dieses extreme historische Beispiel gezeigt hat. Dieses Buch bringt Autoren zusammen, die diese Realität erkannt haben und daran arbeiten, die Art und Weise zu verstehen, wie unsere heutige politische Landschaft aus solchen Strukturen und Materialien zusammengesetzt ist – und wie wir Designer unter dieser Voraussetzung arbeiten könnten.

To Fit Reality to their Lies

Liam Gillick

Before mass leaders
seize the power...

To fit reality
to their lies...

Their propaganda
is marked...

By its extreme contempt for facts as such...

For in their opinion
facts depend entirely...

On the power of (the) man who can fabricate it.
H.A. L.G.

Bildnachweis

S. 52, 61: Mit freundlicher Genehmigung von Benjamin H. Bratton
S. 68-69: Mit freundlicher Genehmigung von Slavs & Tatars
S. 72-150: Symposium
Abb. 1 Fredrik Sandberg/TT via AP Hannes, Symposium
Abb. 2 Mit freundlicher Genehmigung von Gui Bonsiepe
Abb. 3 Mit freundlicher Genehmigung von Wikimedia Commons
Abb. 4, 5 Mit freundlicher Genehmigung von Hannes Grassegger
Abb. 6 Mit freundlicher Genehmigung von Luma Partners
Abb. 7-15 Mit freundlicher Genehmigung von Stephan Trüby
Abb. 16-21 Mit freundlicher Genehmigung von Forensic Architecture
S. 154-155: Mit freundlicher Genehmigung von Konrad Renner
S. 173: Mit freundlicher Genehmigung von Remco van Bladel und Jonas Staal
S. 174: Mit freundlicher Genehmigung von Jonas Staal
S. 215: Mit freundlicher Genehmigung von Björn Nordenhake
S. 220-225: Bildmaterial mit freundlicher Genehmigung von Liam Gillick / Originalfoto von Enric Duch

Danksagungen

Die Herausgeber möchten der *HDK-Valand Academy of Art & Design* in Göteborg für ihren Enthusiasmus und ihre Unterstützung des Projekts und der Veranstaltungen danken. Außerdem sind wir dem Kollegium der HDK, Studio NOCK und all denen zu Dank verpflichtet, die dazu beigetragen haben, im November 2017 das Symposium in der SPAETI BAR als Teil des Design Festivals Göteborg / Open Week zu ermöglichen: Onkar Kular als Leitender Kurator, Matthias Gunnarsson, Johnny Friberg und die Vortragsredner an diesem Tag: Christina Varvia, Hannes Grassegger und Stephan Trüby.

Wir sind dankbar für den Enthusiasmus, den diejenigen, die sich so großzügig an diesem Reader beteiligt haben, gezeigt haben: Benjamin H. Bratton, Liam Gillick, Hannes Grassegger, Mahmoud Keshavarz, Kasia Korczak, Angela Nagle, Nina Power, Patricia Reed, Konrad Renner, Payam Sharifi, Jonas Staal, Hito Steyerl, Wolfgang Tillmans und Shahin Zarinbal, Stephan Trüby und Christina Varvia.

Außerdem sind wir Arno Brandlhuber und Studio Brandlhuber+ zu Dank verpflichtet für das Poster-Projekt, das Inspiration und Grundlage für das Cover dieses Buches war.

Wir möchten Florian Slotawa ganz herzlich danken, dass er für uns den Kontakt zu Claes Nordenhake hergestellt hat. Bedanken möchten wir uns auch bei Björn Nordenhake, dass er uns an seinem Wissen hat teilhaben lassen und dass er uns – am Ende doch noch – einen sehr wichtigen Stein geschickt hat.

Außerdem sollen die zahlreichen Personen und Sparringspartner nicht unerwähnt bleiben, mit denen wir einen wichtigen Austausch und Diskurs geführt haben und auch weiterhin führen werden. Dazu zählen u. a. Leon Kahane, Anh-Linh Ngo und Matthias Görlich.

Vor allem aber möchten wir uns bei Stephan Trüby als unserem Partner-in-Crime bei diesem umfangreichen Forschungsprojekt bedanken, und nicht zuletzt dafür, dass er den Anstoß zur Ausrichtung dieses Projekts gegeben hat, welches zu einer

Sonderausgabe von ARCH+ ausgearbeitet wurde, die 2019 im Kontext der Europa-Wahl erschienen ist.

Des Weiteren möchten wir uns bei dem Fotografen Enric Duch für die Ablichtung des Steins bedanken. Was das Design des Buches betrifft, so sind wir Pascal Prosek für die anfängliche Recherchearbeit und Sean Yendrys für das Design und die Art Direction der Originalausgabe dankbar.

Vielen Dank für die Unterstützung von und im Studio Miessen, insbesondere geht ein Dank an Berta Cusó und Pablo Santacana. Und zu guter Letzt möchten wir uns bei unseren Familien für ihr Verständnis und ihre Geduld, die sie mit uns hatten, bedanken.